北京市社科计划重点项目“改革开放40年北京市中小学课程建设与教学改进研究”（项目编号:SZ201910028013）资助

数字教科书的
潜在风险与防控研究

陈文新◎著

中国社会科学出版社

图书在版编目（CIP）数据

数字教科书的潜在风险与防控研究／陈文新著．—北京：中国社会科学出版社，2022.9

ISBN 978-7-5227-0523-1

Ⅰ.①数…　Ⅱ.①陈…　Ⅲ.①数字化—教材—风险管理—研究　Ⅳ.①G423.3

中国版本图书馆CIP数据核字(2022)第129919号

出 版 人　赵剑英
责任编辑　张　林
特约编辑　肖春华
责任校对　郝阳洋
责任印制　戴　宽

出　　版　中国社会科学出版社
社　　址　北京鼓楼西大街甲158号
邮　　编　100720
网　　址　http://www.csspw.cn
发 行 部　010-84083685
门 市 部　010-84029450
经　　销　新华书店及其他书店

印　　刷　北京明恒达印务有限公司
装　　订　廊坊市广阳区广增装订厂
版　　次　2022年9月第1版
印　　次　2022年9月第1次印刷

开　　本　710×1000　1/16
印　　张　16
插　　页　2
字　　数　225千字
定　　价　88.00元

对于数字教科书，我们准备好了吗？

尽管纸质教科书散发的书香、翻动纸张时悦耳的声响、用笔涂画和标注时思绪的飞扬，是读书人难以抗拒的诱惑，但数字教科书排山倒海般涌现，已对纸质教科书造成咄咄逼人的压迫之势。“重新定义教科书”的呼声早已响起，①“纸质教科书之死”的预言也开始在我们耳边回荡。

是的，不管我们是否做好准备，一个崭新的教科书时代正在来临，一种直指未来、新形式的教科书正势不可当地向我们走来。数字教材、数字教科书、电子课本、电子书包、数化教科书、数位教科书、智能教科书……它的名称繁多，但还没形成统一的概念界定。与充满“温情”但容易泛黄的纸质教科书不同，它不带书香，触感坚硬、微凉，指尖轻触即可翻页，亮度、字体可随时调节。这种新型的教科书，具有图像、音频、视频等多媒体特征，可以内嵌数据搜索、学习词典、超链接、网络留言板、学习管理系统、创作工具、语音识别等多种辅助工具。它不再只是“一本”教科书，更像一个大书包、一个资源库、一个智慧池，甚至是一座图书馆，或者干脆就像一款游戏。看不见、摸不着的虚拟书架上实实在在地排列着各种各样取之不竭的学习资料。教材意义上的按需索取的时代正在到来。

问题是，如果我们缺乏准备，风险就是难免的，甚至潜在的风险

① 多年前，赵志明博士敏感地关注到这一领域，她 2014 年的博士学位论文是《重新定义教科书——数字教科书研究》。

有可能成为现实。

数字教科书充满了对立的趋势，空间和时间变得既不重要又更加重要；学校等公共领域与家庭等私人领域之间的传统区别既在消失，又在以新的方式被重建；教师既变得无足轻重又更加举足轻重，教科书既看重标准又不看重标准……正因为这样，数字教科书给我们带来了前所未有的冲击，潜伏着莫大的风险。数字教科书的冲击及其带来的风险还很难准确认知，但其严峻性怎么强调都不为过。未来，数字教科书有可能对传统的思维模式，对传统的班级授课制、学制，物理空间意义的学校、教室，甚至对整个传统教育带来颠覆性的冲击。如果我们缺乏准备的话，也许有那么一天，我们被遗弃、被抛弃了，却不知道为什么。

就目前的认知而言，数字教科书是一个不稳定、难预期的颠覆者。

数字教科书将颠覆教学时间。一旦启动数字生活，天亮与天黑，工作与休闲，起床与睡觉，都没有了传统意义的时间规训。数字教科书可以永远处于开启状态——除非你关掉屏幕。（但这越来越难。像目前主管部门不允许学生带手机进校园，肯定是难以坚持的，因为它与数字时代对抗。即便你可以不准手机进校园，你难道不准笔记本电脑进校园？不准平板电脑进校园？）总是开启的数字教科书会不断给我们推送要学习的内容，不断对我们的学习进行检测，有时候还有教师（不知道他人在哪个地方）炯炯有神地监视着我们，冷不防地向我们提问（在今天这个微信时代，这已经让有些学生心有余悸了）。在教师心目中，学生必须永远在线，必须随时能够回答教师的点名，随时喊“到”。数字教科书将帮助教师实现这一“梦想”。

数字教科书普遍运用的地方，学校的铃声已经没有意义，区分学习和休息的日程表已经作废，每个利益相关者——老师、学生甚至家长、教科书研制者——和数字教科书一样，几乎永远处于开启状态。数字教科书并不在乎传统学校对时间的界定，每天几节课，每周几节课，学习从什么时候开始，什么时候结束，通通无所谓，关于学习时间的种种传统规训都荡涤一空。教育似乎正进入所谓的“无时之时”（timeless time）的时代。①

数字教科书使教学无时不在的特征，也给教育者带来了无尽的担忧。它颠覆了时间，令教师难以掌控学生，也难以掌控教学，甚至难以掌控自己。学生可能会连续学习几个小时，深深沉迷于其中，这种迷恋可能会延续几个星期甚至更久。当然，也可能完全相反。此时，“无时不在”也可以是“无时在”。经由这种解构，传统教学将失去按照时间线索一课一课进行教学的基础。没有了这一存在基础，传统教学将被彻底颠覆。教师不知道应该何时教学，何时休息，何时是公共生活时间，何时是私人生活时间。教师自己也被颠覆了。数字教育时代来临了。这是什么样的时代呢？

数字教科书将颠覆教学空间。眼下各种未来学校、未来教育的所谓研究，都在信誓旦旦地告诉我们，未来将出现的智慧学校、智慧课堂是怎样的。我们则要泼冷水，一旦数字教科书全面推进，那么，压根就不会有物理空间意义的课堂，无论它有多么智慧。未来的数字教科书将会把奇特的数字空间、虚拟空间当成我们现实的空间，颠覆数字空间与现实空间的界限。“不论是大学还是社区商店都会消失，取而代之的是‘从一个盒子中学习’，或是‘屏幕上的商店’。”② 课堂被颠覆，学习者在哪里，教育者在哪里，课堂就在哪里，学校就在哪里，固定场所的学校与教室只有象征意义，实体将不存在了，或者就是一个儿童活动场所、大众文化广场。2020 年新冠肺炎疫情期间的线上教学、云教学就是最好的预演，只是预演来得太突然，人们还没有准备充分。但总体上这场预演是成功的，尤其是它释放的警钟信号是清晰的：学校空间、教室空间被颠覆了，传统的私人领域（家庭）与

① ［美］曼纽尔·卡斯特等：《网络社会的崛起》，夏铸九等译，社会科学文献出版社 2001 年版，第 531 页。

② ［英］弗朗西丝·凯恩克罗斯：《距离的消失：通信革命如何改变我们的生活》，李宝昌等译，机械工业出版社 2002 年版，第 23 页。

公共空间（教室）没有区别了，距离的远近没有意义了，新形态的教学空间被构建出来了。这个新的教学空间在家庭、在宾馆、在书桌前，甚至在卫生间、在乡村的小山坡上。没有了教室，不需要教室，处处都是教室，教室随我而行，教室是教师背上的壳，当然更是学生背上的壳。传统社会建立在居住得很近的人们之间的直接互动的基础之上，随着社会的进步，空间维度在不断拓宽。进入信息社会，空间拓宽到极限。这就是安东尼·吉登斯说的“时空距离化”。遗憾的是，唯有学校没有随着社会的进步而拓宽空间，仍然以物理意义的空间规划学校。下一步，学校会让人惊艳，它一步跳到云端，把一切距离障碍抹平。恰如克拉斯（Cairncross）所言：“距离死亡”了（the Death of Distanth）。美国学者伊里奇 20 世纪 60 年代预言的非学校化时代（de-schooling society）到来了，我们的先辈一千多年前“天涯若比邻”的梦想实现了。我坐在南方家乡的小山坡上，或在西部外婆家的小方桌前，听北京的老师讲课。手机信号所到之处，网络联系可以发生之处，一切有数字信息之处都是学校、都是教室。这才是真正的翻转学校、翻转课堂，物理空间意义上的学校与教室必将被云学校、云教室所颠覆。但学生完全可以一边开着电脑让教师口吐白沫地讲解，一边酣战着手机游戏。教学无处不在。教学无处在。空间在这里不重要了，但也更重要了。

在数字化时代，教学可以无时不在、无处不在，若考虑到内容链接的超级性——无不可教、无不可学的话，数字教科书可谓无限制、无止境。问题是，数字教科书无限的扩展性，使得学生发展的预期性、可控性大幅度下降。无限制、无止境的数字教科书有让传统意义的教学内容、教学模式逐渐迷失方向、逐渐“失控”的风险。

这是纸质教科书不会有的风险。且不要说纸质教科书会散发出书香，翻动纸张时会有悦耳的声响，只要教学还使用纸质教科书，你就逃不出课程设计的“跑道”，就有很强的预设性。纸质教科书既可以预设学生的学习内容，又可以指引学生学习的方向。使用纸质教科书，教师可以知道到学期中时，讲了多少课、教了多少页，还有多少课没有讲、多少页没有教。教师控制着教科书的进度，也就控制着学生的学习进度。师控制着生，教控制着学。一切皆可控。

俱往矣。数风流教科书，还看今朝。传统的极具权威性也极具可预期性和可控性的纸质教科书正在被取代，我们已经听到了我们知之甚少的新教科书的铿锵脚步声。这是一个充满机遇也充满风险的时代，一个行动与灾难赛跑的时代。① 如果我们不行动，数字技术和巨大的市场诱惑将替代我们行动，那将是一个充满未知数的结局。如果我们的研究不超前，如果没有理论的引领，没有全面检测的质量门槛，没有系统的评价标准，市场导向的数字教科书有可能肆无忌惮地膨胀。

必须尽快准备，行动起来。迷雾重重的数字教科书世界，还有太多需要研究与探索的东西。《数字教科书的潜在风险与防控研究》一书即是一次有益的探索与尝试。

未来已来，数字就是一切。

一个崭新的世界正在破壳而出，每个人都必须做出改变，从而去适应它！

不，必须做好准备，去引领它！

石　鸥

2021 年夏　于北京 学堂书斋

---

① 石鸥、张文：《改革开放 40 年我国中小学教材建设的成就、问题与应对》，《课程教材教法》2018 年第 2 期。

目　　录

第一章

数字教科书概述

第一节　数字教科书的产生与发展

一　数字教科书产生的背景

（一）信息技术的迅猛发展

人类社会的发展总是伴随着新技术的产生和进步，新技术不断地融入人们的生活，改变着人们的生活方式。随着科学技术的发展，各种高新技术层出不穷，发展快捷、对人类社会影响巨大的是信息技术。在第一台计算机问世以前，人类经历了四次信息技术革命：第一次是语言的使用，第二次是文字的使用，第三次是印刷术的发明，第四次是电报、电话、广播和电视的发明和普及应用。1946 年 2 月 14 日，世界第一台电子计算机“埃尼阿克”（ENIAC）在美国宾夕法尼亚大学的莫尔电机学院诞生，最初的计算机占地面积 170 平方米，重达 30 吨。此后的几十年里，电子计算机发展迅速，先后经历了第一代电子计算机（1946—1957 年）、第二代晶体管计算机（1957—1964 年）、第三代集成电路计算机（1964—1970 年）和第四代大规模集成电路计算机（1970 年至今）的迅速更新换代。而自从第一台计算机问世以后，计算机技术和现代通信技术结合，开始进入第五次信息技术的革命。①

① 徐士良：《计算机与信息技术基础教程》（第 3 版），清华大学出版社 2016 年版，第 6 页。

第五次信息技术的发展速度和进展，与前几次技术的变革相比呈现巨大的差异，其发展的速度远非前几次技术革命可比。

随着信息技术突飞猛进的发展，它已经在很大程度上颠覆了人们过去的生活方式，现在的孩子们正经历着与其父辈完全不一样的童年，许多三岁的娃娃能熟练地使用手机或 iPad 等电子设备，各种各样的学生平板电脑厂商跃跃欲试，试图抢占学生的数字用品市场。那些伴随着计算机和互联网成长起来的一代学生通常被称为“数字土著”或“网络一代”。教室里的科技，正经历着从粉笔、石板到网络的转变，这都是科技进步对教育变革产生的实质性影响。

技术的发展为人类的生活提供了极大的便利，同时也为教育变革带来了无限的可能。它是当下教育变革的大前提、大环境。我们的教育经历了从古时的结绳记事和口耳相传，到后来的印刷媒体，再到今天的计算机及网络技术，技术的进步使得教育呈现全新的面貌，崭新及虚拟的世界展现在人们面前。信息技术的软件和硬件的发展，使得广大学校大面积推广多媒体教学，学生们利用互联网查找学习资料，同时，学习方式、学习内容，甚至学习的场所都发生了巨大的变化。新的教育不断丰富和发展着“教育”的内涵。

信息技术的发展使得教育更加以学习者为中心。学校教育的“工厂模式”正在挣扎，如果我们将重心从教学转移到学习，从说教转向创造性探究，那么新的社会媒体和社会网络就开始为今天的学术创造大规模的基于同伴的社会学习。[①] 正是由于信息技术的出现以及电子计算机和互联网的迅速发展，当下时代在学校教育领域进行创造性的探究比以往任何时代都具有更大可能性。互联网提供了无限探究空间，网络上随时可以找到相同兴趣的学习群体，加入学习群体进行同伴学习，这使得原有的正式课堂教学受到越来越大的冲击。信息技术的飞速发展，为学校教育的全方位改革提供了坚实的技术工具和硬软件基

① ［美］阿兰·柯林斯、理查德·哈尔弗森：《技术时代重新思考教育：数字革命与美国的学校教育》，陈家刚、程佳铭译，华东师范大学出版社 2013 年版，第 9 页。

础，新的学校教育模式很可能在不久的将来就会到来。

（二）传统教科书之困

在谈论传统教科书之前，有必要回顾一下书籍的历史。我国宋代毕昇发明印刷术，为推动世界文明发展作出了杰出贡献。所谓的西方研究将印刷术归功于约翰·根弗雷希（又名“古登堡”）。无疑，“我们有充分理由将活字活版和印刷术的发明人毕昇与约翰·根弗雷希联系起来，他被称为古登堡，取自他于1394—1400年间在美因兹的出生地”。古登堡只不过是西方应用印刷术的第一人，他的印刷车间主要任务是印刷《圣经》。但是有意思的是，古登堡的印刷厂首批工作不完全是印刷《圣经》，古登堡和他的合伙人合股出资从印刷短文开始，尤其是印刷了好几个版本的多纳特的《小艺术》，这是一部广泛流传的一问一答式的拉丁语教学课本。① 正是这个过去的新科技——古登堡印刷机使得纸质书本的广泛传播成为可能。正如保罗·赛特勒在《美国教育技术的演变》一书中所言：要传播复杂先进的科技文化所需的教育，书本的发展是一大进步。而在大约500年前，书本作为新科技同样被看作是现状的挑战者。正是纸质书籍的广泛优点，使得它引起了夸美纽斯的注意，并将印刷文本用于教育，也正是夸美纽斯发现印刷书本可以“用最佳序列组织课程内容，让同时执教几百个学生成为可能”。② 纸质图书的优势一直持续到19世纪初，在此之前纸质印刷品以惊人的速度增长，然而，从19世纪初期之后，不断有新技术冲击着传统的纸质书籍，从最初的电话、电报、电影，直至现在的电脑和互联网科技。以至于当电影这种新事物诞生之后，美国著名发明家托马斯·爱迪生就为学生制作了一系列的教育电影，并且激动地声称：“书籍在学校中很快会过时。学者很快就会通过眼睛来接受教育。

---

① ［法］弗雷德里克·巴比耶：《书籍的历史》，刘阳等译，广西师范大学出版社2005年版，第99页。

② ［美］保罗·赛特勒：《美国教育技术的演变》，科罗拉多州Englewood，libraries无限公司1990年版，第4页。

用电影来传授各种学科知识是可能的。我们的教育体制10年后将会彻底改变。”① 如今回看他的论断，显然有过于乐观的成分。不过我们不得不承认的是，当下以信息技术为基础的新技术对传统纸质书籍的冲击将比电影对纸质书籍的冲击要大得多。

教科书正经历形式之困。克劳利亚·沃利斯和索尼娅·斯特普托曾在其文章中讲过这样一个荒谬的笑话：瑞普·凡·温克②在沉睡百年之后，突然发现自己身处21世纪，让他感到十分惊讶的是社会上到处都发生了天翻地覆的变化，唯独学校例外。因此，他很快就认出了学校。从世界范围来看，教育以及教科书的样式变化甚少，一代一代的孩子们都是排排坐，听老师讲课，学习纸质教科书。这种情况在21世纪以来发生了巨大的改变，传统纸质教科书的形式单一，且持续至今，受到巨大的挑战。正如G. 努恩贝格所言：“假若书在计算机之后发明出来，它本来应该是一个巨大的进步。事实上，它的优点是显而易见的：轻便，可以任意阅读，价格低廉，不消耗能量，明显的张贴优点。此外书特别容易被人接受。而且人能快速浏览其内容，其便利性计算机难以提供……”③ 显然，纸制读物的优点受到挑战，而它的不足却正在一点一点地增加。当传统教育和教科书的困局在遇到新时代的信息技术时，不得不作出相应的改变，以适应新时代学校教育与教科书发展的需要。

教科书正经历内容之困。纸质教科书内容有先天不足。主要表现

---

① ［美］保罗·赛特勒：《美国教育技术的演变》，科罗拉多州Englewood，libraries无限公司1990年版，第98页。

② 瑞普·凡·温克是美国历史学家华盛顿·欧文（1783—1859）的名篇《瑞普·凡·温克》的主人公。有一天，为了躲避唠叨凶悍的妻子，他独自到附近的赫德森河畔兹吉尔山上去打猎。他遇到当年发现这条河的赫德森船长及其伙伴，在喝了他们的仙酒后，就睡了一大觉。醒来后回到自己的村子里，发现一切都变得不认识了，除了学校。参见［美］柯蒂斯·J. 邦克《世界是开放的：网络技术如何变革教育》，焦建利主译，华东师范大学出版社2011年版，第35页。

③ ［法］弗雷德里克·巴比耶：《书籍的历史》，刘阳等译，广西师范大学出版社2005年版，第381页。

在两大方面。一方面是教科书内容容量限制。因为教科书的目标是精选学习内容，主要以学科知识为中心精选学习材料，基本出发点是让学生在宝贵的课堂学习时间里尽可能多地掌握知识，这就使得教科书的容量被尽可能地缩小，教科书编写者认为不重要的知识就不会入选教科书，因此，教科书的容量受到了极大的限制。另一方面是内容的统一性无法适应个性化学习的需求。传统纸质教科书的编写更多考虑的是学生群体，内容选择与设计更多考虑的是同一个年级学生的总体水平，而无法满足不同学生个体的差异性。教师授课的主要参考亦是按照教科书的总体安排进行，这就暴露出了传统纸质教科书的巨大困境，即有意无意地忽略了学生个体的差异性。当然，也有学者从另外的角度认识纸质教科书的特点，即容量有限因此内容更加精练，不需要学习不重要的内容；内容统一能够使学习的效率更高，更适合大范围的、步调一致的授课。然而，如果一定要把后一种说法当作纸质教科书的优点，显然是牵强的。我们必须基于对当下学校教育所缺少的、需要补充的部分来评判教科书的价值。当下学校教育缺少的恰恰是个性化，教学存在单一性，是学科之间的融合，是学习内容的综合化。

二　数字教科书的发展历程

数字教科书的发展经历了一个持续变革的过程。数字教科书的发展源于电子书的发展，自从有了电脑，电子书（eBook 或 Electronic Book）就开始发展起来。[①]从 1945 年范内瓦·布什提出电子阅读器硬件原型产品的构想开始，随后的几十年，电子阅读器及相关硬件产品不断更新，比较有名的有 Adobe AcorobatReader、Kindle、iBooks Author 等，一系列信息技术领域的重要事件促进了电脑软件和硬件的发展，为数字教科书的迅速普及提供了有利条件。我国数字教科书发展大体经历了三大阶段。

---

① Rao S. S. Electronic Books：a Review and Evaluation ［J］. Library Hi Tech，2003，21（1）：85 -93.

首先是电化教材阶段。从 20 世纪 50 年代开始，学校教育领域逐步开始引进幻灯片、投影、电视、广播、录像带、录音机等媒体设备，其中相对完整系统的录音、录像等教材就被称为“电教教材”或“电化教材”。各地为配合电化教育的开展，纷纷成立电化教育馆，推进学校的电化教育。电教教材因为能够辅助学生学习，能够为学生提供直接的感知，同时成本相对低廉，在一定程度上弥补了学校教育的不足。但这类教材基本上还是采取模拟信号进行编码，以磁带、录像带为存储介质，与现在的数字教科书存在巨大的差别。

其次是“重现式”的数字教科书阶段。随着信息技术的发展，纸质教科书转换成相应的数字教科书已经没有了技术障碍。据 2002 年 7 月 23 日《人民日报》华东新闻报道，福州第八中学推出的在电脑上阅读的“高一地理电子课本”被认为是我国中小学第一部电子教科书。21 世纪以来，越来越多的出版社走出了第一步，而这种早期的直接“重现”或“翻译”出来的数字教科书，虽然具有一定的创新性——因为是第一个“吃螃蟹的人”的成果，同时也受到了业内专家的质疑。我国著名教育信息技术领域专家祝智庭教授就指出，这类数字教材如果只是单纯地重现和翻译，从纸质书到电子书的搬家，那不过是传统教材改头换面，含金量不高。当然，我们对数字教科书走出的第一步持肯定态度，毕竟这是后续进一步发展的前提和基础，因为数字教科书的发展很快就迎来了它的“2.0 版”“3.0 版”。

再次是手持式一体化数字教科书阶段。随着信息技术的进一步发展，开始出现将教科书内容和硬件设备、软件平台整合在一起的数字教科书，又称为“手持式一体化数字教科书”。这种电子教科书的雏形率先由人民教育出版社推出，其典型特点是将文字教科书和各种数字资源整合，利用信息技术改变教科书的载体形式，在一定程度上提升了教科书的吸引力。这种教科书以数字为存储介质，具有浏览方便快捷的特点，同时也比较易于发布更新，能够扩大交流和共享面。但是这种教科书的交互性和移动便捷性还有待加强，需要进一步打破原有数字教科书的固有模式，重建数字教科书的结构，为学生自主学习、互动探究学习、便携学习创造更多的可能。目前部分出版社的数字教科书主要处于这一阶段，而这种手持式一体化数字教科书也面临着更新换代。

最后是移动交互式数字教科书。这是数字教科书发展的高级阶段，也是当前和未来一段时期数字教科书发展的重要形式和方向。这种数字教科书是基于3G、4G、WIFI网络在智能手机、台式电脑、平板电脑上呈现的数字化书籍。移动交互式数字教科书融合了富媒体数字出版技术、移动学习、云服务等前沿科技，能够支持多种学习内容，包括但是不限于视频、音频、图片、动画、3D以及定位等，可以与学习者进行良好的互动，为学习者提供从基本阅读到交互学习、检索、批注、反馈等一系列功能。这种教科书能够依据学习者的个人特点，提供个性化的学习内容服务，进行精致化和可扩展的学习推送，具有典型的富媒体特征、交互特征和移动特征。移动交互式数字教科书呈现三大发展趋势：技术上充分应用VR/AR技术，功能上由教材向学材转变，研发上由重开发向重设计转变，[①] 其典型特性是富媒体特性、移动交互式、一体化设计。这种最新形式的数字教科书具有广泛的发展潜力。

三　发展数字教科书已经成为诸多国家的战略选择

随着信息技术的不断更新换代，技术危机意识愈加强烈，教育的独特属性使得技术运用在教育领域的危机愈加凸显，越来越多的国外学者开始反思教育的技术化倾向。这种反思涉及教育的方方面面，当然也包括数字教科书的编撰、使用、管理等领域。国外数字教科书最早产生于20世纪70年代，最初的形态是"Electronic Book"（电子书）。该名词最早由Dam，A. V. 和D. E. Rice在"Computers and Pub-

---

① 张瑞静、王卉：《移动交互式数字教材的发展趋势与设计模式》，《中国编辑》2017年第6期。

lishing：Writing，Editing，and Printing”一文中提出[1]。此后，相应的技术支持越来越丰富。1993 年，Adobe 公司开发出“Adobe Acrobat Reader”阅读软件，2007 年亚马逊公司又推出了“kindle 阅读器”，2012 年苹果公司发布了用于教科书制作的工具“Ibooks Author”。这些辅助工具的诞生进一步推动了电子书的普及，为电子书及后来数字教科书的进一步发展提供了重要工具。

随着数字教科书的迅猛发展，世界各国均启动了数字教科书研究项目，从国家层面推动数字教科书的发展。美国、新加坡、英国、韩国等发达国家都从国家层面推动数字教科书的发展。1999 年，新加坡开始实施“PAD－教育电子簿”试验计划，2006 年，又推出“IN2015 教育目标”计划，提出实施信息化教育改革，重点推进“实验学校”“未来学校”发展，同时提出尽快为学生提供网络教科书；韩国在 2000 年就开始进行电子教科书的基础研究，近几年取得了非常迅猛的发展，电子教科书研究走在世界的前列，他们把电子教科书的发展描述为“为未来培养卓越的领导人做准备”，开发了众多电子教科书，并且已经逐步推广；2009 年，美国加利福尼亚州实施了自由使用电子教材的计划（Free Digital Textbook Initiative），一些非营利机构的电子教材出版公司（如 CK-12 Foundation，Flat World Knowledge）和专业电子教材软件公司（如 Inkling，Scrollinotion ）在着力推进和开发引导学生自学的电子教科书；法国在 2000 年推出了专供中学生使用的“电子教材阅读器”；英国政府也在 2000 年推进了电子书屏幕界面研究（Electronic Books ON-screen Interface）项目，提出了 22 条电子教科书设计的原则。[2] 由此可见，数字教科书已经从理论研究逐步过渡到实践探索，并且在国外取得了较为丰硕的成果，其中韩国、新加坡等国家数

① Dam，A. V. and D. E. Rice. Computers and Publishing：Writing，Editing，and Printing [J]. Advances in Computers. 1970（10）：145－174.

② 龚朝花、陈桄：《电子教材：产生、发展及其研究的关键问题》，《中国电化教育》2012 年第 9 期，第 89—94 页。

字教科书的研究与实践更为深入。

据调查，电子教科书的出版已经初具规模。据教育部公布的教学用书目录来看，大部分出版社已经开始了电子教科书的配套出版，甚至不少出版社已经开始由纸质出版向数字出版转型，并涉足互动数字教科书开发。出版社开始与信息技术公司合作，联合开发数字教科书。调查显示，数字教科书应用试点研究的信息化基础条件已经较为成熟，北京、上海、广东、浙江、江苏、天津等地的教育信息化建设比较成熟。中西部地方管理者认为可以在有条件的学校开展数字教科书的应用试点研究，并表示会支持数字教科书革新课堂教学的公共服务体系建设。教师和学生普遍认为数字教科书的普及是一种趋势，学生对电子教材有强烈的好奇心，并期待其进入课堂。① 目前数字教科书的应用学科主要集中在艺术、信息技术、英语和语文等学科，其他学科也在陆续跟进。数字教科书的后续发展将是一股不可抵挡的潮流，其发展得到了世界范围的认可，各国开始在此领域进行重点研发。

2009 年，美国加利福尼亚州推出了数字教科书计划。时任加州州长施瓦辛格指出：像电子教材一样的数字资源将在 21 世纪教育蓝图中发挥重要作用，扩大电子教材创新计划，可以为本学区提供额外的高质量免费资源。在他的努力下，加州成为全美第一个实行免费电子教材的州。此外，美国得克萨斯州也已有电子教材相关计划。欧洲的法国，早在 2000 年就试点了“电子教材阅读器”。据 2001 年的统计，法国学生一周在家使用电子教材的平均时间达到 6 小时以上；2000 年，英国联合信息系统委员会制定电子教材设计指南，并于 2008 年公布了新的教育信息化策略《利用技术：新一代学习（2008—2014）》，大力推进数字教科书的发展。在亚洲，数字教科书的发展计划更加雄心勃勃。新加坡的数字教科书研发一直走在世界前沿。从 1995 年开始，新加坡的公民与道德教科书就已经数字化，1997 年新加坡教育部制定信

---

① 陈桄、黄荣怀：《中国基础教育电子教材发展战略研究报告》，北京师范大学出版社 2013 年版，第 3 页。

息技术教育总规划；1999 年开始推行“PAD-教育电子簿”试验计划；2006 年新加坡政府又推出了“IN2015 教育目标计划”，计划让所有学校都具备使用新信息通信技术的能力。① 韩国的数字教科书已经发展 20 多年了，他们的“数字教科书计划”始于 2000 年。现在韩国已经走在了世界数字教科书发展的最前列，2014 年已经陆续在全国范围内的中小学推进和使用数字教科书，在社会和理科领域的数字教科书开发尤为成熟，此外他们也在全力研发在线教学系统。② 马来西亚借鉴韩国发展数字教科书的经验，大力发展数字教科书，甚至有取代纸质课本的发展趋势。

第二节 数字教科书的内涵、特征与价值

一 数字教科书及其分类

“教科书”又被称为“课本”或“教材”，是规定为中小学生上课和复习的书籍。其特点是：为了便于系统讲授和学习，课本按年级档次分开，从小学一年级直至高中三年级，每年一本或两本，循序渐进；课文也是逐章逐节（分课）由浅入深讲述的。同时，考虑到教学要基本上能适应该年级学生所具有的知识水平，在介绍新知识时，一般都采用论证、推导和详述的方法，甚至反复举例加以详细说明，在每章（节）课文后列有思考题或复习题，以加深学生对知识的记忆。③ 石鸥教授提出了现代意义上的教科书应该满足的三个条件，认为教科书是现代学制下的特有产物，同时有配套的教授书，而且在教学计划指导下分类编写和出版。《中国大百科全书 · 教育卷》指出：“教科书（textbook）亦称课本，根据教学大纲（或课程标准）编定的系统地反

① 陈桄、黄荣怀：《中国基础教育电子教材发展战略研究报告》，北京师范大学出版社 2013 年版，第 20 页。

② 金贞淑：《韩国数字教科书计划及其实施情况》，《世界教育信息》2015 年第 15 期，第 62 页。

③ 王余光、徐雁：《中国阅读大辞典》，南京大学出版社 2016 年版，第 492 页。

映学科内容的教学用书。”[①] 由此可见，对于教科书的理解，其实有广义和狭义之分。狭义的教科书指根据课程标准（或教学大纲）、按年级课程编排，并配有相应的指导用书，供教学使用的材料；而广义的教科书既包含为师生教和学提供的内容信息和方法参考，也包括为学生的学习提供的平台或环境。本书所研究的教科书属于广义教科书的范围，同时研究对象限定在中小学教科书领域。

数字教科书、电子教科书、数字教材、电子教材是较为相似的概念，这些概念在广义情境下可以通用。但是如果从更加深层次的、技术化的角度去分析，“数字”和“电子”也存在一定区别。电子化是以计算机和通信技术为基础，以数字化信息为对象和内容，通过计算机和网络进行信息使用和传播的方式。而数字化强调的是信息资源的加工方法和过程，即侧重于数字化技术的使用。本书对此并不做技术化的区分，“数字”和“电子”二者可以互通。关于数字教科书的定义并不多见，赵志明博士为数字教科书下的定义是：数字教科书是以数字技术为支撑，创设开放的学习环境，改变传统的学习方式和教学方式，通过“国家定义”和“个人定义”的博弈与互补，趋向学习的开放、自由、个性与创新。[②] 也有观点认为电子书包就是数字教科书。而电子书包是一种集合整个学习的数字化学与教的系统平台。[③]《中小学数字教材加工规范》中提出：中小学数字教材指“以经国家教育行政部门审定通过的国家课程教科书为内容基础，并包含相关辅助资源、工具的，用于教学活动的电子图书”[④]。因此，数字教科书本质上是教科书和信息技术的整合体。综合以上研究，本书认为数字教科书是一种广义的教科书形态，它以数字技术为支撑，为师生教和学提供内容

---

① 《中国大百科全书·教育卷》，中国大百科全书出版社 1985 年版，第 145 页。

② 赵志明：《重新定义教科书——数字教科书研究》，博士学位论文，湖南师范大学，2014 年，第 10 页。

③ 郝振省：《2011—2012 中国数字出版产业年度报告》，中国书籍出版社 2012 年版，第 204 页。

④ 国家新闻出版广电总局：《中小学数字教材加工规范：CY/T 125—2015》。

信息和方法参考，为学习提供开放平台或环境，以促进教学活动开展的、数字化的教学辅助材料。

数字教科书作为一种新兴事物，它的发展经历了不同的阶段。大部分观点认为，数字教科书的发展与电子书的兴起有关，它是在电子书基础上的进一步扩展，是电子书渗透学校教育的必然结果，当电子书发展为专供学生使用的教材之后就成了数字教科书。电子书的发展经历了不同的阶段，最初的电子书功能并不复杂，内容也相对简单，大多数的直接形式就是将纸质课本直接电子化，形成纸质课本对应的电子版本。也就是说，早期电子书其实就是一种从纸质书到电子书的简单移植，而电子书的硬件设备构成主要是手持式的终端阅读设备，这些设备一般都具有存储电子书内容和浏览电子书信息的功能。随着软件和硬件技术的发展，电子书的内涵和特征也进一步扩充，电子书已经不仅仅是纸质图书数字化的处理，因为当下的电子书还集成了众多特点，如包括电子输入的设备、一系列的接口和相应的浏览设备等。这种系统的功能更加复杂，能实现的目标更加丰富，使阅读者的体验进一步提升。当下电子书的形式和功能进一步影响了数字教科书的开发与使用，数字教科书的发展越来越朝向功能多样、富媒体、强交互性的思路，因此它的特性更加多样化，如共享、开放、富媒体、交互、动态化、关联性等。[①] 归纳起来，数字教科书和电子书的联系和区别愈加明显，数字教科书和电子书同属于信息化时代的产物，数字教科书应归属于电子书一类。电子书的受众群体主要是大众，它直接面向大众化的阅读需求，追求的是娱乐休闲和便捷性等，这种阅读可以是碎片化和浅表化的。与此相对，数字教科书主要是面向学校教育中的学生群体，是学生学习的材料，其内容选择、功能设计、软硬件等方面都需要考虑教育教学的特殊需要，也就是要凸显数字教科书的教学属性。有学者指出：教学适用性是数字教科书应具备

① 胡畔、王冬青等：《数字教材的形态特征与功能模型》，《现代远程教育研究》2014 年第 2 期，第 93—98 页。

的基本属性。数字教科书应同时满足教师和学生的需要，如为教师创设更多的教学空间，为学生的学习提供更多的个性化支持，同时成为教学辅助的有效媒介，提升教学质量。[①] 由此可见，电子书和数字教科书的最大区别就是，数字教科书需要面向学生，面向学校教育，因此需要符合教育规律，适应教学需要，还需成为教和学的有效中介和支持媒介。为使教学顺利进行和满足日益复杂的教学情境，其自身的硬件和软件需要进一步提升，尤其提升人机交互的能力和质量，因为受众群体的差异，使得我们对数字教科书的内容和形式提出了更高标准的要求。

（一）数字教科书与电子课本

数字教科书与电子课本之间的联系比数字教科书与电子书之间的联系更加紧密，大多数学者甚至并未对二者加以明显的区分。一般来说，电子课本（E-textbook）是指数字化、交互功能的智能化将教材内容以科学直观的视、音、图、文展现出来的通过电子介质阅读的课本。电子课本加入书签、笔记和标注等功能，能够提高学生学习的积极性。而数字教科书是一种广义的教科书形态，它以数字技术为支撑，为师生教和学提供内容信息和方法参考，为学习提供开放平台或环境，以促进教学活动开展的、数字化的教学辅助材料。其实仔细分析就会发现，二者之间其实还是有细微的差别，“课本”和“教科书”之间本身就有区别，课本更多的是指向学生，而教科书一般区分为学生用书和教师用书两部分，因此，从这个角度来看，数字教科书应该是包括了电子课本，而电子课本是包含于数字教科书的。另外，从制作角度看，一般电子课本是由教育主管部门统一发行，而数字教科书也可以由教师自行制作；从应用角度看，电子课本的内容和功能也更加强调面向课堂的应用；从纯粹技术角度来看，数字技术和电子技术也存在一定差别，“数字”一般对应的翻译是“Digital”，“电子”一般对应

① 牛瑞雪：《基于教学适用性的数字教科书编制》，《课程·教材·教法》2016 年第 36 卷第 8 期，第 36—40 页。

的是“Electronic”，两者的区别在于所处理的信号不同，模拟电子技术是靠转化成模拟信号来处理，而数字技术是转化成数字信号。但因为我们并不是从技术层面探讨数字教科书和电子课本问题，所以并不严格从技术层面对二者进行明确区别。

（二）数字教材与电子书包

一般认为电子书包是一种信息化环境的集成体，它整合了电子课本的内容（资源）、电子课本阅读器（设施）、虚拟学具（工具），并连通无缝学习服务（平台）。[①] 电子书包是一个热门话题，也是教育信息化的重点，国内外都较为关注，世界各国，如美国、日本、韩国等都在加速推进电子书包项目，各种电子书包应用项目开始启动。而在我国，尤其是经济发达地区的学校，都在积极推进电子书包，成为我国教育信息化的突破点。有学者认为电子书包的应用是教育技术革命的千年机遇。[②] 还有学者从“实”与“虚”的两种隐喻重新认识电子书包，并建议采取一种关联、开放、分级式的发展思路，提出“媒体—功能”二维建构和“核心、可选、扩展”三级配置的电子书包系统的功能建模。[③] 而数字教材，一般是以内容（资源）为中心，以阅读与学习软件（工具）、学习终端（设施）及网络服务（平台）为支持环境的学习系统。[④] 数字教材与电子书包之间有诸多交集，也有所区别。相同点在于，数字教材和电子书包都是学习内容资源的整合，而区别在于数字教材以内容为核心，而电子书包更强调移动学习终端的整合。

因此，数字教科书与“电子教科书”“数字教材”“电子教材”

---

① 徐显龙等：《面向电子书包应用的课堂教学行为模式分析》，《现代远程教育研究》2013年第2期，第84—91、106页。

② 祝智庭：《电子书包标准与应用对接“人人通”》，《中国现代教育装备》2014年第13期，第5—10页。

③ 祝智庭、郁晓华：《电子书包系统及其功能建模》，《电化教育研究》2011年第4期，第24—27、34页。

④ 胡畔、王冬青等：《数字教材的形态特征与功能模型》，《现代远程教育研究》2014年第2期，第93—98页。

“电子课本”类似，研究人员大多等同看待，而英文学术文献中对应的翻译有“Digital Textbook”“Electronic Textbooks”，研究者们也并未对此做严格的区分。鉴于研究的需要，本书统一使用“数字教科书”，我们研究视域中的“数字教科书”是一种广义上的“数字教科书”，它面向整个学校教育领域，主要辅助学生学习和教师教学，而已有研究中关于电子教科书、电子教材等方面的问题和描述，同样适用于数字教科书领域。

（三）数字教科书主要类型

1. 依据制作技术不同进行分类

依据数字教科书的制作技术要求不同，数字教科书可以分为普通 PDF 版的数字教科书、版式交互式数字教科书、原生型数字教科书三种。[①] 普通 PDF 版本的数字教科书是最初级的数字教科书，它是直接将传统纸质教科书进行 PDF 化处理的结果，然后将 PDF 版本呈现在终端电子设备上，这也是数字教科书发展的初期形式，当然依然有这种数字教科书存在。第二种版式交互式数字教科书有两个典型特征：一方面，版式交互式数字教科书也是以原有纸质教科书为模型，将之完全对应地进行数字化处理，转换了数字版本的形式；另一方面，这种版式交互式数字教科书在传统 PDF 版本的基础上载入了交互功能，这就进一步增强了数字教科书的互动性和灵活性，与单纯的 PDF 版本相比，更能吸引学生的注意。最后一种是原生型数字教科书，其开发已经不再局限于原有纸质课本，它具有自身的版式与结构，同时能够融合多种现代化技术，使得教科书的富媒体性、交互性、自适应性进一步加强。它能够自成体系，甚至可以作为单独的教材独立使用，也可以根据学生的个别差异，在学习过程中适时给予反馈，以便调整教科书的难易程度，适应个性化学习的需要。总体上看，当下数字教科书的总体发展正在朝着该方向前进。

---

① 施勇勤、尹冰：《试析数字教科书类型与功能特点》，《中国报业》2015 年第 2 期，第 89—90 页。

2. 依据使用功能的差异进行分类

依据使用功能的差异，同样可以将数字教科书分为三大类。第一类是范本型数字教科书。这类数字教科书主要是教科书内容的数字化展示，而教师将其视为教学的辅助工具，在教学过程中，教师更多是以此为中介展示教科书的内容，起到辅助教学顺利进行的效果。第二类是展示型数字教科书。这类数字教科书不仅仅是原有纸质课本的再现，它更多的使用功能在于帮助教师生动化地演示教学内容，让学生理解教学的难点。这类数字教科书添加了辅助学生学习与加深内容理解的资料，使得教学内容由难变易。但其缺点在于交互性较差，展示型数字教科书更多是从教师和数字教科书内容学习出发，缺乏丰富的互动效果。最后一类是互动型数字教科书。这类数字教科书的典型特征在于强化了原先展示型数字教科书缺乏互动性的部分，使得教学过程中，师生之间和生生之间以及师生与数字教科书之间能够形成良性互动，这样能使学习效果进一步增强。鉴于投入成本的差异和学习内容本身的难易程度等，我们并不要求所有的数字教科书都是全交互式的数字教科书。因为有些内容的学习可能只需要展示或者只需要提供一个范本即可，将有限的资源用在解决最难解决的学习内容方面，这似乎是一个更加经济的选择。

3. 依据研制者的差异进行分类

依据研制者主体身份的差异，数字教科书亦可以分为不同的类型。一类是由教育主管部门统编的数字教科书，使用对象主要是教育主管部门所辖的辖区。这类数字教科书一般有明确的编撰目标，有统一的规范和要求，相对来说较能保证其质量。例如数字教科书发展较为超前的上海市教育主管部门就主持研发过数字教科书，这类数字教科书就属于此类。第二类是由出版社自主研发的数字教科书，这类数字教科书经济目标较为明显，其目的是配合纸质教科书发行，以期赢得数字教科书市场。目前参与数字教科书研发的出版机构比较多，其中人民教育出版社、中南出版传媒集团、高等教育出版社等都在积极研发数字教科书，有些已经出版了较具竞争力的数字教科书产品，其中出版中小学领域的数字教科书的出版社以人民教育出版社实力最为雄厚。第三类主要是信息技术公司开发的数字教科书，这类数字教科书市场较出版社开发的明显要小，主要是为了推广公司的新技术，未建立全国性的销售网络渠道，加上很难赢得出版社的平台支持，相对市场占有率要小一些。最后是学校自行研发的数字教科书，这些数字教科书技术水平相对滞后，交互功能较弱，但是更符合学校自身的情况，能够体现学校自身的特色。这类数字教科书对学校硬件软件技术水平要求都较高，总体上并不是很多。

4. 依据发行方式的差异进行分类

依据使用方式的不同，当前数字教科书的使用方式也可以分为不同的种类。第一种是作为传统纸质教科书辅助学习材料的数字教科书。例如，初级的以纸质教科书为主、数字光盘为辅的数字教科书，这类教科书以纸质教科书为主体，附带的光盘起到对纸质课本内容进行解释与补充的作用，相对来说这种数字教科书的成本也最低。第二种是通过网络服务器发行的数字教科书，这种数字教科书主要是通过网络服务器共享资源，将服务器设置在需要的学校，通过学校校园网获得数字教科书资源，例如，上海外语教育出版社出版的大学英语数字教材。第三种是在线发行的数字教科书，这类数字教科书有自己专用的网络数字平台，将数字化资源与网络课程整合，为中小学提供整体的数字教科书解决方案，其技术核心是自己独有的网络教学平台。第四种是以数据库形态发行的数字教科书，在总服务器下的所有网络用户都能使用该数据库中的内容。第五种是在线下载的数字教科书，主要形式是登录特定的网站或者手机应用程序，通过在线下载的方式使用数字教科书资源，典型代表是苹果公司的 iBooks 系列和 iTunes 等。第六种是系统集成型的数字教科书，这是一种大综合类型的数字教科书，它集合了前几种的特点，将数字教科书资源集成在使用终端上，提供一体化的解决方案，而相对来看价格也更加昂贵。

二 数字教科书的主要特征

（一）富媒性

随着信息技术的发展，当下的数字教科书特性愈加明显，其中典型特征就是富媒性。富媒体融合了动画、声音、视频或交互性的信息传播方法，技术软件上涉及 Microsoft Netshow、RealVideo、RealAudio 以及 Flash 等，同时在范畴上还包括编码、内容集成、流化处理、数字影院、用户端、数字版权保护和管理等多项内容，可见其涉及领域要宽于多媒体。[①] 这种富媒体具有很强的动态交互能力，能够做到学习内容的实时分发，具有丰富的多种媒体表现能力，除了传统的文本和图片格式外，还可以通过音频、动画以及复杂的交互式流媒体表现，同时还能提供一些丰富的内容场景，因为数字教科书的富媒性使得其能够创设更加真实的学习情境，同时学习内容也能支持页面展示和互动，支持学习内容下载与分享，学生能够获得更好的学习体验。

（二）交互性

互动性是指数字教科书在富媒体的基础上，教与学的过程中个体、内容、媒体之间相互作用的能力或特性。正是由于数字教科书的富媒性，使得交互成为可能。数字教科书实现了多种媒体数据的动态交互，进一步在画面显示、用户操作和交互上有所提升，特别是用户的交互性，不同于多媒体的相对“生硬刻板”。如今数字教科书的互动性逐步增加，特别是随着移动网络和移动终端的发展，数字教科书在不同载体上的应用使得这种互动性有了更好的体现，为学习者提供更多的可能。这种互动性主要包括：第一，能够实现师生之间的互动，例如教师可以在线布置作业，学生能够及时完成作业，教师又能在第一时间给予反馈。第二，能够实现生生之间的互动，例如通过数字教科书平台构建的学习小组，可以实现在线讨论、共同研究等。第三，师生

① 戴建华：《中国影视新媒体发展创新研究》，中国传媒大学出版社 2014 年版，第 146 页。

与学习内容之间能够形成互动，例如可以将学习笔记上传或下载，同时对学习内容进行在线标记或备注等。第四，能够实现师生与媒体介质的互动，例如学习媒体都有选择、移动、翻页等功能。正是由于数字教科书的强交互性，使得学生的学习变得更加自主，学习的主观能动性更强，学生能够通过自主学习，实现多维互动，打破传统教育中师生之间、生生之间的交往壁垒，进而再提升用户体验和参与度，获得学习乐趣。

（三）开放性

数字教科书作为开放性的学习系统，能够对内容实现及时扩充，而传统纸质教科书在更新换代或内容增删方面显然要迟缓得多，使得最新的内容进入教科书少则一年，多则几年。当今社会知识呈爆炸式增长，今天学习的内容或许下个学期就已经过时了。因此，如何及时更新补充学习内容，实现内容的动态增减就成为一个很重要的问题。数字教科书的内容和形式可以无限丰富，它面对各种精选学习资源，支持及时更新，同时，数字教科书在内容的组织层面也具有开放性。例如地理教科书，针对不同的学习年级，它具有模块化的设计，内容单元能够及时调整，学习时的选择空间很大，能够从不同的角度进入学习，这样就能使学生学习的选择空间更大，能够有效激发学习动力和热情。另外，因为数字教科书在设计时大多是采取模块化、关联性的方式，这就使得数字教科书能够实现针对教学内容和目标的优化和组织，能够加强内容关联性，尤其是知识点之间的层次逻辑易于体现。这种广泛的关联性设计，使得不论从哪一个角度进入学习，都可以进入整个系统，教师能够自主设定学习进程，学生能够根据个人学习进度设计学习内容，使得学科、学段以及内容和知识点之间形成有效的关联和整合，并形成新的学习内容或课程，这是数字教科书的典型特点和优势。

（四）个性化

数字教科书还具有个性化的特征。主要表现在两个方面：一方面是在设计方面，数字教科书的设计能够根据不同的使用者需求进行不同的呈现，使得学习能够有多种方式。例如，根据不同使用者的年龄、年级或者性别特征，甚至是不同的学习科目，数字教科书可以展现不同的音乐风格、排版以及背景颜色等，也可以根据使用者的需要选择不同的阅读或者使用模式——视频导学模式或者课后自测模式，同时也能实现自学、在线学习或社交学习等不同学习模式的个性化选择。另一方面是在内容选择和设计方面可以实现个性化的定制，根据使用者的要求，数字教科书的学习内容能够实现个性化的定制，同时根据对学习过程的监测调整学习内容，对于没有掌握的内容可以以其他形式重复出现，或者给予特别的强化学习。这样就在很大程度上满足了个性化学习的需要，进而弥补传统教科书的最大弊端，即学习进程的整齐划一、无法适应学习者个性化发展需要的问题。

（五）多样性

数字教科书的多样性主要体现在其载体形式上，这与传统纸质教科书存在显著区别。传统纸质教科书的载体单一，只能以纸质的形式存在和传播；数字教科书打破了固有的呈现形式，能够呈现在多样化的数字终端，例如个人电脑、智能手机、投影仪、平板电脑等。同时，还能以在线的形式与网络同步进行，或者以离线的形式进行单机学习，也能置于硬盘、光盘或者移动 U 盘之中。随着信息技术的发展，将来会有更多的终端设备能够匹配数字教科书。正是因为数字教科书的多样化特性，使得它的移动性更加便捷。虽然纸质教科书也能移动，其移动更多的是物理形态的“移动”；而数字教科书的移动性，除了物理形态的移动之外，还有软件硬件以及不同呈现介质中的移动转换。而且随着手机的广泛普及，针对相应数字教科书的手机 App 软件也逐渐增多，这就使得数字教科书能嵌入手机之中。数字教科书只需要有数字的终端接收设备，就能够阅读和使用。即使没有网络，也可以采取离线学习的模式，接入网络之后，所有网络资源能够实现实时共享。数字教科书让知识变得唾手可得，学习无时无处不在，变得更加便捷，这正是数字教科书的多样性和移动便捷性带来的必然结果。

三　数字教科书的教育优势

随着信息技术对教育的渗透，传统教育和纸质教科书越来越难以应对。传统的教材设计重点是以“学科”“教”为主，较少考虑个性化的学习，教学内容更新缓慢，教材呈现方式呆板单一，很难引起学生兴趣。数字教科书相比与传统的纸质教科书具有重大的比较优势，具体表现在以下五个方面。

第一，节约资源，低碳环保。据教育部《2017 年全国教育事业发展统计数据公报》统计，全国各级各类学历教育在校生 2.70 亿人，仅义务教育阶段在校生就有 1.45 亿人，高中阶段在校学生 3970.99 万人，[①] 中小学生共计约 1.84 亿人。这是一个庞大的数字。保守估计，以每名中小学生 10 册教科书计算，每学期的教科书多达 18.4 亿册！由于我国并未建立教科书循环使用制度，学生基本使用新书，这是一项巨大的自然资源投入。而数字教科书因为实现了无纸化出版，可以通过存储介质进行学习和阅读，极大地节约了自然资源，减少了由于印刷带来的损耗。

第二，数字教科书的信息密度和存储量大，并且不易绝版和毁坏。数字教科书的存放和维护相对于纸质课本来说更为便捷，在一块小小的存储卡中能储存成千上万本教科书的内容。从理论上讲，只要存储的硬件设备存在，教科书的内容就会存在，它不会像纸质课本那样极易损耗，出现绝版的现象，还能十分便捷地重复使用。

第三，数字教科书具有声音、动画等多媒体的呈现方式，更能吸引学生的注意力，同时对不易理解的抽象内容的学习更加有帮助。数字教科书能够像纸质教科书一样提供静态的图画和文字，同时也能提供纸质教科书无法呈现的动画、声音等动态信息，这样就提高了学生

---

① 中华人民共和国教育部网站，http：//www.moe.gov.cn/jyb_sjzl/sjzl_fztjgb/201807/t20180719_343508.html。

学习的热情，引起了学生学习的兴趣。

第四，数字教科书能实现快捷的信息定位和内容检索。随着技术的不断发展与进步，数字教科书目前能够实现内容查找、信息定位、书目检索等，其反应十分迅速，能够在众多的电子资源中帮学生找到他想要的学习内容，这极大地方便了学生的学习，提升学习的效率。

第五，数字教科书的使用价值与传统图书相比大大提高。纸质教科书一本书在同一时间只能供一个人阅读，虽然也可以循环使用，但是一方面有时间差，另一方面也有循环使用的次数限制。但是同一本数字教科书可以同一时间供多人使用，还可以满足线上阅读和内容下载的不同需求，这大大地提升了教科书内容的使用价值。除此之外，数字教科书还具有使用方便、阅读效果多样等诸多优点。

总之，随着信息技术的持续推进，数字教科书的优势逐渐凸显，它不仅极大地节约资源，而且能有效应对信息化时代背景下的学习革命。数字教科书是技术介入教育的必然结果，也将是一个持久的、不可阻挡的趋势。世界各国积极推动数字教科书研发已经说明，数字教科书的发展是大势所趋，这股变革传统教育和教科书的力量顺应潮流。

四 数字教科书的教学价值

基于数字教科书内涵和基本特征的认识，数字教科书具有重要的教学价值，为教育信息化的实现提供了重要契机，其现实价值主要表现在以下几方面。

（一）它极大地丰富和充实了教学资源

长期的传承和发展，纸质教科书占据着课堂的中心，时至今日，传统纸质教科书依然是课堂教学的主要媒介。由此可见，传统的纸质教科书有它顽强的生命力和显著的优点。例如，它有利于班级教学，有利于统一步伐教学，有利于随时随地教学，不需要电源，不需要软硬件，不需要网络支持。纸质教科书的使用已经成为一种习惯。目前的数字教科书大多是以纸质教科书为蓝本，进行多元化开发，使其多向拓展，更利于学习。数字教科书提供的各种链接，极大地丰富着传统的、有限的教学资源，在帮助学生实现自主学习的同时，对纸质教科书进行了扩容，正是在这个意义上，数字教科书极大地丰富和充实了教学资源。而数字教科书的出现，又倒逼学校课堂教学的改革。以往的课堂教学，教师大多是围绕书本展开，学习和考试都是以纸质书本知识为主，而由于数字教科书的出现，使得在庞大的网络资源支撑下的教学，已实现“学海刻度”。教学资源的增加和选择性的丰富，迫使教师转换教学思路，合理利用强大的网络数字资源，而学生在面对丰富的教学资源时，也将获得比以往更多的知识。因此，数字教科书的重要价值在于更加丰富的教学资源，以学生更易接受的方式呈现，使得学习更加全面、深入，这是以往传统纸质教科书很难做到的。

（二）它构建了更加生动真实的教学情境

数字教科书的最大特点在于交互性和情境性。数字教科书的交互手段主要通过新技术实现，有些借助于网络媒体，有些借助于本身集成在数字教科书中的交互系统，通过简单的多媒体呈现出来。而以往的纸质教科书交互性很弱，需要教师对教科书进行解读，或者仅仅通过课后习题才能与学生有所交流，而这种交流还是单向度的，无法给予及时反馈，交互的层次也是最简单的。此外，传统纸质教科书很难真正创设学习情境，除了导语之外，在内容设计中呈现真实的问题情境是很难做到的，正是因为问题情境的空无，使得学生的理解难度明显加深。而数字教科书利用信息技术，较容易创设真实的问题情境，让学生在真实的问题情境中去解决实际问题，也让学生能够更容易理解问题。此外，随着虚拟现实技术进一步融入数字教科书之中，让学生能有身临其境的感觉，以往不能直观或者不便于直观学习的内容，也能通过虚拟现实技术得以实现，进而增强学习兴趣。在数字教科书的冲击下，课堂更加有趣，学习更加有滋味，教学情境也更加生动、真实。

（三）它有利于实现更为个性化的教学

数字教科书的个性化设计和及时反馈，使得学习的针对性加强，能够满足不同个体的学习需要，能够进一步激发个体的学习热情，激发学生的主观能动性，能够最大限度地满足个性化教和学的要求，让学生能快乐学习，在学习过程中找到成就感和获得感。例如：一些理科类的数字教科书，设计有许多互动游戏，让学生通过游戏以完成任务的方式进行学习。每完成一项任务，就能获得一定的奖励，并且能够进入下一个阶段继续学习。如果有无法完成的任务，会得到及时的提示和反馈，并且对不同学习内容进行针对性的学习。在整个学习过程中，能够记录学生的全部学习成长过程，这样既有利于了解自己的学习进度，也有利于教师进行有针对性的指导。在不久的将来，随着技术更加成熟，数字教科书可能既兼具教科书的角色，又兼具教师的角色，教育活动中的传统三要素（即教师、学生、教育中介）可能演变成仅仅两个要素（即学生、数字教科书）。随着数字教科书智能水平的提升，它很可能能够同时承担教师角色和教育中介的角色，那时真正个性化的教学将完全实现，不同的人有不同的学习内容，扬长避短，有的放矢，期待通过数字教科书实现完全个性化教学的那天早日到来。

第三节　学术界关于数字教科书的研究

就目前国内研究现状来看，研究者们并未对“数字教科书”“数字教材”“电子教科书”“电子教材”做出明显区分，基本处于混用状态。因此，在梳理研究现状时，这几个方面的研究都将涉及。

一　电化教材的研究

数字教科书最早可以追溯到电化教育时代，电化教材（或称“电教教材”）可以看作是数字教科书的前身。1983 年 10 月召开的第一次全国电化教育工作会议提出，要“发展具有中国特色的电化教育”。电化教材是利用电教设备，以声音和图像，丰富形象地创造有利于教学的资料。电化教材可分为三类：视觉教材，如幻灯片、投影胶片等；听觉教材，如录音磁带、唱片等；视听教材，如电影片、录像磁带等。例如：在物理课堂上使用电化教材将抽象的物理现象生动地展现出来，有利于学生更有效地观察；同时不受时间和空间的限制，可以反复多次地再现。[①] 国内电化教材的研究始于20世纪80年代初，邓嗣源的《书本·讲授·电化教材》一文最早阐述了电化教材问题，他指出电化教材是20世纪发展起来的又一种教学手段，这种教学手段与书本、讲授等教学方式来看有其独特性和优势。“电化教材既能用于个别的方式，又能用于集体的方式；既能由学生自己掌握学习过程，又有教师在一旁指导。这时教师的讲授，转换成电化教材，而又能使讲授这种手段的某些优点，在教师指导的活动中体现出来。”因此，“电化教材这种教学手段至少从理论上讲，将在教学活动中取得非常重要的地位，也将会引起教学方式的变革”。[②] 20世纪80—90年代是电化教材研究高峰期。此后，万明高在《简论电化教材的理论基础》中写道：电化教学是一门综合性的学科，其科学根据是辩证唯物主义认识论和巴甫洛夫第一信号系统和第二信号系统学说的规律。电化教材正是利用教学中的直观形象的教学原则的特点，及其与认识过程的一致性的规律，以及巴甫洛夫两种信号系统学说的科学基础和理论根据，把教材中难以用口授的传统教学方法表达的难点、重点，用形象生动的电化教材展现在学生面前，配上教师的口授指导，充分调动学生的各种感官，加深对所学教材的理解、记忆，以达到最佳的教学效果。[③] 电化教材的研究一直持续到20世纪90年代，徐长生的《电化教材的二次开发利用》[④]，杨立国、王雅贤的《电化教材的编制》[⑤]，邹华成的

---

① 李克柏等：《中学物理教学法手册》，辽宁教育出版社1989年版，第70页。

② 邓嗣源：《书本·讲授·电化教材》，《电化教育研究》1981年第2期，第21—24页。

③ 万明高：《简论电化教材的理论基础》，《电化教育研究》1986年第1期，第39—43页。

④ 徐长生：《电化教材的二次开发利用》，《上海体育学院学报》1993年第S1期，第69页。

⑤ 杨立国、王雅贤：《电化教材的编制》，《哲里木畜牧学院学报》1995年第S1期，第73、45页。

《试论公安电化教材的思维科学》[①] 等都从不同侧面讨论了电化教材的问题。

二 电子教材的研究

电化教材发展的同时，电子教材也逐步兴起。一般认为，电子教材可包括电视录像片、计算机辅助教学（CAI）软件、光盘等。电子教材最初从高等教育和职业教育领域发展起来。20 世纪 80 年代就有文章研究职业教育电子教材发展的问题，如探讨从与电子教材配合的角度看电路教材的改革[②]，也有文章讨论电子教材的作用、类型和选题原则[③]。中小学领域讨论电子教材问题集中出现在 20 世纪 90 年代末，1999 年开启杂志社与基金会联合推进的中小学音像电子教材发展研究征文活动，促进了中小电子教材的发展。此后，陈达章在《中小学音像电子教材建设中的思考》一文中，分析了中小学电子教材发展的前景问题，并提出了具体的发展建议。[④] 张勤坚认为，虽然传统的音像电子教材还有一定的市场，但是由于保存困难、不易修改、交互功能差等缺点，势必逐步被数字化的教材取代，并且提出多媒体和互联网结合是未来电子教材发展的方向，认为电子教材不应该是课本教材配套的、从属于课本的“添彩”的东西，电子教材从设计之初就应该融入课本教材之中，两者合则为一、分则为二，使之成为一个不可分割的整体。[⑤] 数字教材发达的地区基本实现了这一目标。1999 年人

---

① 邹华成：《试论公安电化教材的思维科学》，《湖北公安高等专科学校学报》1998 年第 6 期，第 59—60 页 。

② 张志延：《从与电子教材配合的角度看电路教材的改革》，《工科电工教学》1986 年第 3 期，第 5—8 页。

③ 马盛明：《电子教材的作用、类型和选题原则》，《大学出版》1994 年第 3 期，第 30—31 页。

④ 陈达章：《中小学音像电子教材建设中的思考》，《中国电化教育》2000 年第 12 期，第 40—42 页。

⑤ 张勤坚：《对中小学音像电子教材建设的几点看法》，《中国电化教育》2001 年第 2 期，第 47—48 页。

民教育出版社成立了人民教育电子音像出版社，其在 2002 年出版了我国第一代中小学的电子教材。第一代电子教材与中小学生使用的 32 开本教材大小相近，用存储卡存储教材内容，重约 300 克，采用液晶显示，这类电子教材具有易操作、低能耗、便携、环保等优点。[①] 总体上看，电子教材的学术论文主要集中在高等教育领域，部分涉及中小学。发表在期刊上的有代表性的论文还有罗蓉、邵瑜的《电子教材的设计与开发》，文章以常州市武进区语文电子教材的开发个案为例，对电子教材的特征、设计原则、开发模式进行阐述。[②] 戚常林等人在《基于 WEB 的电子教材建设研究》一文中分析了电子教材的基本特点、内容，以及电子教材的功能、建设原则和实现方法。[③] 学位论文方面涉及电子教材内容的共计 33 篇，主要来自教育技术学（共 24 篇，占 72.7%），前三位的是河北师大（4 篇）、辽宁师大（3 篇）和华中师大（3 篇），内容绝大部分是从技术层面探讨电子教材的开发、设计问题。其中，最早发表的有关论文有：2008 年毕君的《〈C 语言程序设计〉电子教材开发与功能评估》[④]，白永怀的《初中生物校本电子教材〈鄂托克旗珍稀植物〉的研究与开发》[⑤]，王曼卿的《基于 iPad 互动式电子教材的设计开发研究》[⑥]，王晶晶的《面向 1∶1 数字化学习的电子教材设计与开发研究》[⑦]，刘利的《基于行为评价的小学英语电

---

① 高路：《我国第一代电子教材——人教电子教科书问世》，《课程·教材·教法》2002 年第 5 期，第 40 页。

② 罗蓉、邵瑜：《电子教材的设计与开发》，《中国电化教育》2006 年第 2 期，第 75—78 页。

③ 戚常林、马慧彬、于占龙：《基于 WEB 的电子教材建设研究》，《信息技术》2002 年第 9 期，第 51—53 页。

④ 毕君：《〈C 语言程序设计〉电子教材开发与功能评估》，硕士学位论文，东北师范大学，2008 年。

⑤ 白永怀：《初中生物校本电子教材〈鄂托克旗珍稀植物〉的研究与开发》，硕士学位论文，内蒙古师范大学，2011 年。

⑥ 王曼卿：《基于 iPad 互动式电子教材的设计开发研究》，硕士学位论文，云南大学，2016 年。

⑦ 王晶晶：《面向 1∶1 数字化学习的电子教材设计与开发研究》，硕士学位论文，西北师范大学，2015 年。

子教材的设计研究》[①]，罗航的《基于 Readium 的 Android 电子教材阅读系统的设计与开发》，等等。[②] 此外，有一些电子教材使用方面的调查研究，如吴倩的《基于平板电脑的华文电子教材的需求调查研究》,[③]宋雪雪的《电子教材在高校中的推广研究》，等等。[④]

三 数字教材研究

数字教材的相关研究始于 21 世纪初，在 2010 年左右迅速发展，热潮持续至今。研究成果涉及数字教材的出版、内涵、特征、功能分析、具体科目的数字教材开发等。如余胜泉提出信息化课程的体系与架构，并分析了信息化课程服务系统与功能。[⑤] 毕海滨、王安琳研究数字教材的特征和功能，从教材内容、资源支持、环境搭建等方面分析数字教科书的特征，提出构建多媒体、立体化的教学资源库，还分析了数字教材的基本功能框架，最后对数字教材的发展趋势作了展望。[⑥] 朱明晖研究了交互式数字教材问题，认为交互式数字教材具有其他数字教材所没有的特征，将多种要素融合在数字教材中。[⑦] 孙众和骆力明提出实现下一代数字教材设计与开发的“三层次五要素”。三层次是指内容层、交流层和生成层；五要素是指与学习目标聚焦度高且可智能推送的学习资源，支持人际交往的社会认知网络，实现按

---

① 刘利：《基于行为评价的小学英语电子教材的设计研究》，硕士学位论文，河北师范大学，2015 年。

② 罗航：《基于 Readium 的 Android 电子教材阅读系统的设计与开发》，硕士学位论文，华中师范大学，2017 年。

③ 吴倩：《基于平板电脑的华文电子教材的需求调查研究》，硕士学位论文，暨南大学，2014 年。

④ 宋雪雪：《电子教材在高校中的推广研究》，硕士学位论文，河南大学，2013 年。

⑤ 余胜泉：《数字教材的立体化出版》，《现代远程教育研究》2008 年第 3 期，第 10—16、71 页。

⑥ 毕海滨、王安琳：《数字教材的特征分析及其功能设计》，《科技与出版》2012 年第 7 期，第 13—15 页。

⑦ 朱明晖：《为电子白板量身定做“交互式数字教材”》，《中国现代教育装备》2011 年第 16 期，第 35 页。

需生成的个性化教材等。[①] 王丽平在分析了数字产品的三种形态（资源类数字产品、网络服务类数字产品、产业延伸类数字产品）之后，分析了数字教材产品开发的经济效益和社会效益。[②] 沙沙以人教版数字教材为例，对10年来数字教材中插图的演进历程做了介绍。沙沙从数字插图的虚拟性、综合性、互动性三个主要特点的角度研究了数字教材中插图问题，同时分析了数字教科书插图特点在教学活动中对学生的认知和非认知学习行为产生的影响。[③] 李达认为作为一种新型的教材形态，数字教材既带来了积极的影响，也引发了一系列问题，他从五个方面分析数字教材的影响：加速学术信息的传播与共享、促进教学方式与教育体系的变革、冲击传统的教育出版与发行业、引起知识产权纠纷、加剧数字鸿沟。[④] 孙众等认为通过数字教材为学习者推送个性化学习资源，是解决集体学习环境下学习内容固化和学习步调僵化的有效手段，也是数字教材从“教材搬家，表现形式大于实际功能”的初期阶段向“个人数字学习空间入口”的高级阶段发展的必然走向，而通过运用学习者前期能力评测与学习过程轨迹相结合的分析方法，实现数字资源学习的个人定制策略，这样既可以服务于课堂集体学习环境下的个性化学习，又可应用于课外自主学习。[⑤]

康合太、沙沙以人民教育出版社第二代“人教数字教材”为例，分析了第二代数字教科书的开发理念、设计原则和开发流程，探讨了第二代“人教数字教材”具有的六个特征：教育性、科学性、集成

① 孙众、骆力明：《数字教材关键要素的定位与实现》，《开放教育研究》2013年第4期，第60—67页。

② 王丽平：《数字教材产品的三种形态》，《出版广角》2013年第22期，第62—63页。

③ 沙沙：《我国基础教育数字教材中插图的演进》，《科技与出版》2013年第12期，第83—85页。

④ 李达：《论数字教材的影响》，《出版科学》2014年第4期，第32—34页。

⑤ 孙众、骆力明、綦欣：《数字教材中个性化学习资源的推送策略与技术实现》，《电化教育研究》2014年第9期，第64—70页。

性、交互性、实用性和经济性。[①] 李雅筝等剖析了交互式数字教材的富媒体性、互动性、时效性、便捷性和性价比高的特点，结合案例探讨了数字教材内容要素构成及各要素编辑时应注意的原则，提出数字教材编辑出版的三个阶段以及相关要素，如教材内容、发行渠道、研发推广等。[②] 罗九同等认为我国数字教材建设尚处于探索阶段，存在着理念滞后、政府推进不足、发展模式单一等诸多问题，必须总结、借鉴国内外的发展经验，不断创新理念，整合相关行业和优质教学资源，强化数字教材建设实践，才能突破数字教材的发展瓶颈，更好地为教育教学改革服务。[③] 王永奉认为中小学教材数字化已成为一种趋势，他以"安全教育数字教材"的研发为例，探讨了中小学数字教材的特点、内容结构体系的建构、设计要求及追求的目标、呈现方式等内容。[④] 胥炜、徐学福认为数字教材有利于探究教学的开展，提出基于数字教材的探究教学，提出数字教材的主要特质，同时分析了推进数字教材使用的策略。[⑤] 彭克勇分析了美国数字教材，重点以租赁平台 Packback 的运营策略为例，指出 Packback 的数字教材运营方式有值得借鉴之处，尤其是"按次使用付费"的方式能够提高资源使用的针对性，降低价格，增强了学生对数字教材的接受度，能够有效提高数字教材的竞争力。[⑥] 张桐、杨孝堂等探讨了全媒体数字教材的问题，他们从多媒体资源有效整合、个性化学习方式和学习内容的选择与推

① 康合太、沙沙：《数字教材的理论探索与实践——以第二代"人教数字教材"为例》，《课程·教材·教法》2014 年第 11 期，第 33—39 页。

② 李雅筝、周荣庭、何同亮：《交互式数字教材——新媒体时代的教材编辑及应用研究》，《科技与出版》2016 年第 1 期，第 75—79 页。

③ 罗九同、李恒平、孙梦：《整合、实践与创新——突破国内数字教材建设瓶颈》，《教育探索》2016 年第 2 期，第 126—129 页。

④ 王永奉：《中小学教材数字化的实践探索——以中小学"安全教育数字教材"为例》，《科技与出版》2016 年第 9 期，第 79—81 页。

⑤ 胥炜、徐学福：《基于数字教材的探究教学之可能与路径》，《教学与管理》（理论版）2016 年第 9 期，第 83—85 页。

⑥ 彭克勇：《美国数字教材租赁平台 Packback 的运营策略》，《现代出版》2017 年第 1 期，第 67—68 页。

送、交互性、在线或离线学习工具的开发等方面，探讨全媒体数字教材的功能与创新，从而为数字教材的设计者与实践者提供借鉴。[①] 张瑞静、王卉认为移动交互式教材是数字教材的发展方向，提出移动交互式数字教材呈现出三大发展趋势：技术上充分应用 VR/AR 技术，功能上由教材向学材转变，研发上由重开发向重设计转变。出版移动交互式数字教材需要打造以设计师为主导的编辑团队，着力在整体设计与交互设计两个方面协同创新。[②] 沙沙提出了中小学数字教材标准化建设议题，认为中小学数字教材的标准化研究目前还存在一些困难，包括多领域标准之间的深度融合，数字教材体系和质量标准构建，以及数字教科书应用和管理层面的延展性标准等。[③] 周荣庭、武伟等提出了数字教材智能化的演化趋势，并通过美丽化学项目创新和实践了概念可视化、知识碎片化、交互自然化等数字教材智能化路径，通过美丽化学系列数字教材的阶段研发，开展了一系列应用实践，在数字教材的智能化发展上积累了经验。[④] 崔磊分析数字教材的发展形态和特征，并结合国内外成功案例，提出了教材数字化发展的趋势与创新形式，认为未来数字教材的发展方向是交互式数字教材和个性化数字教材。[⑤] 谢林见认为数字教材不再是物理意义上的“课本”，更是一种方法、模式和环境，它作为面向学生知识服务的学习管理载体，通过平台化建设，变为一个从静态知识的资源形态向动态教学交互功能跨越的开放性系统。[⑥] 胡畔、柳泉波认为，随着云计算技术与智能终端

---

① 张桐、杨孝堂、杜若：《远程教育全媒体数字教材发展与创新》，《中国电化教育》2017 年第 3 期，第 138—142 页。

② 张瑞静、王卉：《移动交互式数字教材的发展趋势与设计模式》，《中国编辑》2017 年第 6 期，第 68—73 页。

③ 沙沙：《中小学数字教材标准化建设的思考》，《科技与出版》2017 年第 7 期，第 90—93 页。

④ 周荣庭、武伟、梁琰：《信息化教学模式下科学数字教材智能化创新与实践探索——以美丽化学为例》，《科技与出版》2017 年第 11 期，第 20—23 页。

⑤ 崔磊：《数字教材的创新路径分析》，《出版广角》2017 年第 20 期，第 83—85 页。

⑥ 谢林见：《教育内容数字化、工具通用化以及教材平台化——数字教材发展的定位及问题探讨》，《教育理论与实践》2017 年第 32 期，第 39—41 页。

的普及与发展，教育云服务与智能学习终端组成的“云计算服务+云终端”模式为数字教材开辟了全新的教学场景与学习情境，他们以构建“云+端”模式下面向数字教材的个人学习环境模型为例，介绍了其主要功能，以及终端设备、工具软件、数字教材内容与教育云服务平台四个层面，设计“云+端”模式下的数字教材学习系统。① 数字教材学位论文仅有3篇硕士论文，分别是赵明宝的《多媒体教学与计算机先备知识对边疆教师数字教材制作效果的影响研究》（辽宁师范大学，2015年）②、吴丹的《富媒体数字教材的特性及应用研究》（北京印刷学院，2015年）③、洪骞的《云端华文数字教材的学习工具分析》（暨南大学，2016年）。④

四 数字教科书研究

（一）国际教科书研究机构的研究

国外教科书研究机构主要有联合国教科文组织，以及美国、德国和日本相关研究团体。1946年问世的《从教科书看世界》一书，是联合国教科文组织最早关于教科书的专门研究报告。他们还通过各种渠道收集第二次世界大战期间的教科书资料，从地理、历史、社会等诸多方面开展了教科书的相关研究，并召开教科书相关研讨会等。

日本的教科书研究也较成体系，其中以日本财团法人教科书研究中心为核心力量。该中心成立于1976年，成员主要由日本的出版社组成，性质为民间研究机构，而主要目的是通过教科书研究来推动日本的教育教学改革。此外，该中心受日本文部省委托，还建成了“日本

① 胡畔、柳泉波：《“教育云服务+云终端”模式下的数字教材研究》，《现代教育技术》2018年第3期，第85—91页。

② 赵明宝：《多媒体教学与计算机先备知识对边疆教师数字教材制作效果的影响研究》，硕士学位论文，辽宁师范大学，2015年。

③ 吴丹：《富媒体数字教材的特性及应用研究》，硕士学位论文，北京印刷学院，2015年。

④ 洪骞：《云端华文数字教材的学习工具分析——以新加坡〈小学华文〉数字教材为例》，硕士学位论文，暨南大学，2016年。

教科书资料库”，定期发布相关教科书情报资料，开展教科书系列研究工作。[①] 日本财团法人教科书研究中心还出版了诸多教科书相关著作，如今依然是国际教科书研究的中坚力量。该机构也与中国教育专家学者开展过联合研究，如2006年共同出版了《中国的教育课程改革与新历史教科书》，该著作对四套历史教科书进行了比较分析，同时收录了一些教科书研究的论文。[②]

德国教科书研究的核心力量是德国国际教科书研究所。该所成立于1951年，由乔治·艾克特创办。此后该研究所整合各种研究资源，开展了诸多教科书研究，尤其是跨国家的教科书比较研究。[③] 德国国际教科书研究所出版了专门的教科书研究刊物《国际教科书研究》，其内容涉及教科书的诸多方面；同时该中心还筹建了德国教科书图书馆，是当今世界最大的教科书图书馆，产生了世界性的影响。目前该研究所所长为埃克哈特·富克斯教授，他在教育史与教科书史研究方面颇有造诣，且与中国教育界交往密切。

美国同样有教科书研究机构。早在1989年，美国就成立了教科书委员会（American Textbook Council），其作为独立的研究机构，主要围绕公立学校的历史和社会科学等开展研究，指导此类教科书的编写和使用，但是该机构并不代表出版集团的利益，其研究成果主要通过研究报告和会刊的形式发布，也为一线学校教科书的选用提供决策建议。

（二）我国数字教科书的研究及发展

直接以“数字教科书”为题的研究并不多见。可以查找到以“数字教科书”为题的学术论文仅有9篇。最早以“数字教科书”为题的研究是赵志明的《重新定义教科书——数字教科书的形态特点与发

① 贾馥茗总编纂，“国立”编译馆主编：《教育大辞书（2）》，文景书局有限公司2000年版，第402页。

② 《新一轮课程改革中的课标川教版历史教材》，http：//www. lsjxsj. com/jxts/ShowArticle. asp? ArticleID = 757&Page = 3。

③ 陈月茹：《中小学教科书改革研究》，教育科学出版社2009年版，第16页。

展》(《课程·教材·教法》2014 年第 3 期),该文重点从国家和个人两个层面分析了数字教科书的定义问题,为国家和个人层面开发和使用数字教科书提供了参考。[①] 赵志明以“重新定义教科书——数字教科书研究”[②] (湖南师范大学,2014 年)为题撰写了博士学位论文,这也是目前笔者发现的最早以数字教科书为对象的博士学位论文。此后,北京师范大学牛瑞雪博士也以数字教科书为主题撰写博士论文,发表了关于数字教科书研究的系列论文,分析了数字教科书的问题,提出了数字教科书发展的路径和建议,同时提出应该从课程与教学的角度开展数字教科书研究。[③] 她还提出了数字教科书的教学适用性问题,认为数字教科书应该自身内容边界确定,结构清晰,为教师的教学留有空间,为学生的群体性深度学习提供支持,同时与其他的教学辅助媒介互补共融,共同提升教学的实效。[④] 在此基础上,她撰写了第二篇数字教科书领域的博士学位论文(北京师范大学),以上也是目前发现的数字教科书领域仅有的 2 篇博士学位论文。此外,张雅君、付强也谈到数字教科书发展的瓶颈问题,他们认为限于纸质教科书的蓝本,数字教科书的功能形式难以创新;依循学科知识的编排,缺乏知识间的开放整合;知识显示简单“镜像化”,缺乏个性化定制。数字教科书的定位、设计思路、功能、学习方式都应区别于传统纸质教科书,据此提出未来数字教科书发展的定位,构建数字教科书的教学平台,通过教科书内容的可定制化,满足教与学的个性化需求。国家

---

① 赵志明:《重新定义教科书——数字教科书的形态特点与发展》,《课程·教材·教法》2014 年第 3 期,第 38—42 页。

② 赵志明:《重新定义教科书——数字教科书研究》,博士学位论文,湖南师范大学,2014 年。

③ 牛瑞雪:《我国数字教科书的研究现状、不足与展望》,《课程·教材·教法》2014 年第 8 期,第 19—25 页。

④ 牛瑞雪:《基于教学适用性的数字教科书编制》,《课程·教材·教法》2016 年第 8 期,第 36—40 页。

层面政策机制的建立，是实现我国数字教科书快速发展的保障。[①] 施勇勤、尹冰分析数字教科书的类型与功能特点，通过相关数字教科书的开发案例，提出了未来数字教科书的发展趋势和实施建议。[②] 王连照分析数字教科书知识的基本特征和认识向度，提出了数字教科书的有限开放性与无限整全性的特点，认为数字教科书知识的系统性意味着数字教科书知识建构的逻辑性和培养目标的连贯性。严肃对待教科书知识的社会价值与现实旨趣；从终身教育角度思考网络信息与教科书知识的区别，开放地接收、智慧地处理，共同促进个体完善和社会发展；关注教科书知识的“域”和“境况值”，以其更为丰富的时代内涵拓展人类精神发展的可能与可行。[③] 魏昕分析国外数字教科书研究现状问题，总结出国外数字教科书的发展的两条主要途径，提出数字教科书的发展核心动力来自对学生认知规律的把握和学习理论的突破。[④] 金贞淑介绍了韩国数字教科书计划及其实施情况，以及“数字教科书计划”的特点，并从教育政策层面分析了韩国是如何落实这一计划的，最后分析了韩国“数字教科书计划”的实施效果。[⑤] 这类研究为数字教科书的比较分析开阔了新的视野。此外，以“数字教科书”为题的学位论文仅有上文提及的赵志明与牛瑞雪两篇，暂无其他相关硕博论文。

---

① 张雅君、付强：《我国数字教科书的发展现状及其对策》，《课程·教材·教法》2016 年第 8 期，第 30—35 页。

② 施勇勤、尹冰：《试析数字教科书类型与功能特点》，《中国报业》2015 年第 2 期，第 89—90 页。

③ 王连照：《数字教科书知识的基本特征和认识向度》，《课程·教材·教法》2017 年第 1 期，第 42—47 页。

④ 魏昕：《国外数字教科书研究：回顾、进展及启示》，《课程·教材·教法》2015 年第 9 期，第 117—122 页。

⑤ 金贞淑：《韩国数字教科书计划及其实施情况》，《世界教育信息》2015 年第 15 期，第 62 页。

第二章

数字教科书的风险之维

第一节　数字教科书风险无法回避

一　风险的由来

“风险”一词最初与渔业航海紧密相连。渔民出海前都要举行仪式祈求平安，因为“风”无法准确预测，有不确定的“险”，因此，“风险”成为一词。西方学者考证，“risk”一词产生于17世纪中期，其词源来源于法文“risqué”，寓意航船穿行于危崖之间，而“risqué”又源于意大利文“risicare”，寓意“胆敢”，表明人有敢于冒险以求获利的本性。“risicare”的源头则是希腊文“risk”，仍指航海中可能遇到的危险。① 目前，对风险的最初含义基本达成了一致，如风险社会理论开创者德国学者贝克、英国社会学家安东尼·吉登斯等认为，“风险”一词最初的含义与航海中可能遇到的危险相关。随着时代的变迁，“风险”一词的内涵有了极为广泛的拓展和延伸，各行各业都存在“风险”问题。研究者们从哲学、经济学、社会学、教育学、统计学等不同学科视角下关注风险问题，并为风险的化解提供理论和实践建议。而“风险”问题研究最为广泛和深入的当属经济领域，且主要是以计量化的研究成果呈现，教育领域的风险问题研究尚处于起步阶段。

---

① 宋明哲：《现代风险管理》，中国纺织出版社2003年版，第3—4页。

学者们从不同的视角对“风险”做了定义。日常意义的风险一般是指“可能发生的危险”[①]，由此可见，“风险”应是一种“可能性”，而不是已经发生了的损害。其实，最初提出风险概念的美国学者威特雷就已经指出，风险是关于不愿意发生的事件发生的不确定的客观体现，这也说明了风险是一种可能或者潜在的危险。此外，还有一些定量化的思路研究风险问题，这种风险研究的思路主要运用在经济学领域。[②] 本书的“风险”亦指“未发生”和“潜在”的危险，这种危险并不是完全随机事件，而是可以被认知和提前预防的。

我国风险问题研究始于 20 世纪 80 年代初，最初关注的是企业风险及核电风险。进入 21 世纪后，风险问题越来越引起关注。就风险研究涉及的学科看，最主要是金融领域，讨论最多的是金融风险问题，其次是企业经济和企业管理问题，再次是工业经济和证券问题，因此，经济风险问题是主要的风险研究领域。此外，临床医学领域的风险问题也探讨较多。最近，有关风险问题研究的热点主要集中在经济（尤其是金融、企业管理）、医学（尤其是临床医学）、法律、管理、计算机等领域。学界关于风险与教育结合的研究相对较少，且主要在高等教育领域。

二　教育风险及其表征

教育风险研究涉及教育投资风险（高等教育投资、个人教育投资、学校投资）、教育信息化风险、教育风险等。张育勤分析了教育风险的类型，认为教育风险主要包括教育法律责任风险和教育技术责任风险，据此提出了规避教育风险的建议。[③] 沈水法认为，风险是一种可能的结果，具有“或许事项”的特征，同时他区分了高等教育的

---

① 《现代汉语词典》，商务印书馆 2016 年版，第 391 页。

② 张彪：《风险管理与保险》，中国财政经济出版社 2016 年版，第 3 页。

③ 张育勤：《教育风险的类型及其防范》，《教育评论》2000 年第 3 期，第 12—14 页。

不同类型风险，分析了风险的起因和防范策略。[①] 王顺双探讨了大学生思想政治教育网络风险问题。他认为，网络媒介风险、网络交往风险和网络文化风险是思政教育网络风险的重要表现；同时分析了风险产生的原因，谋划了抑制风险具体策略，提出要建立大学生思想政治教育网络风险预警机制以防控风险事件，还要推行专门性的风险评估来强化风险责任。[②] 张进、孙昭君研究了教育决策风险沟通体系问题，认为教育决策风险沟通机制是保障决策科学性与合理性的关键所在，应该尽快转变决策者的决策理念，树立起咨询意识，提高决策的科学性与民主性，切实建立健全一套教育决策风险沟通体系。[③] 乐志强研究了我国农村家庭高等教育投资风险的分类及其成因问题。他认为，农村家庭高等教育投资风险产生的原因既有家庭外部的因素，也有家庭内部的因素；既有高等教育外部的问题，也有高等教育内部的问题。[④] 杨璐、刘毅分析了高等教育国际化进程中的主要风险及其规避策略，提出高等教育国际化的主要风险包括财政拮据风险、文化殖民风险、商业运作风险、质量成本风险、学术移民风险、法律纠纷风险，提出开源节流、批判吸收、制度规范、委托评估、鼓励回归、加强协调的应对策略。[⑤] 朱丽、赵汉华分析了教育改革的风险问题，根据教育改革风险的诱因，可将其分为理性（非理性）风险、道德风险、技术风险和环境风险，需要对风险进行有效管理，包括风险识别、风险计量和风险治理三个步骤。教育改革主体应该从意识层面、技术层面

① 沈水法：《我国高等教育大众化进程中的潜在风险探析》，《黑龙江高教研究》2003 年第 3 期，第 7—9 页。

② 王顺双：《试论大学生思想政治教育网络风险及其规避》，《学校党建与思想教育》2014 年第 14 期，第 59—61 页。

③ 张进、孙昭君：《试述完善的教育决策风险沟通体系的构建》，《内蒙古师范大学学报》（教育科学版）2014 年第 8 期，第 28—29、32 页。

④ 乐志强：《我国农村家庭高等教育投资风险的分类及其成因》，《高等农业教育》2014 年第 10 期，第 8—11 页。

⑤ 杨璐、刘毅：《高等教育国际化进程中的主要风险及其规避策略》，《高等农业教育》2014 年第 12 期，第 28—31 页。

和制度层面加强对教育改革风险的有效管理。[①] 伍宸对高等教育全面深化改革进行了风险分析，认为防范高等教育改革的风险在于对风险的控制，同时分析了全面改革风险的控制策略。[②] 胡弼成、邓杰分析了大数据时代教育变革所面临的主要挑战，未来发展的基本趋势，以及风险规避策略，认为大数据将带来新的挑战，包括占据社会发展话语权，重新发掘教育价值；破解当前教育困境，推进教育深入改革；撬动教育杠杆，培养创新人才等，提出以学生为中心的教育教学改革，同时提升教育数据管理的质量，推进大数据时代的教育变革，需要化解不良数据风险、避免学生隐私泄露和转变管理者抵触心理。[③]

（一）教育投资风险

教育投资风险包括个人教育投资风险、高等教育投资风险、职业教育投资风险等，都有较多研究。赵宏斌、赖德胜研究了个体教育投资风险与教育资产组合选择问题。[④] 马晓强、丁小浩做过我国城镇居民个人教育投资风险问题研究。[⑤] 李婧、闫彦斌对民办教育投资风险的特征、类型和如何防范作了详细的阐述。[⑥] 陈国维分析了民办高等教育投资风险问题。[⑦] 杨开明认为，高等教育投资风险具有客观性和可测性，同时提出高等教育投资风险可分为系统性风险和非系统风险，

---

① 朱丽、赵汉华：《风险管理：教育改革成功的前提》，《教育发展研究》2015 年第 2 期，第 14—18 页。

② 伍宸：《高等教育全面深化改革风险分析及控制》，《现代教育管理》2015 年第 4 期，第 17—20 页。

③ 胡弼成、邓杰：《大数据时代的教育变革：挑战、趋势及风险规避》，《教育科学研究》2015 年第 6 期，第 29—34 页。

④ 赵宏斌、赖德胜：《个体教育投资风险与教育资产组合选择》，《教育研究》2006 年第 8 期，第 34—41 页。

⑤ 马晓强、丁小浩：《我国城镇居民个人教育投资风险的实证研究》，《教育研究》2005 年第 4 期，第 25—31 页。

⑥ 李婧、闫彦斌：《民办教育投资风险浅议》，《教育与职业》2003 年第 17 期，第 22—25 页。

⑦ 陈国维：《民办高等教育投资风险的理性分析》，《教育与经济》2004 年第 3 期，第 30—33 页。

并且分析了投资风险产生的原因及防范措施。[①]

（二）教育信息化风险

张明等探讨了教育信息化项目建设的风险控制与管理过程和必要性，分析了教育信息化项目的风险特征，提出了信息化项目风险的类别和风险控制与规避策略。[②] 谢同祥、祝智庭等认为，在教育信息化规划与实施中引入风险管理的机制，通过风险管理，有效地分析、控制、评估教育信息化中的风险，提高教育信息化的效益，保障教育信息化稳定、持久推进，这将成为未来教育信息化的一项重要研究课题。[③] 李芒、蒋科蔚认为，教育现代化蕴含“现代化风险”，分析了现代化风险的风险点，同时指出，教育现代化风险的实质为教育信息化风险，认为教育信息化存在安全、效益、适用、破坏性等问题，基于教育信息技术的立场，提出规避风险主要不是控制信息工具，而在于控制信息工具的使用，从使用者的途径防范潜在风险的产生。[④] 马运朋提出，教育信息化要求教育与技术的有机融合，融合过程中要求正确看待技术与教育之间的关系，正确把握技术使用行为，否则就会出现目的不清、盲目跟风、方式不当等问题，影响教育信息化健康持续发展。深入研究技术使用涉及的各个方面，细致把握技术促进教育的本质，理性对待技术热潮，走出纯粹技术取向的认识误区，才能使教育信息化发展回归“教育本位”“学生本位”的正常轨道。[⑤] 钱冬明等依据教育信息化项目的特点，建立 4 个一级指标（主体风险、客体风险、技术风

---

① 杨开明：《高等教育投资及其风险防范措施初探》，《复旦教育论坛》2008 年第 1 期，第 43—47、86 页。

② 张明、忻瑞婵、周华、俞时权：《教育信息化项目建设的风险管理研究》，《中国教育信息化》2007 年第 1 期，第 26—28 页。

③ 谢同祥、祝智庭：《风险管理：教育信息化的新课题》，《现代教育技术》2009 年第 6 期，第 23—27 页。

④ 李芒、蒋科蔚：《教育信息化与“现代化风险”》，《现代远程教育研究》2012 年第 2 期，第 3—12 页。

⑤ 马运朋：《教育信息化之技术使用风险的理性思考——基于技术哲学的视角》，《江苏高教》2017 年第 3 期，第 48—50 页。

险、政策法规)、11 个二级指标和 29 个三级指标，并计算出相应的指标权重。[①]

（三）教学风险

当前教学风险集中在体育教学风险和医学教学风险领域。中国知网以“教学风险”为题的文献仅有 24 篇（截至 2018 年 7 月）。体育教学风险方面：张俊、张超慧较早关注体育教学风险，他们借用市场学中风险利益理念对体育教学进行重新审视，认为体育教学不仅存在着诸多不确定性因素，具有风险性；同时，体育教学存在的更多的是利益，风险与利益并存。要处理好教学中的风险与利益关系，必须转换思维视角，改变过去风险即意外事故的陈旧思想，树立体育教学是一种具有风险的利益增益过程的认识，并从理论和实践两个层面对体育教学风险进行思考。[②] 黄柳倩探讨了高校体育教师对体育教学风险的识别及规避问题。[③] 赵德宝分析了高校体育教学风险评估问题。[④] 徐春红分析了河北省民办高校体育教学风险现状与教师注意义务问题。[⑤] 范建伟分析了普通高等学校体育教学风险管理问题。[⑥] 医学教学风险方面：肖仁梅探讨了临床护理教学风险分析与管理问题。[⑦] 孙莉静提出了临床教学风险管理的具体措施。[⑧] 此外，贺勋分析了普通高中英

---

① 钱冬明、罗安妮、王娟、徐显龙：《教育信息化项目风险评估指标体系的构建》，《中国电化教育》2017 年第 12 期，第 59—65 页。

② 张俊、张超慧：《体育教学风险的另类思考》，《四川体育科学》2004 年第 3 期，第 194—195、198 页。

③ 黄柳倩：《高校体育教师对体育教学风险的识别及规避对策研究》，《教育与职业》2012 年第 9 期，第 187—188 页。

④ 赵德宝：《高校体育教学风险评估》，《当代体育科技》2015 年第 4 期，第 115、117 页。

⑤ 徐春红：《河北省民办高校体育教学风险现状与教师注意义务研究》，《科学大众（科学教育）》2016 年第 1 期，第 145、95 页。

⑥ 范建伟：《普通高等学校体育教学风险管理研究》，《体育科技文献通报》2017 年第 5 期，第 44—45、93 页。

⑦ 肖仁梅：《临床护理教学风险分析与管理》，《护理研究》2007 年第 3 期下旬版，第 832—834 页。

⑧ 孙莉静、郭志勇、徐晓璐、徐正梅：《浅谈临床教学风险管理的具体措施》，《医学与哲学》（临床决策论坛版）2010 年第 11 期，第 76—77 页。

语课堂的教学风险管理问题。[①] 张俊霞从教学风险角度分析了教师的有限教育责任承担问题。[②] 截至2021年，仅有1篇博士论文对教学风险问题进行了系统研究，即王健康的《教学风险管理研究》（湖南师范大学，2012年）。该论文详细探讨了教学风险的基本问题，同时对教学风险管理的原理、原则、过程及操作系统进行了重点分析，提出了应对教学风险的具体策略。该论文属于教学风险研究领域最系统的论述。[③]

此外，李宝庆、刘方林等研究了教育决策风险沟通机制的建构问题。[④] 刘海滨、杨颖秀探讨了我国教育政策风险评估问题及消解策略。[⑤] 杨跃分析了教师专业化教育改革的风险及其防范策略。[⑥] 邵泽斌探讨了教育改革的专家风险问题。[⑦] 周翠萍研究了我国政府购买教育服务的风险分析问题。[⑧] 黄小莲重点分析了"师范生免费教育"政策的利益与风险问题。[⑨] 范勇、田汉族研究了基础教育集团化办学的成本与风险问题。[⑩] 总体上看，风险问题已经引起教育领域的关注，其中高等教育风险、教育投资风险是教育风险问题的热点，教育技术的

---

① 贺勋：《浅谈普通高中英语课堂的教学风险管理》，《中小学心理健康教育》2017年第28期，第75—78、80页。

② 张俊霞：《教师对有限教育责任的承担——兼论教学风险》，《浙江树人大学学报》2007年第3期，第90—92页。

③ 王健康：《教学风险管理研究》，博士学位论文，湖南师范大学，2012年。

④ 李宝庆、刘方林、李海红：《教育决策风险沟通机制的建构》，《教育发展研究》2013年第12期，第52—57页。

⑤ 刘海滨、杨颖秀：《我国教育政策风险评估问题及消解策略》，《现代教育管理》2011年第12期，第56—59页。

⑥ 杨跃：《教师专业化教育改革的风险及其防范》，《课程·教材·教法》2011年第6期，第96—101页。

⑦ 邵泽斌：《教育改革的专家风险》，《教育发展研究》2011年第8期，第1—6页。

⑧ 周翠萍：《我国政府购买教育服务的风险分析》，《教育科学》2010年第5期，第24—27页。

⑨ 黄小莲：《"师范生免费教育"政策的利益与风险》，《全球教育展望》2009年第10期，第66—71页。

⑩ 范勇、田汉族：《基础教育集团化办学热的冷思考——基于成本与风险视角》，《教育科学研究》2017年第6期，第32—36页。

风险问题也开始引起研究者的关注。

三　信息技术视野下的教育风险

（一）伦理与技术风险

伦理风险研究较多涉及科技伦理风险、医学伦理风险，部分涉及教育伦理风险、管理伦理风险等问题。张小飞提出科学技术成果的应用出现了偏离人类价值理想的状况，这种偏离带来了极大的伦理风险，对和谐社会的构建构成了威胁。只有让科学技术成果应用回到正确的轨道，才能保证科学技术发展对社会进步和人自身完善的促进作用。① 何继业、张小飞分析了科技理性与价值理性的分离及伦理风险问题，认为科技理性在认识自然规律之时，同样对人自身的价值产生遮蔽效应，尤其是近代以来的科技在这方面表现更为突出，直接后果是科技理性与价值理性分离，科学技术活动脱离了人类的价值目标追求，导致伦理风险。② 吴翠丽认为，现代科技发展的负面效应，使人类自身正面临着种种不可预知的社会风险，确立和提倡建立科技伦理规范，以此治理潜在的技术风险，他同时分析了科技伦理规范（主要包括：加强科技人员的伦理责任意识，尤其是科技人员的社会伦理责任；正确处理伦理约束与科学研究自由的关系；努力实现科学文化与人文文化的沟通对话等）。③ 赵素锦提出了高科技时代的伦理风险问题，指出全球风险时代的到来、传统伦理理念的滞后、经济利益的幕后驱动等是伦理风险的成因，为解决科技时代的伦理风险问题，应该实现伦理思维范式的更新转换、社会伦理环境的良性运行、主体自我

---

①　张小飞：《科技成果应用中的价值偏离及伦理风险——兼谈其对构建和谐社会的威胁》，《学术界》2005 年第 2 期，第 227—232 页。

②　何继业、张小飞：《科技理性与价值理性的分离及伦理风险》，《西南民族大学学报》（人文社会科学版）2007 年第 3 期，第 149—152 页。

③　吴翠丽：《科技伦理：风险社会治理的应对之策》，《前沿》2008 年第 12 期，第 142—146 页。

德性的完善提升等。[①] 夏冰提出了技术创新管理的伦理风险函数问题，他认为技术创新管理的伦理风险取决于多方面的因素，重点包括五方面的影响因素，因此，在技术风险管理方面重点从影响因素入手，并据此提出了技术创新管理的“伦理风险乘数效应”。[②] 杨薇等尝试通过对责任伦理风险观内涵的研究，用责任伦理规避技术时代的风险。[③] 梁德友分析了物联网社会伦理风险问题，他认为，物联网技术在给人类带来舒适便捷生活的同时，也使人类社会不得不面临主体没落、社会伦理规范悬置、主体权利与义务失衡、人类伦理共识破产以及社会分化对立的伦理风险。为此应结合物联网的特质，从物联网价值规范、伦理建设、法律建设等多方面消解风险。[④]

龚长宇探讨了陌生人社会的伦理风险问题，他提出信任危机、身份认同危机、难以弥合的价值纷争是陌生人社会的主要伦理风险，同时指出个体化与个体道德空间封闭是陌生人社会伦理风险的主要原因，提出依托超越性的伦理理念，以“允许”“包容”等来获得理解和道德权威，构筑伦理理念，唤起人的道德意志，使个体道德空间向他人和整个社会敞开等途径化解陌生人社会的伦理风险。[⑤] 周妙蓉提出，运动装备在材料和设计两个层面的技术创新形成伦理风险：人的主体性的消亡、公平竞争精神的破坏。伦理风险的成因在于技术创新的趋利性，以及体育功利性与技术创新效用性的过度契合。规避风险的对策是对运动装备技术创新价值的重新认识、适度创新，以及建立伦理规约机制。[⑥] 潘建红、韩鹏煜认为现代技术为人类社会带来巨大福祉，

---

① 赵素锦：《高科技时代的伦理风险及规避》，《求实》2011 年第 4 期，第 30—32 页。

② 夏冰：《技术创新管理的伦理风险函数研究》，《东南大学学报》（哲学社会科学版）2013 年第 2 期，第 26—30 页。

③ 杨薇、胡利华、程波、薛莲、史杰、崔伟奇：《约纳斯责任伦理风险观内涵研究》，《科技管理研究》2014 年第 5 期，第 202—205 页。

④ 梁德友：《物联网社会伦理风险及其消解》，《学术论坛》2014 年第 12 期，第 1—5 页。

⑤ 龚长宇：《陌生人社会的伦理风险及其化解机制》，《哲学动态》2014 年第7 期，第88—92 页。

⑥ 周妙蓉：《运动装备技术创新的伦理风险与规避》，《沈阳体育学院学报》2015 年第 4 期，第 53—57、62 页。

同时也引发重重的伦理风险。技术风险具有文化属性的特质，因此需要从文化调控的角度加强技术伦理风险的预防。通过对现代技术伦理风险消解与文化治理能力提升从应然到实然的系统剖析，探求技术伦理风险和文化治理能力的提升，以此实现对技术伦理风险的防范。[①] 樊改霞认为，我国道德教育在现代性浪潮冲击下曲折地经历了道德革命、社会主义道德改造，以及工商化的道德改革这三次现代性的转向，这使得我国的道德教育走上了泛政治化道德、工具理性主义道德之路。据此，一方面应承认现代性道德教育所确立的基本价值理念的普遍规范性和形式有效性，另一方面反对道德教育的过度政治化和工具化导向。[②] 闫旭蕾分析了教育价值选择的伦理风险问题，他提出，为了规避进一步深化教育改革过程中价值选择可能存在的伦理风险，需要对其保持一种警觉意识，关注教育实践中存在的动机—手段—效果的不对等，倡导构建教育改革价值选择伦理的主体责任，给予教育改革价值选择实施过程中的不确定性以合法性。[③] 董军、程昊分析了大数据技术的伦理风险及其控制问题。[④] 蒋艳艳认为“泛在网”将对“主体”产生更为深刻、更为根本的影响，造就出“去稳定化”的“新主体”——“电子人”“沉浸人”和“后人类”的糅合体。“泛在网时代”潜在的伦理风险正是根源于“泛在网”塑造的“新主体”，应对“泛在网时代”的伦理风险，要学会伦理地思考，及时发出可靠的伦理预警，提前做出合理的伦理谋划。[⑤]

---

① 潘建红、韩鹏煜：《应然与实然：现代技术伦理风险的文化治理能力提升》，《自然辩证法研究》2015 年第 11 期，第 61—66 页。

② 樊改霞：《我国道德教育的现代性转型及其伦理风险》，《华东师范大学学报》（教育科学版）2016 年第 1 期，第 31—37、112 页。

③ 闫旭蕾：《教育价值选择及其伦理风险》，《教育研究与实验》2017 年第 5 期，第 28—33 页。

④ 董军、程昊：《大数据技术的伦理风险及其控制——基于国内大数据伦理问题研究的分析》，《自然辩证法研究》2017 年第 11 期，第 80—85 页。

⑤ 蒋艳艳：《“泛在网时代”的伦理风险》，《东北大学学报》（社会科学版）2018 年第 3 期，第 233—238 页。

（二）信息技术带来的教育风险

国外有大量信息技术视野下的教育问题研究，主要是从正面探讨信息技术如何全面运用到教育领域，包括课程设计、教学实施、学习评价等，以信息技术推动学校教育的全面变革，这类研究从20世纪80年代就开始兴起，热度持续至今。研究群体主要是教育技术或信息技术领域的专家学者。相关研究大量译介进国内，在国内引起了一定的反响。较具代表性的有美国阿兰·柯林斯和理查德·哈尔弗森所著《技术时代重新思考教育：数字革命与美国的学校教育》。① 该书作者认为在技术主导的教育革命下，对传统的学校教育体制产生了严峻挑战，学校的边界不断扩大，渗透家庭、网吧、工作场所，学习越来越成为自定义的模式，即自己决定自己学什么以及怎么学。正是由于技术对教育形成了巨大的冲击，因此，该书从教育发展史的角度对传统学校的弊端以及技术对学校教育的冲击进行了细致的分析，同时对未来教育的发展路径提出了构想。美国柯蒂斯·J. 邦克所著《世界是开放的：网络技术如何变革教育》一书认为，技术的获取途径越来越便捷，同时教育资源越来越丰富，各种在线教育资源密集出现，构成了“我们—所有人—学习”的框架，同时提出了未来网络技术变革教育的十大趋势。总体来看，作者对网络技术运用在教育领域持积极、肯定的态度。②

第二节　数字教科书风险研究及价值

一　研究数字教科书风险的缘由

（一）顺应信息时代发展的新需求

美国学者阿尔文·托夫勒在《第三次浪潮》中，将人类社会划分

① ［美］阿兰·柯林斯、理查德·哈尔弗森：《技术时代重新思考教育：数字革命与美国的学校教育》，陈家刚、程佳铭译，华东师范大学出版社2013年版。

② ［美］柯蒂斯·J. 邦克：《世界是开放的：网络技术如何变革教育》，焦建利主译，华东师范大学出版社2011年版。

为农业阶段、工业阶段和信息化阶段，如今我们正身处信息化社会的巨大洪流之中，各行各业都与信息化形成了紧密联系，信息时代已经呈现在我们面前。2018 年 4 月 13 日，教育部颁布的《教育信息化 2.0 行动计划》，标志着我国教育信息化建设进入了新时代、新阶段。这是继 2012 年颁布的《教育信息化十年发展规划（2011—2020 年）》、2016 年颁布的《教育信息化“十三五”规划》之后，我国又一次在全国层面出台的综合性教育信息化规划文件。《教育信息化 2.0 行动计划》中提出积极推进“互联网 + 教育”，坚持信息技术与教育教学深度融合，积极推进信息化教育体系，具体包括数字化、智能化、网络化等，预计到 2022 年基本实现“三全两高一大”的目标，成功搭建“互联网 + 教育”的教育信息化大平台。本书正是顺应信息技术与教育融合发展的大背景，为信息时代的教育及教科书健康发展掌舵把脉，使得教科书在数字化发展的道路上少走弯路，为可能的危险做出提前预警，并提供可能的解决方案。

（二）源于对学术问题的密切关注

随着信息技术与教育的深度融合，教育领域的方方面面都迎来巨大变革。教科书的编撰出版同样受到信息技术的洗礼，传统纸质教科书虽然依然占领着课堂，但是它的地位却受到严峻的挑战，数字教科书开始在国家信息化建设推动下逐渐兴起，并率先在部分城市学校落地。有数据显示：美国电子书销售收入 2006 年仅占出版收入的 0.5%，但是到 2012 年达到了 23%；① 我国数字出版业增长迅速，2009 年数字出版业产值首次超过传统出版业，达到了 750 亿元，② 2006—2010 年，数字出版业总收入年增长速度达到 49.73%，实现了 5 倍的增长。③

① 林君芬等：《交互式数字教材：数字化教学资源的新形式》，《教育信息技术》2013 年第 6 期，第 3—7 页。

② 夏之翠：《我国数字化教材未来发展浅析》，《出版广角》2010 年第 12 期，第 54—55 页。

③ 成华、卢章平：《大学出版社数字化教材出版模式探索》，《编辑之友》2012 年第 9 期，第 24—26 页。

《加快我国数字出版产业发展的若干意见》中提出，到2020年，传统出版部门要基本完成数字化的转型。韩国、新加坡、日本、美国都在大力推进数字教科书研发和使用，越来越多的学校开始接受这种新型的教科书样态，数字教科书在信息技术的推动下迎来春天。然而，数字教科书的研发已经早早地走到了前台，而与之配套的研究却相对落后，人们更多关注的是如何更大力度地推进数字教科书的开发与使用，较少关注技术渗透教科书领域后可能发生的风险。换句话说，就是为数字教科书发展唱赞歌的居多，出版社、信息技术领域研究人员更是希望迅速推进。当然，这里面有经济利益的纠葛缠绕，缺乏对数字教科书全方位的理性思考，需要有研究者对数字教科书这种新型教科书样态可能带来的各种风险做出系统研究和预判，为数字教科书的健康、持续发展提供学术支持、理论支撑。本书正是基于这一考虑，希望能在数字教科书研究领域有所突破，把空白补起来。

（三）源于教科书研究团队的指引

以首都师范大学石鸥教授为引领的教科书研究团队一直致力于中小学教科书方面的研究。从20世纪90年代开始，石鸥教授就开始收藏教科书，至今已收藏清末以来的中小学教科书3万余册，先后出版了数十本教科书研究专著；研究团队早期以教科书史研究为重心，出版了《百年中国教科书图说》（上下卷）、《中国近现代教科书史》（上下册）、《新中国中小学教科书图文史》（六卷本）、《中国教科书发展史丛书》（六卷本）、《教科书研究丛书》（六卷本）等代表性著作，先后影印出版了《最新国文教科书》《最新修身教科书》《共和国教科书》《红色星火：中国革命根据地教科书》等古旧书籍。近年来研究团队转向多学科视角下的教科书研究，正在努力搭建教科书相关的理论体系，后续成果即将问世。数字教科书是教科书研究中的非主流领域——虽然很重要，但是系统研究的人员很少，到目前为止，该团队赵志明博士属于我国数字教科书系统研究的第一人，此后人民教育出版社牛瑞雪等也开始启动相关研究。显然，屈指可数的研究人员和成果同数字教科书的重要性不相协调，因此，在导师的指引和团队成员的激励下，笔者开始关注数字教科书，并希望能在该领域做出应有的贡献。

二　数字教科书风险研究的价值

（一）建构数字教科书的理论

从理论价值上看，本书的研究有利于教科书研究的拓展，同时有利于数字教科书理论的构建。传统教科书研究以纸质形态教科书为研究和分析的对象，本书的研究是对纸质教科书研究的深化和拓展。以往的教科书研究，大多是针对纸质教科书形态展开，主要体现在文本研究，学者们均是针对教科书特殊的文本展开分析，建构理论，主要研究方法也是以文本分析或话语分析为主。数字教科书与传统教科书显而易见的区别在于载体形式的差异，传统的文本分析及相关理论显然已经不能完全匹配数字教科书的研究，因而需要构建数字教科书特有的分析框架。本书将数字教科书分解为“教科书”“数字”两种样态，既关注数字教科书的“数字”属性，也关注数字教科书的“教科书”属性，从“数字”“教科书”两个维度构建数字教科书的分析框架，建构数字教科书的理论，探索数字教科书的潜在风险。因此，从这个意义上来看，本书拓展了传统纸质教科书研究的视野，为数字形态教科书的研究构建了分析的理论框架，以期重要的理论价值。

（二）规避数字教科书使用风险

数字教科书虽然具有普遍的风险性，但是鉴于风险本身的特点，数字教科书的风险具有可控的特性。风险是指发生不幸事件的概率，可能导致损失或收益的不确定性；危险是警告词，是指某一系统、产品或设备操作的内部和外部的一种潜在的状态，危险的发生可能会造成人员伤害。风险与现代性相伴相生，它既有积极的一面，同时也有消极的一面，而且是可预防的。风险主要表现为某一后果是否产生的不确定性。[①] 因此，有了风险，就需要采取措施对风险进行治理。不论面对何种风险，都应努力预防和规避。贝克还针对风险的独特性，提出了风险的“双向合作风险治理模式”[②]。风险治理也成了一个动态、连续和循环的进程，风险同时催生一些内在或外在的补偿机制，如各种保险、救济等。由此看来，在现代这样一个充满风险的社会中，风险不仅包括个人风险，更包括“由社会所制造的风险”，这也正是乌尔里希·贝克所归纳的风险社会的主要特征之一。风险社会理论因此成为数字教科书风险研究与防控的重要理论基础。

从应用价值上看，有利于指导数字教科书的编辑出版，同时有利于规避数字教科书的风险和有效使用数字教科书。数字教科书因其特殊属性，既具有教科书的属性，同时又具有浓厚的技术关联性，与传统纸质教科书相比既相似又特殊，相关出版社和部分开发人员，有些出于自身经济利益的考虑，对数字教科书产品把关不严，甚至有些属于粗制滥造，而当前国家还未出台明确的数字教科书的相关审核标准。因此，由于经济利益的驱动，各种各样的数字教材在市场中流行开来，当下急需对这些数字教科书的编撰出版予以规范，同时着力提升数字教科书质量，防范数字教科书使用方面可能出现的内容风险、教学风险、技术风险等。本书全面分析数字教科书这一特殊产品，对数字教科书的各类风险进行系统解读和分析，这样有利于指导现行数字教科书的编撰，同时也有利于规避数字教科书可能出现的风险，帮助中小学有效使用数字教科书。这是本书研究的现实价值所在。

三 研究思路与框架

（一）研究思路

本书总体上遵循“理论阐释—风险分析—防控策略”的思路。总体框架是：第一章为数字教科书概述，通过对数字教科书发展现状的

---

① 张成岗：《现代性与风险社会》，《科学文化评论》2006年第6期，第113—120页。

② ［德］乌尔里希·贝克：《风险社会》，何博闻译，译林出版社2004年版，第69页。

梳理，提出数字教科书的发展是必然趋势，在此基础上进一步阐释数字教科书的内涵和基本特质，分析数字教科书的意义与价值，进而提出数字教科书可能的风险之维。第二、三、四、五章为数字教科书的风险分析，这四章的内容为本书的重点内容。第三章具体包括“教什么——数字教科书的内容风险”，内容风险分析主要从教科书的内容选择与组织两个维度展开：首先是研究分析数字教科书的基本构件、数字教科书内容的确立标准等；其次是在此基础上分析数字教科书的内容选择风险，主要包括数字教科书内容的碎片化、数字教科书内容的冗余等；最后是数字教科书的内容组织风险，包括数字教科书的组织失序、数字教科书内容的无限层级化等。第四章是“如何教——数字教科书的教学风险”，教学风险分析主要从“教”“学”两个维度分析其风险问题。内容有：数字教科书教学风险概述，包括数字教科书教学风险的内涵、数字教科书教学风险的表现及特征、数字教科书对教学活动的冲击等。在此基础上，进一步分析数字教科书的主要教学风险，包括数字教科书带来“教”的风险和数字教科书带来“学”的风险两方面。最后是对数字教科书教学风险的归因，包括教学活动的复杂性、教学过程控制性降低、教学活动主体的原因等。第五章是“何以教——数字教科书的技术风险”，重点分析数字教科书技术风险的主要特征及风险的归因，技术风险的特征包括主客统一性、功能矢量性、复杂涌现性、个别差异性等，最后从技术、人和文化三方面对数字教科书技术风险进行原因分析。第六章是策略分析，重点分析数字教科书的风险防控策略，包括数字教科书风险防控的目标、原则和基本流程等，在此基础上，具体提出数字教科书内容风险、教学风险和技术风险的防控策略。

（二）主要研究方法

文献法：文献法即将现有的文献资料进行收集、整理，然后凭借一定的研究方法，对其内容、框架、思路进行分析、提炼，以获得相关的信息，进而得出一定的结论或为下一步的研究做好准备的方法，文献法的研究过程实际上就是获取信息、整理信息和加工信息的过程。[①] 本书将运用文献法系统收集数字教科书相关的国内外文献，对数字教科书的潜在风险进行全面评估，力争占有尽可能多的文献资料，以便站在前人研究的基础上，提出独到的学术观点，以及前沿理论。

比较法：比较法是将相互有联系的事物放在一起进行分析和考察，发现其异同，总结事物间的规律和特质，并力求得出符合实际的一种研究方法。[②] 本书将对数字教科书的发展及其特点进行纵横比较。纵向比较主要从数字教科书的发展历程展开，即历时性地比较我国数字教科书发展的过程；横向比较主要从共时性的角度展开，比较中外数字教科书的编撰出版及可能产生的风险及防控策略等。

理论分析法：本书的理论分析主要从两方面展开。一方面是自上而下的路线，即从现有的、被有关学者认可的概念、命题或理论体系出发，通过分析原始资料对其进行逻辑论证。然后在论证的基础上进行一定创新。这一路线是理论分析的方法，又称为逻辑分析，属于传统的定性研究的范畴。[③] 另一方面是自下而上的路线，即从原始资料出发，通过归纳分析逐步产生理论。通过两种途径的结合，本书尝试解构数字教科书的潜在风险，并建构防范数字教科书风险的体系。

访谈法：访谈法是社会调查的一种基本方法。它主要是通过口头交流的方式获取研究信息，一般是访问者向被访问者进行面对面的调查。[④] 本书通过访谈法，调查了解数字教科书的开发人员、出版社人员及课程教材领域相关专家，以及数字教科书的使用者等，通过访谈，对数字教科书可能的风险把握更加精准，使得数字教科书风险防范的对策更加具有可操作性和针对性。

（三）创新之处

第一，本书首次全面分析数字教科书的潜在风险，在研究对象方

---

① 诸彦含主编：《社会科学研究方法》，西南师范大学出版社 2016 年版，第 151 页。

② 徐红主编：《教育科学研究方法》，华中科技大学出版社 2013 年版，第 262 页。

③ 李秉德主编：《教育科学研究方法》，人民教育出版社 1986 年版，第 256—257 页。

④ 王高飞、李梅：《社会调查理论与方法》，哈尔滨工程大学出版社 2016 年版，第154 页。

面有一定的创新性。当前数字教科书的研究尚处于起步阶段，系统的研究非常少见，然而，数字教科书却是必须引起重点关注的焦点。研究者们对数字教科书的研究大多从正面开展，关注数字教科书的编制问题、教学问题、发展历史问题等，然而极少有系统关注数字教科书的风险问题。对于发展迅猛的数字教科书，需要有人停下脚步，思考数字教科书可能带来的各种风险问题。因此，本书在主题选择方面属于较新的领域，具有一定的创新性。

第二，分析框架有所创新。数字教科书的潜在风险分析从数字教科书风险的基础理论问题开始，然后从“教科书”“数字”两个维度展开。“教科书”方面重点关注教科书的“教的风险”“学的风险”；“数字”方面主要关注“技术风险”，由此构建数字教科书风险的分析框架。这种分析框架总体上看具有一定的逻辑自洽性，同时也在分析框架上有所创新。

第三，本书尝试构建防范数字教科书风险的体系。本书在分析数字教科书的“教的风险”“学的风险”“技术风险”的基础之上，以学习理论、教学理论及信息技术相关理论为支持，对可能存在的潜在风险予以规避和防范，为数字教科书的风险及危机提供化解之道，这一方面凸显了本书研究的实用价值；另一方面也是本书研究成果的创新之处，为数字教科书的研究开辟了一条新的方向，使得数字教科书的研究不仅仅关注其正面价值和意义，同时也认真思考其可能的风险及危险，进而防患于未然。因此，通过系统研究数字教科书的风险及其表现、成因等，探讨构建全方位的防控体系，也就成为本书的创新之点。

第三节　数字教科书的风险结构

一　数字教科书风险的由来

（一）风险的不确定性

一般认为风险是指“冒险；危险；严重危险；面对损失、伤害、不利或毁灭”。风险和冒险的区别在于，风险常常是更自愿的，而冒险是机遇的产物。在风险研究的相关理论中，乌尔里希·贝克的社会风险理论最为著名，其影响极其深远，他对于风险的认识也最为深刻。贝克也被称为风险理论的创始人，其代表作为《风险社会》（1986），该书最早系统论述了风险社会的问题，此后多本相关著作问世，系统探讨风险问题，形成了风险问题的基本框架。贝克曾指出，风险是一个指明自然终结和传统终结的概念。风险有其独特性，它必须是在自然或传统失效时，并依赖于人的决策所发生，这才具风险讨论的价值。由此可见，风险其实与人相关，如果人不参与其中，无法对其产生影响，则无所谓风险，因此风险天然包含着一种不确定性，但是在不确定性的同时，又有潜在的可控性存在。[①] 风险概念一经提出，在世界范围内产生了巨大的反响，在各行各业引起了关注，这种不确定性的特征在一些行业，如金融、医疗、新科技、教育等领域都得到了典型的体现，而且引起了人们对风险责任、高科技技术、教育等问题的关注。[②] 从以往的研究可以看出，人们对风险问题的认识虽然有不同的理解，但是都认为风险具有不确定性的典型特征，这也使得风险防控问题更加复杂化。

（二）数字教科书风险普遍存在

美国学者 H. W. 刘易斯将风险分为四类：第一是人们熟悉的造成大量伤亡的重大风险；第二是低概率的风险；第三是风险概率非常低、从未发生过的风险，但其预期后果非常可怕，如气候风险；第四是实质性风险，是因技术而略微增加的已知风险，常常最有破坏性。[③] 作者刘易斯还据此列举了第一类风险的案例，以阐释风险的量化分析原理。

---

① ［德］乌尔里希·贝克、约翰内斯·威尔姆斯：《自由与资本主义——与著名社会学家乌尔里希·贝克对话》，路国林译，浙江人民出版社 2001 年版，第 143 页。

② Cohen M. J. Risk. Society and Ecological Modernization［J］. Futures，1997，29（2）：105. 119.

③ ［美］H. W. 刘易斯：《技术与风险》，中国对外翻译出版公司 1994 年版，第 11 页。

这个例子是一次驾车在洛杉矶和旧金山之间往返旅程中死于交通事故的机会：很多人做过这样的旅行，很多人令人遗憾地死在路上，人们知道生存的机会有多大。平均统计数字显示美国年客运汽车的旅程总计3万亿英里，而各种机动车造成的死亡人数达45000人，其中只有约25000人是在汽车里。因此对一个普通的车里的人来讲，被撞死的机会大约为每旅行1亿英里一次。洛杉矶与旧金山之间相距400英里，因此夭折的风险大概是十万分之一，美国人每天死亡人数是四万分之一，因此这一路程增加的风险与正常的不到半天时间死亡1人可能性相等。这一风险似乎是可以接受的，几乎无人在出发前做风险预测。①

刘易斯同时指出，对于有些风险能够被估计，如第一类风险，即普遍和熟知的威胁，在任何情况下，通过对充足的统计分析就可以获得概率的数值，而有些风险的后果估计要难得多，例如生命价值的损失、技术导致的潜在风险等。第四类风险包括一大批威胁，其概率和结果都难以捉摸。例如，许多反对核能的论据都以风险防避为基础，尽管大事故的概率极低，但其后果之严重会使人认为这类技术是不可接受的。数字教科书的风险与其他风险类似，主要原因是新技术的运用还未接受足够的时间检验，而新技术与教育问题交织在一起，使得数字教科书的风险问题更加突出，不仅仅是承载着技术风险，而且还因为教科书独特性的问题使得其风险普遍存在，而且使得风险问题更加复杂。

二　数字教科书风险的表征

（一）风险的一般结构

风险结构是由各个风险及其相互关系构成。进行风险结构分析是识别风险、防范风险的必要前提。为了有效、有序地识别一个系统或

---

① ［美］H. W. 刘易斯：《技术与风险》，中国对外翻译出版公司1994年版，第11页。

项目的风险，需要按照一定的方法或理论分析该系统或项目的结构，从中发现存在的问题，识别出相应的风险及其相互关系。[①] 以往学者们对不同风险事物都做过风险结构分析。例如：孙向东等应用解释结构模型法对我国疯牛病传人的风险结构进行了分析；李继清、张玉山、王丽萍等应用灾害学理论探讨洪水灾害的风险性；何光辉分析了利率的风险结构，提出利率的风险结构就是指期限相同的金融资产与不同的利率水平的关系，反映了这种金融资产承担的各种风险对收益率的影响，认为利率的风险结构主要受税收因素、违约风险、流动性风险因素影响。[②] 由此可见，风险结构既具有一般性，同时也具有个别特性。不同的风险事物都有引起其风险的要素，但是不同风险事物具有不同的风险要素，风险结构的分析也有所不同。

图 2—1　数字教科书风险结构示意

（二）数字教科书的三维风险

我以为，数字教科书的风险结构是引起数字教科书的主要风险因素及其相互关系。根据数字教科书的特征，数字教科书的风险因素主要来自两大部分、三个方面。一部分是作为教科书可能导致的风险，这里包括两方面的风险，主要表现在数字教科书在“教学什么”“如何教学”两方面的风险；另一部分是“何以教”的问题，数字教科书的技术特征

① 孙向东、刘拥军、王幼明：《动物疫病风险分析》，中国农业出版社 2015 年版，第 19 页。

② 何光辉：《货币银行学》，复旦大学出版社 2016 年，第 257 页。

可能导致的风险，也就是数字教科书可能面临的技术风险。这两部分构成了数字教科书的主要风险因素，也是数字教科书的风险结构。

具体来看，数字教科书主要用于学校教学，有些直接作为教学用书，有些作为辅助教学用书，不论怎样，数字教科书都具有鲜明的教科书特征。教科书应该具有的价值和功能，以及教科书的主要特质，数字教科书同样应该具备。而对教科书的分析，研究者们已经有相当多前期成果。教科书主要需要回答两个问题，即教科书关注的是“教学什么”的问题，也就是教科书内容的选择与组织形式问题。不同的教育目的，不一样的教学目标，以及不同的学科课程，不同的教科书编写团队，在教科书内容选择上都会有各自的侧重点。而教科书的组织形式更是大有不同。传统教科书的组织一般按照学科逻辑或者学生逻辑展开，数字教科书的内容组织同样面临内容组织形式的问题，只是由于数字教科书有更多的内容链接、层级更深、涉及的面更广，在数字教科书的内容选择和组织上都可能面临诸多风险，因此，这部分是数字教科书的内容风险问题，也是解决数字教科书“教学什么”的风险问题。另外，教科书关注的是“如何教学”的问题，也就是教科书应该如何关注教师的“教”和学生的“学”的问题，因此，数字教科书在处理教师如何“教”和学生如何“学”方面同样面临巨大的潜在风险。综上所述，数字教科书“教学什么”“如何教学”两方面的风险，是数字教科书在作为教科书的定位下，可能面临的两方面的主要风险，也是我们研究的重心所在。

数字教科书的风险因素主要来自技术本身，数字技术运用在教科书领域，有趋强之势，而且这个趋势随着技术的不断发展，可能进度越来越快，影响的面将越来越广。技术风险问题的讨论由来已久，然而数字教科书的新技术问题，以及由此产生的技术风险问题，在此前对其的关注度并不是很高。为了凸显数字教科书技术风险的特殊性，本书将从技术的维度辟专章论述数字教科书的技术风险问题，将技术风险作为数字教科书风险的主要因素之一进行全面审视。

第三章

教什么

——数字教科书的内容风险

学生通过教科书了解人类最基本、最重要的文化遗产。知识技能、道德传统、意识形态等构成了教科书的基本内容。教科书通过文字、符号、插图来具体展示课程所规定的教学内容，这些经过选择的教学内容在教科书中进行特殊的组织程序处理之后，成为学校和教师开展教学活动的重要资源之一。内容，是教科书的核心竞争力，是教科书区别于其他文本的关键所在。数字教科书与普通教科书一样，是根据课程标准编写的，形态为电子图书的一种文本，它是学生学习的基本内容和工具，具有权威性。在内容构成上，数字教科书并无特殊之处，基本构成也与普通教科书差别不大，基本构件应包括使用指南、目录、单元章节内容、图表、索引、说明等；内容的确立也同样围绕学科知识、学生心理、社会需求等几个维度来进行。但是，作为融合了学科知识与信息技术的新型教科书，数字教科书在进行内容选择和组织时，呈现的特点与普通纸质教科书差异性较大。数字教科书的内容选择和组织受技术力量的影响明显，互联网与计算机技术的发展使数字教科书一方面吸收和保留了纸质教科书的优点；另一方面也带来了纸质教科书所没有的风险。

第一节　数字教科书的内容构成

课程有三种基本文本表现形式。第一种是课程计划，其作用相当于我国原来使用的教学计划，它以宏观视角规划学校课程的门类、课时数量与课程之间的纵向衔接顺序，以及横向之间的相互关系；课程标准是课程的第二种文本表现形式，在课程标准中，学校安排的每一门课程具有的性质与地位、设立该课程的基本理念、预期课程的目标、实施课程的要求和建议等都有较为详细的阐释，教科书的编写必须围绕着课程标准进行；课程的第三种文本表现形式是教科书及其他教学材料，其中主要是教科书。教科书的内容是课程标准中所规定的应达到一定目标的教学内容，课程标准对教科书内容的选择和组织具有指导意义。数字教科书与普通教科书在对课程标准的表达上是相同的。数字教科书作为教科书的一种特殊类型，是在信息技术发展到一定阶段后课程所表现出的一种“超文本”形态，因此，数字教科书符合教科书的基本属性，具有教科书的一般特征，同时也超越了纸质教科书的内涵，在内容的选择和组织上呈现出独有的特点。

一　数字教科书的基本构件

教科书的基本构件是在教科书内容范围限定及其结构设计之后产生的。教科书内容范围的确定与教科书内容的确立是不同的。教科书内容范围是课程标准限定的，与课程内容基本等同。人们根据学习者自身发展的需要、当代生活的需要、学科发展的需要确定了课程标准，然后依据此标准，在学科知识中精选相关的事实，较为稳定、客观的观点与原理和与之相联系的问题，以知识、技能、方法、观点、习惯等形式呈现为课程的具体内容。

通常情况下，教科书的基本构件是从教科书的内容呈现形式上来看的，表现为教科书的形式要素。传统纸质教科书的信息载体范围较为狭窄，主要以文字、符号、插图等为主。数字教科书由于电子技术的发展，受技术力量的主导，其信息载体获得了更大的扩展，其中最突出的是声音与动态图像等。数字教科书也包括以上构件，但信息的载体发生了变化，同时也带来了数字教科书基本构件的变化。因此，数字教科书的基本构件大体应包括两大主要部分，即与传统教科书相同的形式要素和与数字软硬件技术匹配的形式要素。

（一）与传统教科书相同的形式要素

这具体包括：使用指南、目录、单元章节内容、图表、索引等内容。这些基本构件在引导教师教与学生学的过程中，体现了教科书的教学特性。

1. 使用指南

教科书的使用指南有时也称作教科书使用说明书、教科书编辑大意等，它的主要内容涉及某册教科书的编写架构安排、教学目标、课文内容项目及对应的教学过程指导、学生活动内容指导、作业设计说明，另外也会附带介绍本教科书区别于其他教科书的特点。教科书的使用指南是教师与学生在使用本册教科书时对其进行总体概览，它就像地图一样告知教科书的全貌及特点，一般位于教科书总内容的最前面，或者在单元内容的前面。使用指南中必须清晰明确地指出本册教科书的结构安排，这其中包括总体结构设计说明、章节结构设计说明及相关结构安排的依据。一般情况下，教科书的总体结构安排以能力培养与知识内容两者为基本依据。在使用指南中，教科书的编辑者可以明确说明该册教科书培养能力的类型，例如行为能力，或是思维能力等。总体结构设计是教科书编写者编写教科书的依据，也能够表明该册教科书编写区别于其他教科书的基本特点。另外，使用指南也应包括说明各个章节结构的具体设计，例如，每章核心问题是什么，各节主要内容包括哪些，本章主要培养的重点能力是什么，以什么线索组织教科书内容等。当然，总体结构设计说明和章节设计结构说明有时在使用指南中是清楚表述的，有时也可能是粗略进行说明，但这些在教科书编写者心目中应是清晰和明确的。教科书的使用指南还包括教学目标的说明。教科书是连接教师教与学生学的重要纽带，教学目标对教学活动具有指向作用、激励作用和标准作用。作为重要的教学文本，教科书的教学性首先要使教学目标在其中得以明确体现。在使用指南中，还会对课文内容项目加以说明，每个项目在教师的教学过程中应采取的措施方法，在学生学习过程中应予以支持的活动内容及方法等。然后，作业设计说明也会在使用指南中被提及，告知本册教科书设计了哪些作业，设计的依据和方式考量了什么因素等。总之，虽然教科书的使用指南使用了简洁的语言将教科书的内容予以描述，但由于它列出了教科书设计的目的、明确了教科书的教学目标、说明了学习方法，因此对学生的自主性学习和教师的目的性教学都具有重要的价值及意义。

2. 目录

教科书的目录位于教科书正文前，它将教科书的全部内容展现在读者面前，以框架条目的形式提要本册教科书的内容，能够先行组织、推动学生的学习心理。教科书的目录一般以简洁、清晰为佳，使学生对教科书内容一目了然的同时，建立学习活动的预备心理。

3. 单元章节内容

教科书的单元章节内容较为复杂，通常包括课文、活动、图表等，它是教科书的核心内容。课文主要通过文字符号进行教科书内容的表达，文字是课文内容的主要信息载体。教科书的文字符号的选择及其编排方式具有区别于其他文本的一些特征。

第一，课文语言符号的可理解性。文字符号是教科书的主要信息表达方式，教科书中与学科相关的概念、观点、理论等内容都需要使用文字符号来进行表述。文字符号的理解使用可以促进学生的学习。因此，这些文字符号首先应是阅读者认识并能够基本理解的，在考虑到阅读者的认知发展水平和已有学习经验的基础上，选择那些学生熟悉并且感兴趣的文字信息来表达教科书的内容。文字符号的选择，在难度、趣味性、明确性上都应该以学生的可理解为目标，那些艰涩的、冗长的、模糊的、混乱的文字及其编排方式都应尽量避免。以信息加工心理学的角度来看，人们的学习表现为信息加工的过程。其过程为，首先外部信息进入，在大脑中形成短时记忆，然后联系旧知识，对短时记忆的信息进行再加工，形成新知识，建立起新旧知识之间的联系，通过这样的过程，大脑将新旧知识同时存储为长期记忆的知识。信息加工学也认为，形成短时记忆，是学习过程中最为关键的阶段。在短时记忆中，学生会利用原有知识理解新知识，教科书中的文字信息一定要建立在学生原有信息的理解之上，至少不能超越太多。

第二，课文的文字信息应具有学科特性。教科书是学科课程的产物，教科书中的课文是对某一学科特定的事实、原理、观点的描述和阐释，每个学科都有自己本学科独特的文字信息表述内容及表达方式，课文中的文字信息的选择及组织一定要以学生学习本学科的概念、知识、方法为目的。生动、有趣的语言信息固然比枯燥、乏味的文字更能激发学生的兴趣，但那些与学科知识本身联系不大，或者额外的惊奇和冲突性的语言信息不但对学生的学习没有益处，反而会产生有害效应，在拉长课文长度耗费学生阅读时间的同时，降低有效信息阅读的时间，还会妨碍学生通过阅读学习教科书建立起基本的学科素养。丰富有趣的语言和细节可能会激发学生的学习兴趣，但是学习的效果可能会大打折扣。

第三，课文的文字信息组织方式具有结构性。教科书课文中的文字信息会被组织为句子、段落等，学生理解课文、记忆并应用课文提供的知识信息，处理相关问题能力的培养都依赖于清晰的课文结构。教科书课文的结构可以通过一些基本的修辞模式逻辑地组织起来，它包括如下五方面。①

简单排列：编排一列项目或概念，其顺序并没有重要意义；

---

① 黄显华、霍秉坤：《寻找课程论和教科书设计的理论基础》，人民教育出版社2002年版，第79页。

结论和根据：简单排列的一种特殊形式，由主题和阐明事实根据的理由所组成；

比较：描述两个或更多事物间的异同；

时间顺序：按时间来安排内容的一种顺序关系；

因果关系：两种或以上的概念或事物间的相互作用，一种认为是原因或理由，另一方面是问题的解决方法。

另外，心理学家梅耶（Meyer）对文本中运用“符号标志技术”能够增强阅读材料的结构性，提高学生的阅读效果进行了研究。符号标志技术是指突出文本的内容或结构而设有增加文本内容的写作技术。如“首先”“其次”“第三”“总之”“这样”“本节将讨论……”和一些文字编辑技术，如下划线、黑体、有色字体等。① 这些符号标志技术，在不增加阅读量的情况下，对学生在阅读教科书后的认知方面的心理影响比较大，尤其对诸如复述、再认、问题解决等影响显著，读者能在阅读教科书后比较容易把握文字信息之间的内在逻辑关系，对综合运用、关联、归纳等学习迁移和解决问题的能力都有提升。

第四，课文文字信息容纳量的适度性。课文中信息量的大小，信息的多少，反映在课文中即课文的长度。课文信息量小，文字少，长度短，则可能无法全面、完整地展现课程内容，实现教学目标；课文的信息量大，尤其是新信息的密度和数量都大，对学生的阅读时间、记忆精确性、理解能力的提高都会产生不良影响。例如，课文中对概念的解释如果过于庞杂、繁复，记住这些抽象的概念解释对学生来讲是不现实也意义不大的。因此，适度的信息呈现，是教科书课文系统要考虑的重要方面。

4. 图表

图表也是教科书形式要素之一。教科书中的图表也是教科书信息呈现的一种方式，可以有多种形式，如照片、实物图、示意图、流程

---

① 王小明：《教科书编写中的若干心理学问题》，《全球教育展望》2005 年第 11 期，第 62—65 页。

图、表格等。插图是教科书重要的组成部分，学生的学习兴趣、注意力保持、学习动机启动、学习动机的燃起都与教科书中的图表有密切关系，它能够使教科书中的文字符号得以很好地解释与澄清，增强学生的记忆效果。教科书中的图表大体可以分为两种类型，一种是与教科书内容关系不大的装饰性的插图，另一种是本学科紧密相关的图表。这两类图表一般具有明显的学科特点，如地理教科书中的地理地貌图，化学教科书中化学元素表等。国外的学者有许多相关的研究，比较有影响力的，例如学者兰兹（Levin，Anglin&Carney）等人关于教科书图表功能的研究结论，他们把教科书中的图表依据其功能进行了如下类别的划分。

装饰性功能：这类图表是为了教科书的装饰，往往与教学内容没有直接的关系，但可以增加教科书对学生的吸引力，引发学生的学习动机。

表征性功能：这类图表是用图片、列表、图画等，表征教学内容所描述的事件、人物和概念等重要元素，它与文字描述具有关联性或一致性。

组织性功能：这类图表包括地图、结构图及程序图等，可用来显示物体或事件的时间与空间的相关位置，或用来说明某个过程中的各个步骤等。它强调文字叙述中人、事、物的关系或其程序与步骤。

理解性功能：这类图表是以类推、比喻的图解方式来解说抽象的，或是较难懂的教学内容。

转换性功能：这类图表是将抽象的概念转换为具体的图像，以唤起学生利用过去的知识经验连接新知识，加强学生的理解和记忆。[①]

尽管教科书中的插图能够使用视觉手段展示教科书内容信息，增强记忆效果，但这种视觉符号在把实际事物形态呈现出来的同时，也有分散学生注意力的不良影响，因此区分不同图表的功能十分必要。

---

① 黄显华、霍秉坤：《寻找课程论和教科书设计的理论基础》，人民教育出版社 2002 年版，第 79 页。

教科书中的文字与图表是两类相互区别又相互联系的符号系统。文字符号的优势是，在描述相对复杂的、确切的知识内涵时，文字符号可以通过线性叙述建构知识使学生理解。但是，当教科书需要描述较为复杂的知识时，尤其是那些相对复杂的非线性知识网的时候，图表具有相对明显的优势，它可以形象、具体地架构非线性知识。图表也有缺点，它有可能不能完全、准确地对抽象的概念进行较为吻合的阐释。

5. 索引

书后附索引是书籍规范化、专业化、学术化的一个标志，也为书籍的阅读提供了方便。现在不仅一般的专业化书籍后附索引，许多教科书在书后也增加了索引。特别是国外的教科书，索引已经成为教科书的一个重要组成部分。索引是教科书内容的检索系统，它将书中的项目或内容摘记下来，标上页码，按一定规则编排起来，以备查询。首先，索引可以方便对教科书中的重要内容进行检索；其次，索引的另一功能是方便读者对教材进行选择性阅读，利于其对重点内容进行深层次的思考。教科书中的索引是能够检索相关作家或作品的关键词，读者进行阅读，可以以此关键词为核心，发散搜索与之联系的深层次信息，利于读者进行语境中的思考与分析。这点在电子教科书中表现得尤为明显，电子教科书由于后台与广阔的互联网或者数据库相链接，关键词的索引功能会比普通纸质教科书更具有优势性。

索引通常意义是把书中的词汇标注出来以供使用者检索的工具，它多数位于书的末尾，读者可以一边阅读书的内容，一边进行对照使用。《图书馆学与信息科学大辞典》中的“索引”释文是：索引又称引得，旧称韵编、通检、备检、便检、检目、玉键、针线等。索引一词，英文作 Index，系由拉丁语 Indicare 蜕变而来，原意有指出、指示的意思。最初，索引是指书的目次表，其意与 Table 一词相通。后来，指放在文献后面按某种顺序排列的款目集合体。[①] 国外很多国家的教科

① 刘星宇：《教科书书后索引方法浅析》，《科技传播》2018 年第 20 期，第 161—162 页。

书中都有索引。俄罗斯自20世纪50年代以后，政府规定教科书中应当有适合学生使用的附录。例如，生词词汇、术语索引、人名索引等。德国语文教科书的索引包括多方面内容：全书细目录、内容检索、图文资料出处、术语解释。美国语文教科书的索引包括书中提到的语法术语、写作用语、语言知识要点等。索引分为很多种类型，比如主题索引、插图索引、学科特殊符号索引等。[①] 大多数索引都会对其涵盖的文本进行具体的说明，特别是书后的索引，它不仅能够完整涵盖书中的内容，还能确定课文中的文本信息究竟哪些会被检索。一般情况下，教科书的索引词汇都是非常明确的。无论是专有名词、概念还是学科专用词汇都能在便于读者理解的前提下顺利被检索到。

（二）与数字软硬件技术匹配的形式要素

在以多媒体、计算机、网络技术为核心的现代信息技术环境中，传统的纸质教科书的结构要素，尤其是形式要素发生了巨大的改变。传统纸质教科书使用方便，在时间、空间上都具有更大的便利性，传统课堂教学信息主要依靠传统纸质教科书进行传播，大规模的公共教育也能在这种情况下得以实现。但是，纸质教科书也有一些局限性，例如它的物理形态是顺序线性的，有固定的装订规则，稳定的线性顺序。页码和章节结构都是固定的安排，阅读方式也是线性推进的。传统纸质教科书的主要文本信息传播方式都使用文字描述进行，比较抽象，这与人的认知习惯和经验都有偏差，不利于知识的理解与重现，这就会在学生的阅读中形成一些障碍。电子教科书却不同，它从物理属性上改善了纸质教科书的不足，融文字、声音、动画为一体，信息表现多元、集成、可控，通达手段交互、非线性。数字软硬件技术使电子教科书的形式要素发生了巨大改变。

1. 数字教科书的硬件形式要素

数字教科书最大的变化就是教科书载体的变化，由纸质媒介改为

---

① 韩艳梅：《语文教科书编制研究》，博士学位论文，华东师范大学，2004年。

电子终端媒介，这一改变不仅仅使教科书材质发生了变化，更深远的意义在于传统纸质教科书的形式要素发生了巨大的变化。数字教科书是电子阅读形式，目前主要有三大种类的载体选择：第一类是个人电脑，PC 阅读；第二类是 PDA（Personal Digital Assistant）阅读；第三类是手持式阅读器。运用电脑、手机、iPad、kindle 电子阅读器来展示教科书的全部内容，数字教科书变成了教学过程中的数字终端，它变成了数字化教学的主要载体。

目前，上网本、平板电脑和智能手机是电子教科书的主要呈现硬件，学生在这些数字终端上进行阅读、理解、对比分析等。这些数字终端通过无线接入的方式，进行内容扩展和管理，能够对教科书中的文字、图表、音频、视频或者动画虚拟场景进行数字化的演示。而且，多数的终端可以采用蜂窝移动或者无线接入的手段实现课堂教学互动，学生可以与教师、同学在数字终端上讨论、分享教学内容，打破了原来课堂教学中教师与学生的互动基本围绕纸质教科书的格局。

封面是教科书的脸面。传统纸质教科书要从书籍设计的角度考虑一些问题，例如纸质材料、印刷工艺等。数字教科书由于有计算机辅助设计软件的支持，可以不再考虑以上问题，它更加注重教科书呈现的多媒体方式，只要画面的效果与教科书的内容更加贴切，就可以进行构图、色彩搭配等设计。教科书的封面会对学生的审美能力产生不可低估的作用。电子教科书可以围绕各科教材的主要内容及特点，设计出更加多元化的、贴合学生生活实际的封面，充分展现学科教学的特点。封面设计要有合理的平面构图，要主次分明、和谐统一，在封面设计中，要注意封面的色彩，必须符合教材学科的特性。

设计数字教科书的版面要考虑以下基本要素，例如视觉要素，其中包括文字、色彩等；另外数字教科书独有的动态构成要素，例如检索导航等。后者使数字教科书明显区别于普通纸质版的教科书，扩大了教科书构图的功能。因此，在设计数字教科书的版面及封面时，要对各个部分进行分工设计，协作完成数字教科书版面设计的各个要素；

同时参考网页设计的步骤和特点，对读者的视线进行科学引导。

2. 数字教科书的软件形式要素

传统纸质教科书经历了个人化的和手工制作阶段、工业化印刷技术阶段，在计算机和网络技术时代，教科书的编辑手段、印刷流程、阅读方式都发生了巨大改变，有学者认为已进入了“后教科书时代”①。与传统纸质教科书不同，由于数字教科书的载体发生了改变，与之匹配新增了教科书的另一种新的形式要素，即阅读软件，它与各种不同的硬件载体相匹配，是学生使用数字教科书必须掌握的工具。

一般数字教科书的阅读软件具有解析教科书、呈现教科书、笔记等阅读功能，为教师和学生提供阅读、联系及相应的结果统计服务。另外，数字教科书阅读一般都有比较稳定的阅读器支持，阅读器的开发建设也是一项非常重要的任务，它可以实现一些可持续性的教科书建设服务，例如技术培训、资源再现，另外还包括数字教科书的配套联系、资源更新等。

数字教科书的阅读软件是集教材阅读、笔记、练习为一体的数字化应用程序，会有详细的用户使用说明，告知教科书阅读软件的安装运行环境，如何下载、安装、运行阅读器。阅读器安装后，也会详细告知用户如何下载使用数字教科书，例如课本的目录如何使用、如何对所阅读的页面进行操作，包括各种界面按钮的使用，放大/缩小页面，以及全屏、只看原文、搜索、笔记工具、编辑工具、超链接、文本框、截图功能等。阅读软件还提供资源库，可实现分类查看教科书相关的资源，例如音频、视频、图片、文件、链接等。另外，阅读软件还提供笔记、标签、批注等功能。

数字教科书的阅读软件具有强大的练习功能，这是传统纸质教科书无法比拟的。阅读软件提供数字教科书内容的练习定位、练习指导，并对每个阶段，例如每个课时下的练习结果进行“结果统计”，并给

① 杨治平：《教科书的技术形态演变》，《全球教育展望》2006 年第 4 期，第 35—38、80 页。

出统计图表，学生可以获得自己练习情况的及时反馈，显示每道题目的作答结果。教师也可以在“结果统计”中查看所有学生回答全部试题结果的总表，系统会显示每位学生作答每道题的详细情况，据此教师可以进行针对性的教学。

较之传统纸质教科书，数字教科书的软硬件形式要素要面临一些安全性和适用的问题。比如，硬件终端的显示屏幕大小、分辨率问题，以及电池续航时间、接口转换、配置参数、响应速度、使用寿命等问题。

二　数字教科书内容的确立

教科书内容的确立，是在限定了教科书内容范围之后更加深入的教科书设计。教科书的内容范围是由课程标准限定的，无论传统纸质教科书还是数字教科书。教科书内容的确立，指的是根据学科要求，在纷繁复杂的知识中依据一定的标准来选择编入教科书的知识，这些知识会被以某种顺序进行编排，组成一个知识体系。教科书内容的确立包括内容的选择、内容的组织和内容的表达三个连续的阶段。[①]

数字教科书由于计算机、多媒体、网络技术的支持，其教科书的基本构件发生了较大的变化，由此带来教科书内容选择、组织和表达的变化。“作为‘教科书’，它承袭纸质教科书的本质，体现国家意志，反映主流文化，承载课程实施；作为‘数字化’的教科书，它建构数字化的开放学习环境，使教科书突破文本意义，趋向学习的开放、自由、个性与创新。”[②] 数字教科书已不是传统纸质教科书的镜像版，它在确立内容上有一些特别之处。

（一）数字教科书内容的选择

“作为力求承载知识传播科学的教学用书，由于有目共睹的原因，

① 丁朝蓬：《教材评价指标体系的建立》，《课程·教材·教法》1998 年第 7 期，第 43—46 页。

② 赵志明、吕蕾：《论数字教科书知识选择的“国家定义”与“个人定义”》，《湖南师范大学教育科学学报》2014 年第 2 期，第 63—67 页。

教科书只能承载部分内容，也即它必然会放弃许多内容。”[①] 教科书内容的选择和放弃主要依据社会需要、学生发展和知识逻辑。从社会对人才的需要看，要求教材选择一些社会生产和生活的内容，具有应用性；从儿童发展的客观需要看，要求教科书选择的内容要具有科学性和思想性；从学科知识体系看，要求教科书选择学科经典和其发展的新成果，具有时代性。但无论怎样进行教科书内容的选择，都必须要回答由谁选、为谁选、选什么的问题。

1. 由谁选——编辑者与阅读者的融合

传统纸质版教材的实体形态要想成为学生阅读的文本，要经过编写、审查、印刷、装订、发行等一系列的步骤，才能抵达学生的书桌。但数字教科书打破了纸质印刷教科书的这些看起来恒久不变的过程，它的特点非常明显，它不仅呈现物质材料发生的变化，而且存在的方式也是数字虚拟化的。这种物理形态的变化会带来教科书内容选择主体的变化。一方面，编辑者会在数字教科书的编辑过程中对课文内容进行筛选，对教科书的助学部分和习题部分展开设计；另一方面，数字教科书由于软硬件科学技术的支持，其内容的选取有别于传统纸质教科书既定封闭的选择，呈现阅读者可选择并重组的开放状态。因此，数字教科书的内容实际由教科书编辑者、教科书阅读者，在数字教科书的编辑和阅读，一前一后两个过程中共同进行选择。

首先，在数字教科书的编辑过程中，编辑作为国家、社会的代表和学科专家的代表，以社会、人、学科知识为标尺，进行教科书内容的选择。课程的内容始终是教育的核心。因为，进入课程的是什么知识，在本质上决定培养的是什么人；反过来说，国家要培养什么样的人，在很大程度上是由学习哪些课程知识来决定的。所以，在知识准入课程的过程中，国家必然会介入其中。[②] 同样，教科书是承载课程

① 石鸥、廖巍：《教科书内容的确立与有效教学的风险》，《湖南师范大学教育科学学报》2015 年第 2 期，第 36—42 页。

② 刘丽群：《论知识准入课程中的国家介入》，博士学位论文，湖南师范大学，2007 年。

内容的，在教科书的编辑过程中，内容选择的首要主体依然代表国家利益，由他们进行内容的甄选和编辑。

其次，数字教科书具有的虚拟化存在形态和教科书形式要素，使得数字教科书的内容呈现半开放的状态。读者在阅读使用教科书时，可以使用超链接、智能辅助等方法对资源平台甚至是整个互联网中的相关知识进行选择，形成自主性知识。教科书承载人类知识的精华，它的主要目的是通过组织、呈现知识，来支持学生的学习过程。由于有了网络及计算机技术的支持，数字教科书呈现出超文本的特点。通过计算机技术的超链接功能，师生可以检索、访问与教科书内容相关的海量知识点，以此为锚点，将教科书内容链接为一个巨大的知识网络，教科书中的章节内容都能在这个网络中互通互联。数字教科书的这种富媒特性、超链接特点，打破了纸质教材以往的呈现方式，一种能够动态展现知识的方式被建构。以往单项的、静态的纸质教材内容变得生动，更加贴合学生的生活经验，给学生以深刻的学习体验。如此一来，数字教科书的内容进行了二次选择，虽然与数字教科书的编辑不同，但这最终也是教科书内容选择的交错融合。

2. 为谁选——提升学生作为内容优先考虑的对象

教科书内容的选择是有目的的。一般来讲，人们是根据社会（国家和政府）的需要、科学发展的需要、学生发展的需要来编写教科书的。这也成为教科书内容选择的三大依据，即依据的是社会主流价值、学科发展内在逻辑，以及学生心身发展的需要。事实上三者并不统一（甚至每一方面都不统一，主流价值本身就有大量矛盾和分歧），冲突时时存在。[①] 而在这个冲突中，教科书的真正阅读者、学习者反而在编辑教科书选择文本内容时被考虑得最少，教科书的编辑常常为了国家民族的认同、文化的传播与创新等“大义”来选择教科书的内容，而将学生的“个人”发展放在最后来考虑，而且由于纸质教科书本身

---

① 石鸥、刘学利：《教科书文本内容的构成》，《教育学术月刊》2013 年第 5 期，第 77—82 页。

形式要素的局限性，这末尾的考虑往往还会演变成统一化、同质化的考虑，农村学生、少数民族学生、女性学生等，在这个“为谁选”的过程中或多或少地被忽视。

数字教科书由于形式要素发生了改变，有丰富的虚拟资源平台和智能化的助学系统支撑，它使学生作为内容选择对象的地位得到提升。与传统纸质教科书不同，计算机网络中的数字教科书是虚拟的，它呈现于各式各样的数字终端，以数字技术对教科书内容进行整个网络的访问和管理。在强大的数字技术服务下，这意味着：第一，可以有多样化的教科书版本和丰富的内容可提供，提高教科书的针对性，甚至教师和学生可以利用电子编辑器，自由剪辑“私教的、个性化的”教科书。随着技术、网络学习环境、数字技术的成熟，学习内容、学习活动的设计在一定程度上逐步展现出可重用的特性，教师利用页面管理、控件管理、对象管理等软件技术，对学习内容和活动形成的模板进行再操作，为学生提供多样化的学习材料序列的便利路径，这种多样化的学习任务和活动还可以生成新的数字教科书使用模式。[①] 第二，补充传统纸质教科书在某些能力培养中的缺失。数字教科书具有富媒体性，对多种媒体格式具备兼容性，如文本、WEBM 的视频文件、Ogg 格式的音频素材，以及 jpg 和 png 格式的图片等，通过各种媒体形式的组合应用，呈现出更加多样化的媒体效果。比如，图片与文本的结合打造图文并茂的内容，能更有利于培养学生的读图能力、信息搜索能力、动手操作能力等。

3. 选什么——信息技术支持下变动的内容选择

传统纸质教科书由于形式要素的限制，纸质载体的局限，以及被意识形态左右而产生的内容排他性等原因，造成其在内容选择上经常徘徊在“应选”和“不选”的矛盾中，而且，“教科书内容一旦被选择与确立，实际上就意味着命名为官方知识或正式知识（formal knowl-

① 朱文博：《电子课本的教学设计研究》，硕士学位论文，华东师范大学，2014 年。

edge），或者更应该反过来说，只有官方知识，才能被确立为教科书内容。官方知识正是通过教科书的肯定，使自己经典化，使自己成为不言而喻需要传承的精华和合法的文化”①。而恰恰在数字教科书建构的开放系统中，学习者不是旁观者，而是身处这一系统之中，通过实践活动来主动“定义”知识，知识不再是绝对的真理，而是不断生成和建构的“文本”。因此，官方知识的神话被打破，教科书内容可以被建构，可以被质疑，可以不是经典，教科书里不能被更改的永恒“真理”可以有变动。而且，通过编辑环境和教学模板等与教师进行课堂教学设计息息相关的支持，数字教科书的教学设计能够实现教师、学生自主化，由此，数字教科书的内容选择不再一成不变。

（二）数字教科书内容的组织与表达

叶立群将教材的知识和技能排列的序，称为“教材的组织”。② 教科书知识的学科性使教科书具备了成为教学资源的基础和可能性，而教科书知识的教学性可以使这种可能性转化为现实性，使教科书变成可以被学生接受的有效学习资源。同时，教科书的教学性为教学活动实施提供了依据和支持，并实现了教科书的工具性功能。教科书内容的选择基本上完成了基本原理、基本价值等根本的、普遍文化要素的选择，这个过程体现了教科书的内容特性。接下来，这些内容如何设计成“功能模块”，以及用什么样相应的文字和图表来呈现就是要着重考虑的问题。教科书内容的组织与表达为教学提供依托和框架，为学生学习提供环境和范例，它决定教师怎样教、学生怎样学，体现教科书的教学性，在很大程度上引导了教师的教和学生的学。

在教科书内容的组织和表达阶段，需要确定学生应该获取学科内容的层次。例如，学科知识的掌握水平、抽象程度、符号化程度等，以及在适应学生和教师的水平前提下，确定学科内容的相互衔接。另

---

① 石鸥、廖巍：《教科书内容的确立与有效教学的风险》，《湖南师范大学教育科学学报》2015 年第 2 期，第 36—42 页。

② 叶立群：《课程教材改革探索》，人民教育出版社 1997 年版，第 62 页。

外，在这个阶段还应在教科书中确定教学方法、建议的活动和匹配的教学工具等。首先，要确定学科内容的层次与结构，这包括知识技能要素、能力要素、情感态度要素如何排列，在同一个时间段各类要素如何配合以达到什么学习程度，这就涉及学科本身的逻辑和学生心理发展的规律。在确定教学方法、活动等内容时依据学生认知和情感发展的规律与教育教学规律，设计的基本原则是使学生乐学、易学、会学。

站在实际技术实现的角度来看，数字教科书有两种基本的形态：第一种是网页形态，可以使用浏览器进行阅读；第二种形态是独立的软件客户端，读者可以下载到电脑、智能手机或者平板电脑等数字终端进行使用。数字教科书内容的组织和呈现都与这两种技术形态密切相关。例如，如果以网页形态进行内容的编排和组织，大部分都变为网页与教科书的杂糅，教科书不再以页码的形式表现，而转为网页组织方式，在提高阅读的流畅度上优势更加明显。学生可以利用鼠标翻动屏幕，有利于教科书内容的交互呈现，当然，这种设计必然要求对读者的需求进行细化分析，超文本的搜索与链接设计都要基于读者的阅读习惯和教科书内容进行。其次，计算机网络中的超链接技术被广泛应用于数字教科书的组织中，这种技术对教科书内容的组织与呈现具有重要的作用。教科书在知识的组织和呈现过程中，跨越了物理实体的阻碍，不但支持了读者的阅读习惯，更改变了学生记忆的方式，对学习的结果产生重要的影响。数字教科书使用到的超链接技术与形成的超文本形式，将阅读传统纸质教科书的基本顺序和步骤打破，学生可以一边阅读教科书的正文，一边进行内容的拓展，甚至可以同时进行辅助读物的阅读，如此一来，线性阅读变为层次更加丰富的叠进阅读模式。超链接能够扩展教科书文本内容不言而喻，而且由于教科书介质的变化，原先依附于传统纸质教科书的教参也变得更加丰富多彩。有了超链接技术，教参能够直接介入教科书文本内容中，这样，教参内容、文本内容中的重要概念、知识点、理论将不再是分离和独立的，它们可以紧密而明确地指向教科书文本。以此来看，通过计算机及网络在线技术的支持，教科书文本和教科书参考可以融为一体、紧密结合，这些都让数字教科书的内容组织与呈现表现出翻天覆地的变化，呈现非常突出的数字化特征。

第二节　数字教科书的内容选择风险

数字教科书内容的选择还是要依据课程标准来确定，数字教科书的内容选择依然以国家为主，国家在教科书的知识选择中势必会是最强势的选择主体。教科书内容依然会体现正确的政治方向、正确的意识形态；但同时，强大的计算机及网络技术搭建了一个虚拟的数字世界，海量信息在各种各样的数字终端传播，这些信息可通过数字教科书的某个端口和链接技术与数字教科书不确定地进行链接。因此，由于数字技术的参与，编辑数字教科书不但需要更加严谨的态度，更要提高警惕，因为这可能意味着教科书内容的选择将面临更加巨大的风险。

一　数字教科书内容的碎片化

2015 年，中国新闻出版研究院公布的《第十二次全国国民阅读调查报告》显示，数字化阅读方式的接触率为 58.1%，首次超过传统的纸质阅读率。从阅读量来看，电子书正在逐步取代纸质书，成为人们阅读的最主要途径，人们的阅读呈现碎片化的态势。一项在全国范围对小学四年级至高中二年级的 6400 名未成年人的调查结果显示，有七成青少年使用手机进行数字化阅读。身处“电子阅读”“碎片化阅读”的新媒体环境中，知识生产、存储和传播的方式都发生了巨大的变化，人们获取知识的方式也发生了变化。关于“碎片化阅读”，学者张菁认为，可以有两种理解：一是指传统意义上的阅读形式，即人们利用碎片化时间，通过报纸、期刊所进行的“碎片化内容”的阅读习惯；

二是指在阅读数码电子产品时自由、开放的阅读模式，例如阅读内容的碎片化，阅读时空的碎片化和阅读载体的碎片化等。①

教科书是知识的载体，传统纸质教科书通过知识选择实现文明传递、权力规训和个体精神形塑，这个知识选择的过程基本形成了一套既定的模式。人类社会发展到今天，其文明与文化的成果已凝结为一个个内容全面、逻辑严谨的学科体系，教科书的设计者必然是借助已经比较完善的各个学科体系选择最基础、最重要且能达到教育目标的知识、技能、方法等要素编入教科书，而不会抛开学科体系在整个人类文明的“汪洋大海”中寻找教科书的内容要素。因此，中小学教科书的“小原型”是学科体系，学科结构知识在传统教科书中是静态的，其内在具有逻辑性和线性发展特征。

数字教科书由于内容载体发生了变化，电子书是数字教科书的主要载体形式，常用的例如台式电脑、便携笔记本电脑、智能手机等数字终端，这些终端都可以在线或者离线使用。数字教科书在进行知识内容选择和组织时区别于传统纸质教科书，呈现出碎片化特征。数字教科书内容的碎片化是指由于载体的可移动性和便携性，使得内容的读取不受时间和空间的制约，可在碎片化的时间中利用移动终端对任意知识点进行读取。

（一）内容碎片化可能破坏教科书的学科结构

传统纸质教科书由于按照学科的知识体系进行编排，因此逻辑性、系统性是其基本特点。但是其局限性也比较明显，例如，知识点有可能被分割在教科书内容的不同部分，造成学生难以关联性学习，知识点分散琐碎是比较常见的情况，而这与学生的认知特点是相悖的。在教科书的数字化出版中，内容的选择开发不再局限于传统纸质教科书知识点的线性排列方式，它将具体的知识点进行拆分，学生依据学习目标和自己的学习偏好，串联知识点进行符合自己认知习惯的学习过

---

① 张菁、张增田：《碎片化阅读时代的教科书变革》，《课程·教材·教法》2015 年第 10 期，第 20—24 页。

程，这样不仅有利于学生进行知识点的信息加工，也能够改造学生的理解记忆方式。但是，碎片化的拆分与编辑可能破坏知识的完整与逻辑性。这种碎片化的、以资源库为形态的教科书内容会破坏教科书的学科结构。对于教科书的阅读者来说，教科书尤其是中小学教科书是提供给思维和认知能力都不完善的少年儿童进行阅读的，他们对于教科书知识的学科结构并没有不完全、深入的了解。数字教科书对知识内容进行数字化重组，学生对这种点状或者模块状的知识碎片往往无法分辨，盲目选择，他们无法判断知识的连接方式及顺序、广度与深度等。这样的数字教科书会丧失教学资源的基础和可能性。

（二）内容碎片化可能破坏教科书的教学结构

教科书除了为学生提供有效的学习资源外，同时也可以为整个教学活动实施提供依据和支持，使教科书的工具功能得以实现。一般情况下，教科书的内容往往不是单纯的知识技能体系，不可能照搬学科体系，它要将学科中的各类知识、技能、方法要素按照学生的心理规律重新编排，形成教科书的教学结构。“教科书的教学结构可能与学科结构相差不多，也有可能相差很多，甚至完全看不到学科结构的痕迹，越是低年级儿童的教科书其学科结构的痕迹越是微弱。”① 数字教科书内容的碎片化会加大教科书教学设计的难度，这些零散分布于页面、网站、资源库中的学科知识，很难按照心理和教育规律进行规整、设计，最终破坏了数字教科书的教学结构。

二　数字教科书内容的冗余

依照教育教学规律的要求，教科书不但要包括主体教学资源（例如课文、插图、习题、注释等内容），还应是一种复合型的教学资源包（比如加入辅助性的教学、学习工具等）。但是囿于容量的限制，传统纸质教科书无法满足这些要求，学习资源的整合性相对较差。数

---

① 丁朝蓬：《教科书结构分析与内容质量评价》，《教育理论与实践》2001 年第 8 期，第 61—64 页。

字技术改变了这一状况，提供了教科书编写的新思路，原来无法直接介入的，例如字典、计算器等常用的学习工具都可以与教科书内容直接粘连在一起，内嵌、外挂、超链接等数字技术都支持这些教科书设计需求。数字教科书除了通过文字、图片、视频等多种方式提供丰富的教学内容，以及供学生课外自学的学习内容之外，为了最大化地利用电子课本的开放性和扩展其外延，教师还可以通过精选外部资源并在电子课本中添加链接的方式，满足学生更多的自主学习和探索的需求。数字教科书内容的富媒体性特征、开放性特征都超越了传统纸质教科书，但同时，也要关注数字教科书内容的海量呈现可能会带来的一些潜在风险。

（一）信息总量过大会提高教科书内容选择的难度

教科书是读者最多、最特殊，却又最被读者信赖甚至依赖、最耗费读者精力和时间、对读者影响最深远的文本。[①] 教科书必须选择人类知识文化积淀中的精华部分，尽管数字教科书由于计算机网络技术的支持可以尽可能地拓展教科书的内容，使教科书的开放性特征最大化，但这也造成了一些无法预估的潜在风险。数字教科书通过超链接和端口等技术使教科书内容拓展至整个互联网络，网络上未经编辑的初级信息多而杂，在进行数字教科书内容的选择时，需要对这些海量信息进行甄选，将有误的、重复的、过时的内容剔除。

内容的甄选有赖于数字教科书内容数据库的发展与完善，许多学科的知识点碎片化，分散于教科书中的知识点必须由内容选择的主体与数字技术人员共同确定最终的内容呈现方式，例如知识点的编排顺序、排列组合，何时何地使用超链接文本，以便汇集成完备的教科书知识体系。在这个过程中，教科书作为“书”的特征逐渐模糊，而作为数字技术的“库”的特征逐渐明显，教科书和数据库的结合将逐渐被认可使用。但是教科书的内容选择，“在‘应选’与‘不选’或

① 石鸥、石玉：《论教科书的基本特征》，《教育研究》2012 年第 4 期，第 92—97 页。

‘选但修改’之间的界线既不甚分明又与时俱动、不易掌握”，数字教科书的内容选择主体较为复杂，大致经过了三次甄选的过程。首先数据库的管理者会依照数据库设计的原则对重复、错误的信息进行删减；其次，教师会依据课程标准和学科知识点选择自己上课使用的内容；最后，教科书的阅读者依照自身生活经验和应用需要对数字教科书的内容进行第三次筛选。三者都对这项需要高度专业化、精细化、团队合作的工作不甚了解，再加上教科书内容的选择与修改是典型的无结局性、无未来性，[①] 这就使数字教科书的内容选择极易淹没于互联网的信息汪洋大海，教科书的主要内容就容易被这些未经处理的、混杂的信息遮蔽。而且数字教科书呈现的内容如果没能和教学目标紧密结合起来，呈现的信息不但不能满足教师和学生的需求，还有碍教学目标的完成，教师为了达到预期的教学效果和教学目标，还要补充额外的素材，对教师形成负担。电子教科书还会出现谬误，例如：“灵长类的动物与恐龙在同一时期出现，以及动画片中出现的植物类别也有违进化的规律，同时，教师表示课堂作为学生接受科学教育的重要场所，是不适宜使用存在科学错误的动画片的……”[②] 因此，如何对数字教科书背后的海量信息资源进行处理是必须予以关注的。

（二）多媒体信息过多可能妨碍学生思维能力的发展

培养学生的思维能力是教科书编制必须考虑的重要内容。思维能力包括正确、合理思考的能力，通常并没有具体外显的形式，但大致可以分为分析、综合、概括、抽象、推理、判断、比较等要素和思考的过程。数字教科书提供的信息量过大，使学习者止步于既定信息的表面，无法达到对问题的深入探究与理解，对于培养上述思维能力的八大要素，数字教科书提供的信息显得浅显且仓促。数字教科书提供文字与照片、图画的混合，文字与声音、动画的混合等，这些功能从多感觉器官促进学习者的学习，激发学生对学习活动的兴趣。但日本

① 石鸥、石玉：《论教科书的基本特征》，《教育研究》2012 年第 4 期，第 92—97 页。
② 朱文博：《电子课本的教学设计研究》，硕士学位论文，华东师范大学，2014 年。

东北大学加龄医学研究所川岛教授却不这样认为。他认为，虽然使用电子书籍的理由是获取信息的便利性和能触及丰富多样的信息，但也正因为电子书籍的这种便利性与丰富性，剥夺了人类大脑的基本思考能力。信息的丰富性有丰富性的好处，但信息的有限性也的确能在一定程度上刺激人类大脑的思考。随着电子教科书的普及，学习者对各种各样的信息读取越来越不需要使用大脑，而更多的是眼睛在起作用。大脑作为信息处理的装置，如果处理信息过多时，活动量就会增加，这对于人的思考力的提升是非常有帮助的。但是，如果信息量过于多了，大脑还来不及处理，仅仅停留在信息的表面，无法达到对信息的深层次加工，大脑的思考力就会不断下降，而思考力是人类解决问题的根本能力。信息的获取本就是一个思考的过程，是一个动脑的过程。而如今这一过程完全由网络以及电子书籍等所取代，并且用动画和图像代替对文字的深入理解，图像和动画也会直接促使大脑作用的消失。我们的学生变得懒于思考。①

（三）信息的便捷化呈现方式可能影响学生行为能力的发展

通常情况下，教科书的主要目标是培养学生的听、说、读、写四种基本能力。数字教科书的内容呈现一般以网页或者阅读软件的形式出现，学生阅读教科书的形态发生改变，也对学生的听、说、读、写能力的培养产生影响。网页或阅读软件的浏览，是一种超文本阅读方式。② 现代印刷术的应用推动了传统教科书文本的出现及发展，教科书文本以线性阅读为特征，一本教科书中的章节设置、页码标注都是固定的，读者一般按照已印刷完毕的顺序进行阅读。教科书的内容编写者将章、节、页、段、字做出安排，本质上与阅读者是分离的。编写者在选择教科书的内容时也排除了其他内容，甚至是读者。连贯性是传统纸质教科书的基本特征，读者在阅读纸质教科书文本时，严密

---

① 孙立会、李芒：《日本电子教科书研究的现状及启示》，《课程·教材·教法》2013 年第 8 期，第 111—117 页。

② 陈锐军：《数字时代阅读新特点初探》，《编辑之友》2010 年第 8 期，第 84—87 页。

的逻辑思维能力能够获得特别的训练。数字教科书则不同，它对知识的呈现是超文本形式的，范围由文字材料扩大到图片、动画以至视频，进而使视觉感知和听觉感知有机结合，利用网络媒体的漫游特性、下载功能、检索服务来扩展信息来源，这种超文本的阅读方式具有“方向感”“逻辑感”“历史感”丧失的缺陷。[①] 庞大的网络环境中，学生可以超越传统纸质文本的线性阅读方式，基于超链接技术进行随机的阅读，教科书的文本以网页跳转的方式进行。信息获取不需费力费神，不需记笔记、打草稿，不需动笔就可以完成。跳跃阅读，数字教科书的超文本带来学生阅读的新体验。跳跃阅读对具有丰富的相关知识背景的阅读者是有益的，因为无论教科书的内容接入哪方面的相关链接，这些读者都可以轻松理解并掌握，阅读经验会在读者的知识建构中起到巨大的作用。但是如果读者缺乏相关背景知识，那情况就会变得恶劣，有些学生的阅读理解效果甚至比阅读传统纸质教科书的效果更差。比如对以习得陌生材料为目的的学生来说，数字教科书展现的彼此交叉、四通八达的超文本常常会令其感到困惑。这种丧失方向感的阅读，不但令学生无所适从，还会挤占学生基本技能培养的时间和机会，对学生的写字能力、注意力保持、阅读能力、口语表达都会带来负面风险。另外，还存在人的认知特点造成的风险，纸质教科书能够通过具体的操作过程，提高阅读者自身的思维和语言能力，但是，数字教科书多以图片、多媒体等光、电、声等信息传播的方式进行，这与人自身的认知过程和特点都会发生某些冲突，从而带来阅读的风险。

第三节　数字教科书的内容组织风险

随着计算机和网络技术的发展，目前数字教科书已不再是传统纸质教科书的电子化，它以课程标准为准绳，基于学生的阅读规律，在

① 黄鸣奋：《超阅读：数码时代的文本变革》，《厦门大学学报》（哲学社会科学版）2001年第1期，第139—147页。

课堂教学活动中起到组织的重要作用。它虽然是以印刷读物的风格进行编排，但是已经超越了纸质文本的功能，成为新的电子读物。数字教科书内容的选择要与课程目标、课程内容、课程结构三者结合在一起。数字教科书的编排借助计算机技术及网络资源，可以打破纸质教科书“内容编排最优综合结构”，形成最优综合结构、最优知识结构、最后认知结构同时存在的局面，但同时也由于数字技术的模糊与不确定性，存在教科书内容组织的风险，其中最突出地表现为以下两种情形。

一 数字教科书的组织失序

教科书内容的组织一般由纵向组织和横向组织两种方式组成。纵向组织包括知识体系的安排、能力训练体系的安排、品德态度等非智力因素的培养体系安排；横向组织包括单元的编写体例，如单元内的各类功能块（正文块、习题块、活动块等），以及各功能块的配合，还有不同育人内容的配比，如不同个性知识内容的配比，不同技能、能力的配比，不同情感态度的配比，知识、能力、情感态度的相互配合等。[①] 文字阅读是人类的一种基本生存能力，知识的获得及其他重要能力的形成都必须依赖阅读能力的增长为前提。在信息大爆炸的时代，作为数字教科书的阅读者会受到新的阅读方式的影响与冲击。

在教科书结构体系方面，数字教科书的结构存在大结构的立体网状排列组织与小结构的信息源交叉混合排列组织。教科书的大结构与课程内容的组织相仿，基本都是以本学科从简单到复杂进行螺旋上升式的内容组织；每册教科书的小结构也会以本学科的特点，编写者自身的风格等形成各种小结构，例如线性的、网状的、树状的等。但是纸质教科书往往无法满足以上这些小结构的实现，可喜的是，数字技术对这一状况进行了改变，例如超链接的跳转技术可以轻松实现那些

---

① 丁朝蓬：《教材评价指标体系的建立》，《课程·教材·教法》1998 年第 7 期，第 43—46 页。

纸质教科书无法实现的小结构组织。这样，学科之间、学科内部的知识点都可以被紧密关联起来，一种立体的网状结构就此建立。

这种立体的网状结构在纸质教科书中表现是清晰的，但在数字教科书中由于数字技术的引入非常容易破坏这种立体网状排列结构。例如，数字教科书的超链接功能，学生阅读数字教科书时这种文本的突然跳转对阅读效果不良影响明显，文本阅读过程中，读者不仅要保持局部连贯，还要保持整体连贯，因为文本阅读是一个循环加工的过程。① 同时，这种超链接也容易打破学生在阅读过程中建立的教科书内容组织的整体结构。

许多数字教科书的页面设计，为了求新，将一些与教科书内容无关的内容与表现方式塞进页面中，使得页面杂乱无章；设计者为了表现数字教科书的技术含量，夹杂一些绚丽多彩的技术手段，喧宾夺主，影响了主题的传达；设计者的教学思想还未跳出“满堂灌”的桎梏，自以为希望传递给学生的信息越多越好，于是在页面上一味地堆积内容，错误地认为教育性、技术性是数字教科书内容的唯一追求，忽视了页面的艺术性。② 很多数字教科书的编辑者通常希望阅读者能够更多地接收到自己传播的信息，习惯于在页面中安排大量的信息，殊不知，这样反而给受众带来一定的心理压力：页面中的内容越多，需要花费的时间和精力就越多。这不仅不能达到信息传播者的意图，相反还为受众接收信息带来一定的阻碍。根据认知负荷理论，对于能完全理解一种信息源的学习者来说，为他们提供更多的信息源会对其产生额外的认知负荷。③ 人的工作记忆容量是有限的，任何学习和问题解决活动都要消耗认知资源，都可能会造成认知上的负荷。因此，任何多媒体教学材料的呈现，都要以学生本身所具有的认知资源的总量为

---

① 王瑞明：《文本阅读中信息的协调性整合研究》，博士学位论文，华南师范大学，2006 年。

② 李洁：《不同呈现方式对大学生电脑屏幕阅读成绩的影响研究：聚焦数字时代的文本阅读》，硕士学位论文，上海师范大学，2009 年。

③ 王涛：《电子媒体页面构设的规律探讨》，《中国信息科技》2006 年第 24 期，第 189、192 页。

限，否则，就会造成认知超负荷，从而影响学习的效果和效率。① 另一些数字教科书的编写组织则相反，为了突出文本材料的教育性与科学性，在页面中仅安排大量的文字内容。为了避免其他刺激对于学生阅读过程的干扰，宁愿选择放弃数字化媒体的一大优势——丰富多样的表现形态。这些都会让数字教科书的组织呈现混乱和失序的状态。

另外，数字教科书的信息源交叉组合也会破坏教科书内容的组织结构。教科书主要依靠图文进行知识内容的组织和呈现，在现代数字传播语境下，数字教科书中的图文关系更加多样性和复杂化，知识内容的图文组织和表征方式体现开放性、交互性、非线性等诸多新特点。已有的数字教科书设计中，依靠多媒体强大的媒体表现力和交互技术表现的图文内容，作用更多体现在知识表征方面，而非作为学习者意义获得过程的向导、知识建构过程的助手。② 当前数字教科书的设计中也存在重图轻文、图文割裂化的设计倾向；图文设计更多的是依赖数字教科书编写者的直觉或主观经验，缺乏成熟的设计规则指导，往往停留在满足表层的视觉感官需求，没有深入知识层面，尤其是在如何促进学习者认知方面的研究还非常匮乏。总之，数字教科书内容中的图文等都呈现日常经验化的不科学的失序组织状态。

这种失序还表现为教科书的内容与呈现媒介之间的关系。如何使用恰如其分的媒介进行承载展示，用得好不但能够更好地展现知识，甚至可以通过媒介传递、培养思维方式，运用不当也可能造成相反结果。例如，数字教科书的富媒性特征来组织内容，也会造成失序。

二 数字教科书内容的无限层级化

一般情况下，数字教科书的内容一定是学科知识的精华和要点。教科书的内容是已经选择的，其内容有比较稳定的边界，是被规定好

---

① 李可亭：《材料呈现方式对阅读困难儿童多媒体学习效果的影响》，《中国特殊教育》2013 年第 9 期，第 46—49、62 页。

② 温小勇：《教育图文融合设计规则的构建研究》，博士学位论文，天津师范大学，2017 年。

的，因为一本教科书内容一定是有限性的，必须在课程标准的大框架下进行内容选择、编写组织。内容的结构性也是教科书组织要考虑的问题，与传统纸质教科书的篇幅限制一样，电子教科书也会受到屏幕大小、页面呈现特点的限制，它无法像纸质教科书一样提前将全部的内容呈现于读者面前。数字教科书具有比较明显的流媒体特征，其中有动态的媒体形式，允许用户修改内容和设置交互特征，以适应媒体的播放和显示特性。[①] 数字教科书的内容比纸质教科书更加丰富，它包含了纸质教科书内容，并且通过扩展、链接、页面跳转等数字技术形式将其扩大化。另外，网络融合也给数字教科书带来资源易得、多样和泛在。这些特性都使数字教科书的内容具有无限层级化的可能性。

在数字教科书中，知识的生产、呈现方式和知识的获取途径都容易令教科书的内容产生无限层极化的危险。教科书的内容以知识为主体，传统纸本教科书是专家创作，静态呈现，它代表了知识权威；电子教科书是集体共同创作，动态呈现，它的权威是有限度的。与传统教科书相比，数字教科书具有更加明显的辅助参与性。在教学活动中，数字教科书能够更加主动地参与其中，在学生的知识建构中起到更加积极的支架作用。编写者、教师、学生都参与了数字教科书的内容生产过程，知识在建构中被不断进行个人定义，教科书的内容也就不断层级化。

网络技术嵌入数字教科书，即时的人机交互、人人交互，进行建构主义学习，在这个过程中，学生、学习内容、学习环境交互建构。数字教科书呈现的不再仅仅是知识，而是以知识为中心的一个学习环境，学习者在这样的学习环境中体验学习自由，学习问题不再是孤立的，知识以超链接和多线程的路径来组织和呈现。[②] 这种由技术带来

---

① 钱少江、葛君君：《我国电子废弃物回收处理现状及建议》，《北方环境》2013 年第 3 期，第 58—60 页。

② 王连照：《数字教科书知识的基本特征和认识向度》，《课程・教材・教法》2017 年第 1 期，第 42—47 页。

的知识建构方式，会使学生无法明确哪些是信息，而哪些是真正的知识内容，对教科书知识的条理性和客观性也会产生巨大的冲击，也会引发教科书内容的不断层级化，迅速膨胀。技术能促进知识的建构，但同时也会带来知识无限层级的风险。

第四章

如何教

——数字教科书的教学风险

第一节　数字教科书教学风险概述

一　数字教科书教学风险的内涵

（一）数字教科书的教学定位

数字教科书的教学定位，简单来讲，就是数字教科书在教学中的角色与功能。教学活动中，教师、学生与教科书三者共同形成了教学活动的三要素。如何妥善处理这三者之间的关系，直接关系课堂教学质量的好与坏。教师与学生是教学活动中的双主体，教师是教的主体，学生是学习的主体，那么教科书在课堂中的主要作用就是以教学内容紧密联系教师与学生，并使双方形成良好的沟通关系。

根据石鸥教授的观点，现代教科书需满足三个条件："第一，产生了现代学制，根据学制，依学年学期而编写出版；第二，有与之配套的教授书（教授法、教学法）或教学参考书，教授书内容要包括分课教学建议，每课有教学时间建议等；第三，依据教学计划规定的学科分门别类地编写和出版。"[①] 由此可以看出，教科书不单单是教材那么简单，它的编写需要考虑学生的发展水平，需要考虑教师教学，需

① 石鸥：《最不该忽视的研究：关于教科书研究的几点思考》，《湖南师范大学教育科学学报》2007年第5期，第5—9页。

要考虑学科分类等，这是一个综合的承载体。因此，就教学活动中的教科书来讲，其定位主要是作为教学内容的承载者和教学活动的媒介。数字教科书作为一种教科书，除了具有教科书的一般教学定位之外，还因其具有技术属性而具有特殊的教学功能与作用。

1. 数字教科书是数字教学资源和学习资源的主要载体

教学活动是教师根据培养目标和学生发展水平，依靠一定的手段和方法，指导学生获得知识和技能的过程。教师和学生作为教学活动的主体地位不可动摇。根据石鸥教师对教科书的限定条件，数字教科书的编写要符合学生的学习规律与教师的教学规律，在内容选择、体系编排等方面具有较强的科学性和普遍适用性，符合大多数学生的学习发展特征，也能够为教师教学带来较强的教学性。无论是传统的纸质教材，还是现代的数字教材，都是教师教学和学生学习的主要获取资源。无论是课前、课中还是课后，教材都与整个教学过程紧密联系。

数字教科书较之纸质教科书而言，无论是在资源获取，还是在教学方式与方法方面都拥有更多的优势。富媒性特征显著的数字教科书似乎囊括了现有的可搜集的所有教学内容，加之有了信息技术的融入，使数字教科书还有了一套看似很完备的设计编排。课前，教师可以利用平台发布任务，指导学生进行预习，使学生对即将要接触的知识不至于陌生。课中，教师利用多媒体手段或 iPad 等播放平台，按照已经编排好的内容，以图文音频等多种形式进行教学。课后，教师可以对学生上课情况进行测试，并给予及时的反馈；同时，学生也可以根据教材进行复习。

数字教材无论采用何种先进的科技手段，它的落脚点终归是在教材，最基本的是其知识传授和交互功能。因此，只能是数字教材服务于教学活动。从另一个角度看，教学的目的是“育人”，无论时代发展如何变化，技术发展如何进步，这一目的都不会改变。数字教材，落脚点在教材；数字化的教材，就是在纸质教材之上进行技术革新，是教育技术发展的产物。“教育技术在教育中具有生产力主体的作用，最直接的目的就是能提升教育手段和教学效率，对教育的整体发展和人类社会的进步起推动作用。”① 在教学过程中采用数字教科书的初衷就是为了促进教育的信息化和学习的现代化，提高教学水平和教学效率，同时也可以减少纸质教材的使用，从而保护生态环境。但是，教育系统对数字教科书的无条件接受，使其逐渐偏离了这一初衷，为人服务的信息技术开始控制人的活动，脱离了人这一主体，那么它的价值也就得不到体现，所以必须认清数字教科书这一教学辅助材料的合理定位，不得逾越这个定位。数字教材在教学中，应该是对课堂教学活动具有辅助作用，既具有传统纸质教材的优质内容，又满足学生学习个性化需求的“智能化”服务。

2. 数字教科书是数字化课堂教学的主要工具

传统的纸质教材时代，教师的标准配置是教材、黑板、粉笔。这些内容共同构成了沟通教师与学生的媒介，是教学活动实施的主要工具。然而，在数字教科书时代，“手握粉笔半生”的画面再也看不到了。中国台湾学界一般将数字教科书的技术发展分为：多媒体阶段（Multimedia phrase）、互联网阶段（Internet phrase）、虚拟学习环境阶段（Virtual learning environment phrase）三个阶段。② 这与大陆学者孙众和骆力明根据数字教材的功能划分的三个阶段有相似之处。孙众、骆力明划分的三个阶段分别是：一是资源数字化，学习内容多媒体呈现；二是工具通用化，支持学习记录与课堂即时评价；三是教材平台化，搭建起一对一的数字化学习空间。③ 通过对数字教材发展阶段性的分析，可以看出，第一阶段的数字教材多为纸质教材的“镜像化”，在教学过程中，其功能主要是用于展示学习资源；在第二阶段，资源

① ［美］J. Michael Spector、M. David Merrill 等：《教育传播与技术研究手册》，任友群、焦建利、刘美凤等译，华东师范大学出版社 2015 年版。

② ［美］J. Michael Spector、M. David Merrill 等：《教育传播与技术研究手册》，任友群、焦建利、刘美凤等译，华东师范大学出版社 2015 年版，第 89 页。

③ 孙众、骆力明：《数字教材关键要素的定位与实现》，《开放教育研究》2013 年第 4 期，第 60—67 页。

获取的途径更加广泛，也可以由学习主体对资源进行重组和构建，还可以对学习效果进行评价，较之第一阶段，其功能更加技术化；第三阶段，更加体现个性化，数字教材可以根据学习者自身的需要形成个性化分析，形成一对一的学习空间。正如裴娣娜教授所言："现代化，说到底是人的现代化。教育现代化的终极价值判断是人的发展，是人的解放和主体性的跃升。"① 无论从何种阶段来解读，数字教材只能是教学过程中的辅助者，是工具，学生的发展才是数字化教学的终极目标。

3. 数字教科书是实施信息化教学活动的必要材料

中共中央办公厅和国务院办公厅 2006 年 5 月印发的《2006—2020 年国家信息化发展战略》指出，信息化是"充分利用信息技术，开发利用信息资源，促进信息交流和知识共享，提高经济增长质量，推动经济社会发展转型的历史进程"②。信息化就是要实现资源的整合共享与交流，从而推动社会的发展。参照百度百科对信息化教学的相关概念阐述，信息化教学就要充分利用信息技术手段，从教学观念、教学组织到教学内容、教学方法、教学评价等所有环节实现数字化。那作为教学资源的主要载体与教学过程实施主要工具的数字化教材，随着信息化教学的开展与逐渐深入，也就顺理成章地承担起了互联网背景下信息化教学活动的主要责任。特别是近年来比较流行的利用移动互联网发展的智能终端教材、VR 技术融合的数字教材等更是凭借其智能性与趣味性吸引了一大批追随者，大大地丰富了信息化教学模式。

（二）数字教科书教学风险的基本内涵

在讨论教学风险内涵时，首先要弄清楚"教学""风险"这两个概念。关于教学，古今中外的教育家根据侧重点提出了不同的见解。

---

① 裴娣娜：《我国基础教育现代化发展的根本转化》，《北京大学教育评论》2004 年第 2 期，第 63—69 页。

② 《2006—2020 年国家信息化发展战略》，中国政府网，http：//www. gov. cn/test/2009－09/24/content_1425447. htm ［DB/OL］.

捷克教育家夸美纽斯在《大教学论》中指出，教学是“把一切事物教给一切人们的全部艺术”①，认为教学是最核心的知识传授活动。美国教育家布鲁纳认为：“教学是通过引导学习者对知识体系或者问题的循序渐进的学习，来提高学习中的理解、迁移和转换能力。”② 我国著名教育家顾明远认为教学是“以课程内容为中介的师生双方教和学的共同活动，学校实现教育目的的基本途径”③。面对众说纷纭的界定，笔者结合当今社会大多数教育工作者对教学的理解，认为教学是由教师的教和学生的学组成的一种人类特有的人才培养活动；是教师根据教学目标，有计划、有组织地引导学生学习和掌握科学文化知识和基本技能，培养学生全面发展的双边活动。

“风险”一词的定义与教学一样，说法比较多，没有固定的概念。比较普遍的观点认为，风险表示“损害的不确定性”，即在某种情况下出现一个对我们无利或不利的结果。根据“风险是由风险因素带来的，以风险事故作为表现形式”④ 的观点，风险因素、风险事故及带来损害性的结果共同构成了风险的存在。就教学而言，其风险因素就是引发教学实际结果与预期结果出现偏差的原因；风险事故是引起既定教学目标未曾实现的直接或间接原因，是使教学风险带来损失的可能性转化为现实性的媒介。就数字教科书应用这一讨论语境来讲，就是由“数字教科书”这个媒介导致的教学发生风险事故。损害性的结果就是由数字教科书教学所导致的教学事故带来的一系列不利的结果，包括教育公平风险、教科书与班级授课制之间稳固关系的破坏等。

综合“教学”与“风险”概念，笔者认为，数字教科书教学风险就是在使用数字教科书的过程中，由数字教科书的技术或者人为引起的对教学活动所带来的不确定性的损害。教学风险包含教师“教”的

① ［捷克］夸美纽斯：《大教学论》，傅任敢译，教育科学出版社 1999 年版，第 1 页。
② ［美］布鲁纳：《教育过程》，邵瑞珍译，文化教育出版社 1982 年版，第 35 页。
③ 顾明远：《教育大辞典》（第一卷），上海教育出版社 1990 年版，第 178 页。
④ 范道津、陈伟珂：《风险管理理论与工具》，天津大学出版社 2010 年版，第 2 页。

风险，也包含学生“学”的风险。具体来讲，自 2009 年新课程改革后，我国的教学目标变成了“三维教学目标”，即知识与能力、过程与方法、情感态度与价值观。教学目标的设定就为考量教学是否成功提供了一种准则，也就是教学的实际结果与教学最初设定的预期目标是否一致。如果一致或结果超出预期目标则是成功的教学；如果出现偏差，没有达到预期目标则是失败的教学。这种偏差或者说不一致就是教学风险。

二 数字教科书教学风险的表现及特征

（一）数字教科书教学风险的表现

数字教科书除了拥有纸质教材的阅读与教学的基本功能外，还具有富媒性与定制性、关联性与开放性、互动性与自主性、多样性与移动性等特征。富媒性是以多种形式，如图像、文字、声音等进行信息交流的办法。数字教科书能在文字、图像、声音、动画、视频等媒体素材基础上进行组合编制，实现较好的媒体效益。定制性是指数字教科书能根据学习者的学习需求、认知能力、学习风格和学习策略等不同个性予以最佳组合和呈现。关联性是指数字教科书针对教学目标内容关联及知识结构重组。开放性是指数字教科书内容的扩展补充。互动性是指教师与学生、教学内容和媒体之间的相互作用。自主性是指数字教科书在教与学的过程中，特别能激发与体现个体的主观能动性。多样性指数字教科书的呈现形式多样化。移动性是指其载体趋向移动。针对数字教科书这些特点的研究，可以依此对其教学风险进行探究。数字教科书教学风险的主要表现包括以下五方面。

第一，数字教科书的富媒性虽然能在教学过程中增强学生学习的兴趣，加深学生对知识的理解与内化，但是与之伴随的游戏性容易使学生偏离学习主题。

第二，数字教科书的定制性虽然一定程度上关照了学生个体性，但是这种定制是所谓的专家学者进行的定制，并不具有普遍适用性。

而且，现在国内缺乏这种定制标准，导致数字教材的标准不一，影响教学。

第三，数字教科书的开放性虽然能够对教学内容进行扩展，拓展学生的见识，但是教师和学生在获取信息的同时也要共享自己的部分信息，师生的隐私受到威胁。

第四，数字教科书的互动性虽然能够实现师生互动、生生互动、人机互动，然而也在一定程度上影响教学活动的稳定性。

第五，数字教科书的自主性虽然关注学生作为学习主体在教学活动中的重要性，然而过度依赖会影响缺乏自控能力的学生的学习效果。

当然，数字教科书的教学风险远不止这些，我们将会在后面的小节中进行详细的诠释。

（二）数字教科书教学风险的基本特征

纵观以上提及的风险，我们可以将数字教科书教学风险的特征概括如下。

1. 教学风险具有依附性

风险并非独立存在的，而是依附在教学活动之中，伴随着教学活动的存在而存在，并不能脱离教学这项活动。教学活动是风险存在的环境与土壤，如果不存在教学活动，那么风险也就不可能发生了。数字教科书的教学风险自数字教科书运用伊始便存在。数字教科书的游戏性、资源共享性、互动性、开放性等特征都在一定程度上蕴含着教学风险。从另一个角度看，这种教学风险的依附性存在于教学方法、教学组织形式、教学评价等方方面面。

首先，教学风险依附于教学方法。随着数字教科书的应用，纸质教材时代的教学方法必须随之改变以适应新形势下的信息化教学活动。传统的系统讲授的方式在数字教科书的环境下显得格格不入。因此，教师不得不将教学重心转移到如何使数字教科书行之有效地运用起来，现代多元化的教学方法与教学手段开始在平台上大展拳脚。课堂上，教师为了充分地吸引学生，会竭尽所能地使课堂充满趣味性的小视频、富有挑战性或奖励性的游戏，充分吸引学生的学习兴趣，激发他们的学习动机，同时也会在一定程度上加深学生对于知识的理解。但是，在应用数字教科书的过程中，教师也极易出现本末倒置的状况，将教学的重点放在如何炫酷教学方法，而不是使学生将关注点更多地放在知识的学习理解与应用之中。如果这样，学生是否真的对知识本身有深入的理解还有待商榷。

其次，教学风险依附于教学组织形式。从教学组织上看，传统教科书的教学组织形式是班级授课制。数字教科书的应用打破了这种单一模式，使教学组织更加多样化、个性化。以现在比较流行的完整的网络课程为例，学生只要在平台上注册账号，就可以马上进入系统进行课程学习，而且可以在课程有效期内随时随地地进行学习，不受传统课程一致性和统一性的限制。对学生来讲，他与授课教师形成了一对一的课堂，就教师来讲，他与多个学生形成了一对多的课堂。这种教学风险在这样的组织结构中产生，如果脱离这种形式，风险便失去了潜在的可能性。

最后，教学风险依附于教学评价中。教学评价是对教学过程和结果进行的判断，主要是对教师的教和学生的学进行的评价。通过教学评价，可以对教学起到诊断、调节和激励作用。数字教科书时代，教学评价关注点更多地放在过程性评价，评价的主动权掌握在教师和学生双方手中。学生可以依据自己上课的体验和学习效果对教师进行评价；教师可以根据学生的学习结果和学习态度等进行客观公正的评价，并给予相应的学分。数字教科书时代的教学风险就依附在这双主体手中。

2. 教学风险不可预知性

正因为教学风险依附于教学活动而存在，教学活动是一个动态过程，教学过程中风险具有客观存在性和不可预知性。客观存在性使我们清醒意识到风险的存在。由于任何风险事故的发生都是诸多因素共同作用的结果，其中单个因素的出现本身就具有偶然性，而且单个因素的作用时间、作用点、作用方向、顺序和作用强度等只有在一定条件下才导致事故的发生,[①] 因此风险具有不可预知性。同理，具体教学风险在什么时候出现、在哪个环节出现、以何种形式出现、造成的损害强度等都具有不可预知性。

数字教科书的应用，教师权威性的减弱，使教师对教学过程的控制力下降，与之相匹配的学生对教学活动的控制力明显上升。这使得教师与学生之间原本近距离的活动中间出现了无数个潜在的影响因子。例如教师在积极投入地进行网络教学时，学生忽然会对一闪而过的链接产生兴趣，从而将注意力引入链接所至的界面；又或者教师在上课过程中，无法及时观测到学生的即时反映，导致师生之间情感交流的逐渐弱化等，这些因子都会造成教学风险。从技术角度看，数字教科书作为一种依靠数字技术和互联网等信息手段的教学辅助材料，技术支撑是其能够正常运转的关键性因素。目前市场上已经有了很多的数字教科书，但是相较于美国、日本等发达国家，我们还处于初步发展阶段。我们在资源整合、融合市场创新与教学、评价标准、终端设备、服务平台、教学模式与教学方法创新改革方面都还不是很成熟，这些都会加剧教学风险的产生。由于风险一直都是潜在的，我们不确定其出现的时间和形态，只能通过增强风险的预见能力进而尽量做到防患于未然。

三　数字教科书对教学活动的冲击

教学有广义和狭义之分。广义的教学活动指一切与传授知识和技能相关的活动，狭义的教学活动主要指学校教学活动，是师生之间有目的、有计划、有组织的教育教学活动。传统课堂教学活动，教师与学生在统一的教学环境中，教师教，学生学，活动具有稳定性。但是，随着技术渐渐从边缘走向中心，技术已经开始对核心的教学活动产生

---

① 范道津、陈伟珂：《风险管理理论与工具》，天津大学出版社 2010 年版，第 9 页。

强大的影响了。随着各学校硬件 IT 设备的逐渐完善和师生对于电子设备的日渐熟悉，数字教科书迅速成为教学新宠。根据相关数据显示，近年来纸质教材的出版在整个图书出版中的比重逐渐下降，而数字教科书凭借其丰富的教学资源与素材、新鲜的形式与便捷高效的功能以及符合年青一代的学习方式和阅读习惯，在教材市场的份额迅速攀升。

不得不承认，手机、iPad 等多功能电子设备的广泛使用侵蚀着传统的阅读习惯，也在推动着新技术下的教材改革。但是我们必须认识到数字教科书对教学活动的冲击，对教学环境、教学手段与方法、师生关系、教学组织形式都有诸多影响。信息技术及媒介在为教育和教学活动提供便利和新鲜血液的同时，也让我们承受着信息过量、选择困扰、媒体依赖、信息污染、数字鸿沟、文化霸权、隐私泄露和知识产权等一系列的问题和挑战。

（一）对“师本”教学观的冲击

根据《教育大辞典》的解释，教学观念具有相对稳定性与发展性，一方面，它是在长期的教学活动中逐渐形成的，并且对教学活动有重大影响；另一方面，它又随着时代的变化不断更新发展。[①] 由此可见，虽然教学观念具有发展性，但是要实现这种转变也非易事。就教师而言，在数字教科书产生之前，纸质教材已经在教学活动中运行多年，无论是教师还是学生都已经普遍接受了。面对教师熟悉的教材，采用教师个人习惯的方式进行授课，这是一个相对稳定与舒适的教学活动。数字教科书时代的教学，迫切需要教师改变以往的教学方式，创造性地开展教学工作。教师的角色不再是传统的知识传授者与灌输者，教学方法也不能再是传统的“满堂灌”。面对现代化的数字校园环境，必须改变自己在纸质教材时代的教学观念，巧妙地利用数字化教材来构建自己的知识体系，也就是要挣脱自己的教学舒适圈，走向一个陌生的环境。纸质教材时代，教师的教学侧重的是“教”，教师

---

① 顾明远：《教育大辞典》，上海教育出版社 1986 年版，第 59 页。

要想法设法把教材上的知识教给学生。数字化时代，教师在学会利用先进技术手段丰富课堂教学时，也要转变教学观念，将重心放在“引导”上，引导学生学会自主学习。信息化时代下，教学环境中的教师不再是单一的个体，他们还需要逐渐走向合作。如果只关注本学科的知识而忽视其他相关学科知识，只局限于自己的教学圈子而忽略向其他教师学习，终会被时代淘汰。学会学习，这也是对教师观念上的挑战。数字教科书时代，教师面对的挑战是全方位的，它需要教师从世界观到方法论实现一种根本的转换和严峻痛苦的自我更新。

（二）对“可控”教学环境的冲击

传统的教学活动，以课堂教学为中心，一间教室、一班学生、一位老师共同构成一个教学环境。数字教材的应用，改变了教学环境相对封闭的状态，打破了时空限制，教学活动不再局限于一方小小的空间，而是在任何地点都可以进行。传统课堂上，教师对教学环境具有很强的控制力，但是现在，这种控制力在逐步缩小。随着网络信息技术的多样化发展，基于“互联网＋手持终端”的移动教学模式被广泛使用，使得教学手段更加智能化与虚拟化。当今世界，利用 iPad 或手机终端参与慕课、微课、公开课等课程学习的学习者与日俱增。学生可以在课程网络资源库中自由选择自己喜欢和感兴趣的课程，不受时空的限制，还可以在课程上进行讨论。原有的班级授课制模式受到强烈的冲击。

（三）对“授—受”教学过程的冲击

传统纸质教材的应用过程中，教师主要通过课堂讲授提问和小组讨论的方式开展教学，手段也多为黑板板书。一支粉笔、一块黑板、一本教材就能够将一堂课完整地进行下去。后来随着多媒体信息技术的普及与应用，逐渐改为 PPT 播放。在课程设计上有了些许创新，教师也逐渐采用图片＋文字＋音频＋视频动画等相结合的方式提高学生的学习兴趣，力求实现教学手段与方法的创新。数字教科书的应用，使教师的教学方法转向依托互联网计算机，对学生进行线上线下的交互式教学活动。教师可以自己制作数字教材，也可以依据现有的教学软件和程序在教学平台上进行教学。教学过程中注重教法，但更注重学法，注意对学生自主学习能力的培养。教学过程中强调自主—合作—探究模式的贯彻执行，充分挖掘学生在学习过程中的主观能动性，强调学生主体的参与性。与此同时，在组织结构上，由原来的行政班级转变为班级、个人与小组三类，尤其注重学生个人学习与小组协作学习。当然，数字教科书时代，学生如果具备一定的自学能力，也可以利用数字教材软件进行自学，通过预习、尝试、讨论、练习、评价等实现对知识的理解与应用。

（四）对“以情感为纽带”的传统师生关系、生生关系的冲击

教学活动是人与人之间进行沟通交流的活动，最重要的关系就是师生与生生关系。首先是师生关系。可以说，师生关系的好坏在一定程度上影响着教学质量的高低。正如刘铁芳教授所言，教育需要关注人，尤其是关注个体，即关注个体作为生命体的存在，包括关注其外显的生命展露，内隐的、活泼的、流动的生命情感的化育。[①] 良好的师生关系，可以为教学活动的顺利开展奠定基础，反之则会影响教学。纸质教材时代，教师通过书本向学生传授知识，教师是传授者，学生是接收者，两者处于书本的两端。关系稳定而平和。教师以传道授业解惑为己任，学生也乐于接受这种状态，教师与学生之间以知识和情感进行维系。数字化时代的教学需要教师对自己的角色、师生关系进行重新定位。数字教材的应用，使教师不再是知识的唯一来源，教师在教学中变为引导者，引导学生学会独立思考、学会自主学习和交互式学习。而以数字技术为支撑的教学活动，使原有“教师—教材—学生”的课堂组合变为了“教师—数字教材与设备—学生”，师生之间的沟通交流以设备为介质进行传送，缺乏面对面的交流沟通，致使情感交流逐渐减少，导致师生之间的关系不再如以

① 刘铁芳：《生命情感与教育关怀》，《高等师范教育研究》2000年第6期，第26—30页。

前那般亲密，开始变得冷漠，教师在教学过程中对学生情感、态度与价值观的影响力逐渐下降。其实，最能有效构建良好师生关系的互动就是面对面的互动。数字教科书时代，师生之间的互动很多时候都不是面对面的，个体对媒介的依存度过高，人的感官惰性就会无限的滋生，交流之间的真实感会逐渐降低，师生之间的现实互动就会逐渐被弱化，最终使教学活动这一项带着情感的人的活动，过多地将关注点放在技术上，放在工具理性主义上，使教学这项活动变为“无人”的存在，更不要说情感了。精神与信仰是教学活动中必不可少的内涵。

其次是生生关系。传统的课堂教学活动中，人与人之间的沟通交流除师生互动外，还有生生互动。同伴的影响是很大的，榜样的力量也是巨大的。虽然数字教科书带来了强有力的沟通功能，学生可以通过即时的对话功能或留言功能与同学进行沟通，但是看似互动频繁的背后隐藏的是渐行渐远的同学关系。是技术破坏了联系学生与教师之间的那根纽带。学生对教师的依恋变为了学生与教师对技术的依恋。所以说，数字教科书虽然为师生之间的沟通提供了便利，但是也使得他们之间的关系日渐疏远、冷漠。

（五）对教学效率的冲击

传统的课堂教学，教师对教学环境和教学进度进行把控，教师可以根据教学目标和课程设计，有计划地开展教学。数字教材在研发过程中，着重依赖的是技术人员，但是这些技术人员对于教育本身的规律却知之甚少，对于预先编排的教材程序和教学内容并不了解，因此在教学过程中的互动和交流就达不到理想的状态，无法实现师生之间互动的无缝衔接。学生可能在学习过程中对某一个知识点不是很了解，或者有不同的想法，但是却无法通过教材与教师进行沟通，影响学习效率。

（六）对传统教学模式的冲击

关于教学模式的概念有多种诠释，布鲁斯·乔伊斯等认为，“教学模式是构成课程和作业、选择教材、提示教师活动的一种范式或计划”[①]；我国《教育大辞典》认为教学模式是“反映特定教学理论逻辑轮廓的、为保持某种教学任务的相对稳定而具体的教学活动结构”[②]；另有学者认为教学模式是一种沟通教学理论、教学方法和教学策略的中介，一套较为稳定的结构框架和活动程序等。无论作何种解释，教学模式都是具有理论基础的，而且教学模式的形成并非一蹴而就，必须经过多次的教学实践且符合教学实际情况。同时，教学模式具有相对稳定性，不能在短时间内进行较大的变动。数字教科书的应用，对现有稳定的教学模式产生了一定程度的冲击。

当然，教学与技术之间并非正负不相容，教学领域自引入技术之后，任何教学活动都与技术有着密不可分的关系。现在已不存在不渗透技术的教学活动。教学过程中，教师通过数字教材，以图文、音频、视频动画等多种形式呈现教学内容，视听结合的直观性教学远比单一的、枯燥晦涩的讲授效果好很多。教学活动中，数字教材的应用，使现代信息技术的辅助功能与教学活动紧密联系，为实现数字化的课堂教学奠定了基础，丰富教学资源，优化教学环境，提高学习效率，还能够对教学反馈和评价进行客观分析，使教学质量更佳。因此，数字教材的使用应该秉持更好的服务教学，在保持彼此之间的张力的同时，实现两者之间更好地融合。正是由于数字教科书在多方面对教学活动产生了巨大冲击，因此也孕育了数字教科书的教学风险。

第二节　数字教科书的主要教学风险

技术作为一把“双刃剑”，一方面为教学活动提供了便利，另一

① ［美］布鲁斯·乔伊斯、玛莎·韦尔、艾米莉·卡尔霍恩：《教学模式》（第八版），兰英等译，中国人民大学出版社 2014 年版，第 15 页。

② 顾明远：《教育大辞典》，上海教育出版社 1986 年版，第 165 页。

方面也由于教育本身的复杂性，为教学活动带来了很大的风险。

一　数字教科书带来“教”的风险

（一）打破了班级授课制与教材之间的稳固联系

班级授课制自产生以来，与个别化教学相比在教学有效性和资源利用率方面具有明显的优势。正如夸美纽斯所言，“要寻找一种办法，可以使教员少教，但是学生可以多学。教师就像一个面包师搓一次生面，热一次火灶，他便可以做出很多面包，一个砖匠一次可以烧出许多砖，一个印刷匠可以一次印出成千上百的书籍，所以一个教师一次也应该同时教很多学生，毫无不便之处”[①]。班级授课制凭借其教学效率高、教学时间统一、教学标准与内容统一、强组织性与集体主义的优势，受到大范围的推广与普及，至今仍是学校教学组织的最基本形式。我国自1862年开始实行班级授课制以来，教师的利用率大大提高，一名教师可以同时教多名学生，大大增加了单位教师的教学能量，提升了教学效率。与此同时，系统化的教学内容与评价标准也为国家大规模的人才培养活动奠定了基础。因此，无论教育制度如何变化，班级授课制始终存在。而且，无论是大中小学，班级人数一直居高不下。班级授课制下，教学模式便为整体化教学。也就是说，以学科为单位，同一专业同一年级，采用相同的教学目标、教学方法，选择相同的教学内容、统一的评价标准。相应地，教师根据书本上的内容一般采取无差别的教学方式，因此，在分学科教学活动中，纸质教材与班级授课制之间有着比较稳固的联系。这种稳固联系可以使教学活动在一个相对平稳的状态中持续发展，使教学内容的传播井然有序，成规模化，而且传播速度较高。

但是，数字教科书打破了这种稳固联系。数字教科书的出现，为无纸化教学和虚拟化教学场景教学提供了条件。学生利用网络媒体，

---

① 转引自程天君等《新教育公平引论》，南京师范大学出版社2019年版，第153页。

多渠道、多手段地获取学习资源，教学内容不再局限于一本教科书，教学场所也不再拘泥于一个固定的行政班级之中。数字化教材在打破这种稳固联系的同时也对教学活动提出了更高的要求，个性化教学与自主学习开始向主流教学靠拢。教师需要快速地转变自身角色定位，从传统的知识传授者转变为学生学习的引导者、意义建构的促进者、课程的开发者与合作者、信息资源的设计者、学生的学术顾问和人生导师，教育研究者和学习者等多元角色。教学中开始强调个别化教学与小组教学。根据学生的先备知识、学习能力实行差别化教学，教学内容、教学方法、评价标准等都是不一致的，那教材与传统的班级授课制之间的关系就被打破了。但如果不突破现有的班级授课制模式将无法达到这一标准，只能是披着数字化教学外衣下的传统教学。可以说，现有的班级授课制模式与数字化教材的广泛应用是不匹配的。在强调应用数字教科书时又无法摆脱班级授课制的禁锢，给教学活动造成严重威胁。

（二）改变了固化教学场所和教育环境的资源配置与教学秩序

教学环境是由多种要素构成的复杂系统，广义的教学环境包括影响学校教学活动的生理（生物）、物理（物质）与心理（精神和文化）因素的总和。从组成部分来看，教学环境既包括教师教的环境，也包括学生学的环境；既包括客观环境，也包括主观环境。具体来讲，教学环境的因素包括了教学场所、教学设施、班级规模等客观条件，也包括师生关系、教学观念、教学氛围、班级文化、学生个性发展等主观条件。在中国，人们很早就意识到教学环境对教学质量的影响力。古有《列女传·母仪》中“孟母三迁”“断杼教子”的故事经久流传；程颐的“古之学者易，今之学者难……今则俱亡矣，惟义理以养其心尔，可不勉哉”[①] 振聋发聩。今有为获取名校学位而争夺高价学区房的新闻层出不穷。这都是教学环境影响力的体现。新时代，随着

① 程颐、程颢：《二程集》卷二十一（上），中华书局2004年版，第286页。

经济的迅猛发展，经济水平的不断提高，政府和学校也在不断地加大对教学的投入，教学环境得到很大的改善。但是，随着以数字技术为支撑的数字教科书的运用，新的教学观念、教学方法与教学组织形式、个性化与虚拟化教学方式都对数字化环境提出了强烈的需求，也就是对现有的非数字化教学环境提出了挑战。就目前而言，现有的教学环境是无法与数字教科书时代完美契合的，需要从硬件与软件上实现质的飞跃才可。

一方面，要改变现有的教学场所与教学设备等客观环境。数字教科书改变了传统教学活动中师生时空同步的状态，教学场所不再局限于某一固定场所中，任何地方都可以实施教学。数字教材必须依赖网络多媒体等信息化设备，至少在进行课堂教学的过程中，要有多媒体教室，要实现网络互通。也就是说要实现大面积的网络覆盖，为信息化教学活动保驾护航。信息化时代，以互联网为基础的信息设备是开展教学活动的必要条件，仅仅依靠传统的黑板粉笔是远远不够的。这就需要学校购买大批量的信息化设备，而且学生最好也要拥有一台电脑，可以随时进行课程学习。

另一方面，要改变现有的师生关系、教学观念等主观环境。现有的教学环境中，教师占据主导地位，学生的地位稍显弱势。但是数字教科书时代，教师权威性的逐渐消解，学生自主意识的逐渐加强，使原有师生关系失衡。面对新形势，教师迫切需要改变教学观念，构建一种新的教学环境。作为“数字移民”的教师需要掌握数字化教学理论，利用自身的信息技术，提升自己信息获取与信息加工的能力，充分利用数字化资源并与各个教学环节进行有机的融合；还需转变教学观念，在教学中充分发挥学生的主观能动性，引导学生自主学习、自主探究和自我提升。当然，数字教材采用多媒体等信息化手段，多为一对一的教学模式，这就需要改变现有集中学习模式，实现小组学习或个人学习。因此，无论硬件上的资金投入，还是软件上的智力投入都是巨大的挑战。

（三）影响了教育资源的可获得性和教育公平的实现

联合国儿童基金会（UNICEF）认为，“公平意味着所有孩子不受任何歧视、偏见或者不公，享有生存、发展并充分实现其潜能的机会”，而“平等则要求每一个人拥有同样的资源”。[①] 我国学者程天君认为“教育公平应是人发展的公平，是可以激发个人能力，并使其能表达自己的感受，积极参与和决策的教育公平”[②]，将教育公平延伸至关注人的发展，强调人与社会的互构性。教育不公平现象自古至今一直都存在，但是数字教科书时代，这种现象更加严峻了。

纸质教科书时代，教材由各省市教育部门统一规划采购并发放给学生，而且教材可以循环使用。在国家统一调控之下，各地区纸质教材的内容大同小异，尤其是在基础教育阶段。数字教科书的产生与使用，可以实现资源共享，打破地域与不同等级学校之间的界限，学生获得更多宝贵的学习资源，为教育资源的共享性提供便利，但数字教科书的使用，必须以计算机或 iPad 等计算机设备作为载体进行学习。虽然现在国家整体经济水平呈上升阶段，但贫富差距依旧很大。如果要采用数字教科书，使其真正融入教学中，那么人机的比例就应该是 1∶1，也就是说所有参与教学活动的学生必须人手一台电脑，为便于学校教育，最好还是笔记本电脑。就当前中国国情而言，要实现人手一台电脑还有漫长的道路。即使在学校中，每个学生配备一台电脑也是在近期不可能实现的。

计算机、手机、iPad 等数字终端设备，这些对于发达地区的孩子来讲是很容易的一件事，但是对那些接触不到网络和计算机服务的欠发达地区的孩子来讲，真的是难于上青天。即使由政府或社会捐赠机构帮助其购买了使用设备，但是师生的培训费、设备的维修管理费用等都将会是一笔不小的开支。而且，就信息技术本身发展的速度而言，

---

① UNICEF. Refocusing on Equity：Question and Answers [M]. New York：UNICEF，2010。

② 程天君：《新教育公平引论——基于我国教育公平模式变迁的思考》，《教育发展研究》2017 年第 2 期，第 1—11 页。

更新速度非常快，系统版本兼容性和系统安全性等问题都会影响数字教科书的使用，这就需要时常对设备进行更新，师生也需要不断地通过培训来更新自己的信息技术知识，后期的这些费用将加重教育的经济成本。而且就数字教科书本身而言，有些交互系统或虚拟情境系统的设计需要高昂的成本，这些都不是普通用户能够消费得起的，更不要说欠发达地区了。根据我国互联网络信息中心（CNNIC）2018 年 8 月发布的第 42 次《中国互联网络发展状况统计报告》统计[①]，截至 2018 年 6 月 30 日，我国互联网普及率为 57.7%。农村地区互联网普及率根据2015 年的数据显示，为31.6%。各地区受收入和教育水平等因素限制，互联网普及率呈现不均衡性。就湖南省而言，长株潭地区经济发展一直领跑，而湘西等山区经济发展一直在末端，两者之间的差距是非常明显的，与之相对应的互联网普及率肯定会出现极大的不平衡现象。抛开经济条件不谈，单从自然环境来讲，陡峭的山林和不便的交通就为网络的连接带来了很大的挑战。对长株潭地区的大部分孩子来讲，购买一台电脑不会对家庭支出造成很大的影响，但是对欠发达地区的大部分家庭来讲，一台电脑几乎占据了家庭开销的绝大部分。如果在学校教育中要求都采用数字教材，这个设备无论是国家承担还是家庭个人承担都将是一个沉重的负担。而且，如果欠发达地区没有使用这种教材，那么地区之间的教育水平的不平衡将会逐渐拉大，资源分配上的不平衡最终造成教育的不公平。

（四）阻碍了教学的教育性及隐性教育功能的实现

教育是人与人之间进行沟通与交流的活动，学生在获得知识的同时，更是在享受一种情感体验。因此，教师在传授知识的过程中，会在无形之中对学生产生潜移默化的影响，会影响学生人生观、价值观与世界观的塑造。可以说，一个人的性格养成，除家庭因素外，最大的影响因素就是教育活动。

---

① 第 42 次《中国互联网络发展状况统计报告》，中国互联网络信息中心网站，2018（8）http：//www. bast. net. cn/art/2018/8/30/art_16698_387749. html［DB/OL］.

“身正为师，学高为范。”教师之所以称之为教师，不仅仅是因为其拥有渊博的知识和精深的专业技能，更是因为其修养德行。教师在教学过程中，通过自身的示范，以一种润物无声的方式影响学生，以自身德行感染学生，从而培养学生良好的个人素养。就如雅斯贝尔斯在其《什么是教育》中所论述的那样——“教育的本质意味着：一棵树摇动另一棵树，一朵云推动另一朵云，一个灵魂唤醒另一个灵魂”。教育就是一个人影响一个人，一个灵魂与一个灵魂的对话，在教育过程中，“育”远比“教”更为重要。数字教科书的产生，让活生生的教师隐藏在了屏幕后面，学生与教师之间的沟通与交流以冷冰冰的屏幕为媒介，课堂中的生命力荡然无存，教学过程律动的生命跳跃也逐渐弱化。因此，数字教科书虽然在知识储备、设计与应用、资源与共享等方面较之传统纸质教科书有很强的优越性，但是却无法替代教师在教学过程中对学生潜移默化的影响力。教学从来都不应该是单纯的工具性追求，更应该富有人文关怀。

其实，在技术发展的历史长河中，科学技术与人文的博弈始终存在，两者不断以不同形式的冲突促进双方的发展。不可否认，科学技术的迅猛发展给我们的社会带来了空前的文明，但其负面影响也在不断地显现出来，如技术的异化、人的异化、个人主体性的丧失等。体现在教育方面，技术的发展大大拓展了知识的广度与深度，却弱化了教学中最重要的要素——人文。人文精神强调的就是尊重人的需要，关注人生的终极意义。人文主义的教学，首先就是要构建良好的师生关系，教师承担人性化的教学角色，这是实施人性化教学关键性的一步。教师在教学过程中，凭借人格魅力、自身丰富渊博的专业知识与灵活多样的教学方法，以及对学生极度敏感的情感投入，在班级中形成一种平等、互动、合作的氛围，让学生感受到有温度、有安全感的情感体验。只有学生处于这样的关系之中，才能够更好地投入学习之中，也才能够形成更完善的人格。著名人本主义教育家罗杰斯认为，教学本身就是一项情感活动，其关键并非知识传授，而应是以心理气氛的形成为准绳。①

教师的功能除了显性的知识传授之外，更重要的是隐性文化的传授。人本主义的教学活动中，就要关注课堂中隐性文化的熏陶与感染。隐性文化是课堂文化结构中重要的组成部分，对显性文化的发展具有深厚的影响。就课堂而言，隐性文化包括课堂管理理念、师生价值取向与信念、课堂精神等一系列对师生交往产生深刻影响的元素。构建良好的隐性文化机制，无论是对教师还是学生都是至关重要的。学生在课堂上的表现，无意识地会受到隐性文化的影响。根据马斯洛的需要层次理论，人类的需求从低层次到较高层次分别为生理需求、安全需求、社会需求、尊重需求和自我实现需求。学生想要获得教师与同学的关爱，想通过自身的努力获得别人的尊重和认可，想实现自我价值，这就需要学生处于一个有人性关怀的课堂环境中，而非面对一台机器。课堂上，教师通过自己的言传身教，潜移默化地对学生产生影响。比如，课堂上，让学生勇于表达自己的观点，让同学学会倾听，教师对学生一个肯定的眼神、一句鼓励的话语都会影响学生学习的积极性。教师通过自身魅力带给学生的"身教、言教、人文关怀"都是数字教材无法带来的，正如阿兰·柯林斯等所言，"电脑不过是内容的储存者和分配者，内容并不是孩子们在成长过程中要学习的最重要的东西。因此，电脑永远不应该控制课堂"②。这种观点得到大多数教师和校长的认同，在学校教育中，教师之所教，学生之所学，并不仅仅是有限的知识与技能，更是对情感、态度与价值观的构建。

传统课堂教学模式时代，师生共聚课堂，在一个有情感交流的人文环境中，教师理所当然地成为传递情感关怀的使者，用自己的学识、经验与人格魅力向学生浸润人存在的价值与灵魂追求。数字教科书的过度使用，会使学生将构建良好关系的重心转移到对技术的忠心与追

① ［美］卡尔·罗杰斯：《关于教和学的若干个人想法》，《外国教育资料》1984年第2期。

② ［美］阿兰·柯林斯、理查德·哈尔弗森：《技术时代重新思考教育：数字革命与美国的学校教育》，陈家刚、程佳铭译，华东师范大学出版社2013年版，第49页。

随之上，将教学变成一场被异化的服从科学技术的教学活动，从而失去人与人之间的人文关怀。学生心灵的塑造、德行的养成都离不开教师。因此，数字教科书作为一种数字教育的载体，必须以人为中心。数字教科书的应用使复杂多变的教学活动成为简单直接的认知行为，教学过程中的人文关怀、情感体验逐渐被机械性的技术应用打压得体无完肤，教学活动变得越来越格式化、工业化，也加剧了功利性教学的现状。

（五）增强了教师和学生对教学技术和数字传媒的依赖

数字教科书能够为教学提供丰富的教学资源，而且能够把内容以文字、图片、影音、动画等多种形式进行展现，极大地丰富了教师的教学手段，使教学活动更加多元化，也在一定程度上激发了学生的学习兴趣，因此，教师对数字教材的依赖程度越来越高。尤其是在大数据背景下，许多教师一改以前的教学模式，迫不及待地全盘采用信息化手段教学。但是，我们必须认识到，数字教材虽然较之传统教材有诸多优势，但并非适用于所有学科。以美国马里兰大学物理系为例，大多数物理系的教授表示，尽管数字教科书轻便、经济，而且能够利用线上交互仿真系统和答题器进行教学，但是师生们仍然偏爱纸质书。美国各大学物理系坚持用纸质的教科书，其原因虽各不相同，但他们普遍认为数字教科书具有以下缺点：电子教科书不方便批注，翻阅需要加载而且有时候要等待的时间很长。① 其实，数字教科书不仅仅在物理系受到阻碍，在其他学科中比如天文系也受到阻碍。如果教师忽略数字教材的这种局限性，一味地赶潮流，就会使教学效果大打折扣。从另一个角度看，教师对技术的着迷和过度依赖也会给教师带来焦虑和压力。前面讲过数字教材是有风险的，这其中就有技术风险，如果教师过度依赖数字教材与教学平台，一旦在教学过程中发生故障，那么就会出现教师无法继续进行教学活动的闹剧。以现在通行的 PPT 上课模式为

---

① 传植：《数字时代：物理系学生教授依旧偏爱纸质教科书》，《世界科学》2017 年第 9 期，第 53—54 页。

例，如果教师有多个上课地点，那么教师在制作 PPT 的时候就要考虑该教室的设备是否能够兼容自己制作的 PPT，电脑是否有病毒等。带着这些无形之中的压力，教师从备课开始就已经在担忧技术设备上可能会出现问题，担心自己无法解决教学过程中出现的技术问题，而且还会将一份 PPT 同时储存在多个存储器之中，以防丢失。

二　数字教科书带来“学”的风险

（一）学习追求速度多于高度、广度多于深度，阻碍学生深度学习的实现

数字教科书的应用改变了学习内容的载体形式，理所当然地也改变了学生的阅读方式和阅读习惯。阅读方式和阅读习惯的改变，又会改变人们的思维方式。自文字产生后，在造纸术产生以前，泥板、龟甲、竹板、金石、丝帛等承担着文化传承的重任，由于教学内容一直掌握在统治阶级手中，普通老百姓很难享受到受教育的权利。东汉蔡伦发明造纸术后，使教材得以普及，纸质教材的易普及、易携带、易储存等优势逐渐将传统的阅读载体取代，历经千年，经久不衰。数字教材的产生，电子阅读开始进入人们的视野，从此手机、电脑、iPad、kindle 等在电子阅读中争奇斗艳。第十五次全国国民阅读调查报告显示：“数字化阅读方式（网络在线阅读、手机阅读、电子阅读器阅读等）的接触率为 73.0%，较 2016 年的 68.2% 上升了 4.8 个百分点。”① 数字化阅读方式已经成为我国国民阅读的主要方式，尤其是手机和互联网。随着各类 App 的应用，有声阅读也成为更多阅读者的选择。数字化阅读方式的接触率的直线上升，也使得一种新的阅读形态成为主流——浅阅读。当今社会，多数事情讲究速度。汽车的速度越来越快，高铁的速度越来越快，孩子不能输在起跑线，各种各样的快餐服务，“快”充斥在我们周围，生活的节奏越来越快，人们似乎习惯了这样

---

① 付彪：《让数字阅读与纸质阅读比翼齐飞》，中国文明网，http://www.wenming.cn/wm-pl_pd/whkj/201804/t20180421_4662277.shtml.

一种奔跑的状态，对于一切按照计划进行的教学活动我们已经不满足了。于是，“慢下来”成为一句口号。

纸质书时代，阅读形态往往是深阅读，通过对文字的深入阅读，获取潜藏背后的深层次含义，读者嗅到的不仅仅是墨香，更是一种文化的意蕴，是隐藏在那些书香背后的文化积淀。数字化阅读方式，带来了丰富的信息，我们可以随时随地调取所需要的信息。但这种阅读却变为了一种浅阅读，人们普遍关注的不再是阅读的深度，而是阅读的量和速度。比如，关注的众多微信公众号每天都会推送各类信息，面对众多需要处理的信息，我们常常会感到焦虑。一方面我们想通过订阅各类信息来增加阅读量；另一方面我们又常常因无法及时阅读和消化这类信息而焦虑不安，觉得没有完成自己设定的任务。疲于增加阅读量的我们还怎么做到深阅读呢？于是，大量浏览信息，真正的阅读却越来越少；我们看的越来越多，思考的却越来越少。真正有意义的阅读过程应该是一个在阅读过程中不断思考的过程，是在日积月累中以润物无声的方式一点一滴慢慢提升自己的过程。学习过程，最忌讳的就是拔苗助长。一味追求速度，忽视对知识深度的理解是大忌。

数字化阅读方式是非线性的阅读方式，网络信息的甄选功能使我们可以面对同一主题挑选不同的阅读内容，而不是以往线性阅读方式的唯一内容。这种阅读方式的改变也改变了人们的思维方式。不同于历史学家罗尔夫·恩戈尔辛指出的那样：“从中世纪到 1750 年稍后，人们阅读都是‘精读’。他们只有为数不多的藏书——《圣经》、历书、一二本祈祷用书——他们反复阅读……到了 1800 年，人们读书是‘泛读’。”① 进入数字化时代，全身心融入一本书或者长篇文章，在阅读的时候同时深入思考更不是一件容易的事情了。的确，浅阅读让我们习惯了快速浏览信息，很少深入地对文章内容进行甄别思考，逻辑思维能力更是一落千丈。

---

① ［美］斯文·伯克茨：《读书的挽歌：从纸质书到电子书》，吕世生等译，中国对外翻译出版公司 2001 年版，第 79 页。

（二）降低学生学习专注力品质，弱化信息加工能力

浅阅读与专注度的逐渐下降也使我们由深度学习转变为浅层学习。大多数人认为，数字教科书的产生为随时学习提供了条件。摆脱了以往受时间和场域限制的学习。例如现在使用广泛的微信，输入关键字，就有无数个相关的公众号，读者可以随意阅读。尤其是在阅读一些专业类的文章时，感觉自己真的是在随时随地进行阅读，进行钻研。但是，细想一下，你每天转发或阅读的那么多文章，有没有真的对你的知识体系形成影响，你有没有真正地对其进行重组或构建。这种散乱的知识点，无法使学生形成有意义学习。有意义学习是美国著名教育家奥苏泊尔根据学习者认知结构中已有的知识与学习材料之间的关系对学习提出的分类，它与机械学习相对应，是新知识与学习者认知结构中的已有观念建立非人为的联系过程。[①] 有意义学习的一个重要前提条件是学习材料本身必须具备逻辑意义。如果学习材料是杂乱无章的，各知识之间没有任何相关联的部分，那么即使学习者有强烈的有意义学习的意向，也无法完成有意义学习。数字教科书最开始出现的时候就是为了防止教师在教学过程中将知识分散，不利于学生形成完整的知识结构，但是在实际的实践中，数字教科书的多线程特点对学生自己构建知识体系形成了巨大的挑战。数字教科书为学生更快、更多地学习知识提供了可能。学生可以摆脱以往教师教什么、学生学什么的现状，在浩瀚的知识海洋中，自由挑选学习内容。面对过载的学习内容，学生已经无力再进行知识重组与构建了。

（三）学生学习专注力下降

2004 年，华盛顿大学迪米特里·克里斯塔斯基（Dimitri Christakis）经过开展大量研究表明：0—7 岁的孩子每天看 1 小时的电视，相较于 7 岁以后的儿童，发生注意力问题的概率是 10%，以此类推，如果每天看 2 小时电视，就会高达 20%，长此以往，孩子的注意力问

① 皮连生、刘杰：《现代教学设计》，首都师范大学出版社 2010 年版，第 72 页。

题则会愈加严重。[①] 计算机、手机、iPad 等各种信息通信设备的产生，为我们随时随地使用技术提供了条件，数字教科书的网络化、游戏化会使教师和学生感到寓教于乐的学习终于成为现实。但是现在应用的诸多教育项目都还处于试验阶段，并没有得到科学论证和经验验证。其实，人的注意力是否集中是由大脑额叶控制人的冲动与否实现的，长时间使用技术会使神经元到达大脑额叶通路的萎缩，那学习所需要的注意力则无法集中，如此这般，怎能好好学习。数字教科书内容丰富，形式多种多样，图片、视频等各种炫酷的呈现方式，对学生的多种感官进行刺激，吸引了学生的学习兴趣，但却难以形成专注力，专心致志地对某一知识点进行透彻理解。

（四）弱化学生的言语沟通和社会交往能力

学生在学习过程中，除了掌握书本知识以外，更重要的是要善于思考，构建知识体系。要善于从已知中探寻未知，这就需要学生与教材进行沟通，与教师进行沟通，与同学进行沟通。以数字化学习环境为背景的学习，可以称之为非同步数位学习。学生可以自由选择浏览内容，还可以随时通过互联网搜索相关内容，便于理解；学生可以与同学和老师进行网络互动，达成对某一价值的共同认识。这种学习方式被称为线上讨论。线上讨论，可以使学生免于环境的压力，形成头脑风暴，甚至有些学生还可对某一知识点形成高层次的思考。但是，这种讨论无法提升学生讨论的连贯性和学生互动对话的需要性。而且，这种讨论形式更多的是以文本的方式呈现。我们知道，文本与口语是有区别的。口语不仅考验学习者的知识储备，更考验其语言表达能力，人在进行口头阐述的过程中往往能产生更多意想不到的结果，对知识的理解也会更加透彻。在传统的课堂互动中，师生围绕某一问题，进

---

① Dimitri Christakis . When It Comes To Kids，Is All Screen Time Equal？September 11，20159：31 AM ET Heard on TED Radio Hour. https：//www. baidu. com/link？ url = udYxwkuavq0 – sUGv2QkPn5t9TzcH12nOKjJjemerL105T0poB2b _ eNRtu8nTK9tfPS27woU1Trflw7UXAKfsWPGEXI06yNtSBRnSmNUbHtOsBvc4is4Sl – VcpVhVxKMn&wd = &eqid = d469ec17000955a4000000065c7e77c0 ［DB/OL］，2018 – 10 – 25.

行沟通与交流，通过面对面的对话，不仅能够使学生对问题理解得更加透彻，更能培养学生的语言表达能力。

（五）破坏学习情境的支持性，使学生丢失学习技能

传统教科书时代，学生学习的最基本技能是听说读写。牙牙学语的孩童进入学校，学习的第一个语言符号的“a 和 b”，学写的第一个数字是“1”，书声琅琅是魅力校园的标志。但是，数字教科书时代，追求所谓先进的教育理念，要寓教于乐，要在游戏中学会学习。学生的听说读写算能力、与师生之间的社会交往能力、换位思考能力等都被数字教学排他了。对话是人机对话，写字是敲键盘，换位思考是将自己置身于虚拟的网络环境，最后把自己给丢失了。提笔忘字、口语与书面语混乱等现象更是经常性地出现。不仅仅是这类基本学习技能丢失严重，在专业领域方面也是如此。以艺术设计类专业为例，设计的基本功是素描、色彩、构成，作为专业的设计人员还需要有扎实的手绘技能。但是，现在随着网络技术的普及，各类设计类软件的普遍使用，学生在进行方案设计时很少再用到手绘，强大的资源素材库让学生自由选择，一键点击功能远比自行描绘简单容易得多。教师也乐意教授学生使用各类软件，学生也乐意使用这类软件，但这将导致资源储存在硬盘而没有储存在大脑，甚至学生基本的学习技能和专业技能水平都会受到影响，最典型的案例是提笔就忘字。

学习过程是一个知识积累过程，要想将知识进行内化，成为力量，必须要对所学的知识有很强的熟悉感。比如，大家在进行知识的记忆时，采用纸质版教材会对知识点所处的位置进行记忆，无形中会加深对“这一点”的印象，可能在后期需要进行知识提取时，首先想到的是该知识点处于书本的哪一个位置，从而进行有效的提取。但是，使用电子教科书就不会形成这种记忆点。电子教科书由于储存着丰富的资源，具有强大的搜索功能，只要点击就可以通过相关链接搜索到相关资源，而且很全面。教师在教学过程中，教学内容多而丰富，知识过载也会使学生对内容形成似是而非之感，记

忆点不明，很难形成对知识的深入理解。英国文化素养协会（United Kingdom Literacy Association）的研究显示，阅读电子图书会对学生的注意力、理解力、记忆力等方面造成负面影响，进而一定程度上会影响学生的学习成绩。①

（六）学生学习主体性的丧失与思维能力的退化

数字教材以一种线性思维进行教学编排，教师在教学过程中也采用这种模式，试图通过最简单、最直接的方式阐述教材中所要表达的知识，很多时候会将一些抽象的概念具体化。这似乎在一定程度上减少了学生对知识的困惑，可以很容易地对接收到的知识进行内化，实则不然。数字教材的使用过程充分调动了学生的直观思维，但是基于知识呈现的时间短与展现形式的新颖性，学生很难对所接收到的信息进行深度思考以及主体性的加工。学习者作为学习主体性的功能在逐渐丧失，工具理性主义逐渐占据头条，教学成为以媒体资讯为本位的活动，学生的主角地位正受到前所未有的威胁。面对内容丰富多元的数字化教材信息，认知能力不成熟的学生在对其内容进行信息加工的时候，无法准确精湛地对涌现出的信息进行甄别，一大波信息资源铺天盖地涌入学生的认知领域，使学生不胜其烦，逐渐丧失了学习的专注力、思考与反省能力，以至于学生接收信息的同时，下一秒就是复制，而不是深思。看似掌握海量知识的背后，是对信息的无差别对待，是毫无思考地全盘接收，最终也只能是浅尝辄止、略知皮毛。

第三节　数字教科书教学风险归因

一　教学活动的复杂性

（一）数字教科书与教学活动的复杂性

20 世纪 80 年代，随着后现代主义的兴起，科学界掀起了一场关

① Sabine Little. Rivers of Multilingual Reading - Torrent or Trickle? https：//ukla. org/research/projects/details/rivers - of - multilingual - reading - torrent - or - trickle［DB/OL］. 2018 - 10 - 28.

于“复杂性”（Complexity）的研究。复杂科学包括“老三论”（控制论、信息论、系统论）和“新三论”（耗散结构论、突变论、协同论），同时还有混沌论、相变论等其他科学理论。与传统科学不同，复杂性科学视域下的世界，在本体论意义上不同于简单世界的存在，它不再以牛顿定律和笛卡儿实证主义思维方式为基准，而是超越了机械决定论、被动反应论和简单还原论，注重事物的偶然性、无序性、潜在性和非线性等特征。[①] 关于复杂性的研究，使人们的思维方式开始发生改变，也为教育科学的研究提供了新思路和新方法。著名教育学家叶澜教授认为，教育是人类社会所特有的更新性再生系统，可能是人世间复杂问题之最。也就是说教育本身就是一项复杂性活动，那么教学活动作为教育的子项目，其复杂性不言而喻。北京师范大学何克抗教授指出，“复杂性（Complexity）是一种用来描述现象的概念，这里所说的现象，是一种可以不断产生大量信息、能量、等级、变异、关系以及各种要素的现象，这种现象反过来又提高了产生多种结果的可能性，并降低了确定性和可预见性”[②]。复杂现象是指“多个独立又彼此关联的实体，通过适应性过程达成一个共同的目标而形成的组合”[③]。复杂性用来描述复杂现象，复杂现象由实体组成，这些实体既是独立的存在，又彼此关联。在实施教学活动的过程中，作为主体的师生双方本身的复杂性更加剧了教学活动的这种复杂性，教学的实际效果与预期出现偏差的可能性加大。

（二）教学活动复杂性的表现

复杂性是教育的本然特征和基本存在形态。在教育系统内部，存在影响教育目的选择、教育过程实施和教育结果实现的多元因素，这

---

① 邹霞：《论 e－learning 与高校教育改革的关系》，《中国电化教育》2002 年第 10 期，第 8—11 页。

② 何克抗：《对美国〈教育传播与技术研究手册〉（第三版）的学习与思考之二——关于“复杂性理论”与“技术支持的复杂学习”》，《电化教育研究》2013 年第 8 期，第 24—27 页。

③ 司晓宏、吴东方：《复杂性理论与教育的复杂性研究》，《教育研究》2007 年第 11 期，第 58—62 页。

些因素具有多形态、非线性和不可逆的基本特征；同时也存在确定与不确定、有序与无序、简单与复杂各种影响因素持续不断地解体与重组。因此，无论是从教育的组成部分、教育现象，还是从教学实施活动、教学评价等方面来看，教育系统的复杂性已经是毋庸置疑的，教学活动作为教育系统的子系统具有复杂性也是毋庸置疑的。那么，教学活动的复杂性表现在哪些方面呢？

1. 教学要素的复杂性

通常意义上讲，只要在学校教育的环境中，有施教者—教师、教学对象—学生以及教学内容—教材这三个基本要素，就会形成一个比较稳定的教学活动。完整的教学活动并非仅仅只有这三个因素，还有教学目的、教学方法、教学环境、教学评价与反馈等因素。教师作为“教”的主体，凭借自身业务水平、专业技术能力、教学态度与个性素养等实施教学活动，并在活动中占据主导地位。学生作为“学”的主体，依据各自不同的身心发展水平、认知结构、学习动机与能力等参与教学活动。教材连接着教师与学生，展现着“教什么”与“学什么”。教育目的规定着“培养什么样的人”，一切活动都要以此为纲。教学方法是教师实施教学活动的方式，也是师生进行沟通的活动方式。教学环境包括看得见的教室、课桌、教学设备等物质环境，还包括校风、教风、班风、教学气氛等精神环境。教学评价与反馈是师生之间关于教学过程和结果的交互活动。这些因素既具有相对独立性，又相互联系、相互影响。教师与学生、师生与教材、环境与师生、环境与教材、目的与师生、目的与教材、评价与师生、评价与环境等因素之间都发生着复杂的交互作用，也正是因为这些因素的相互作用，共同构成了一个既有预设性又有生成性的教学活动。各要素之间并不是一个简单的因果联系，其中任何一个因素发生细微的变化，都会对整个教学活动造成影响。比如，传统纸质教材时代，教师上课以讲授法为主，可以不使用任何多媒体设备。但是，数字教材时代，教师必须充分利用信息化手段，开展形式多样的信息化教学活动，对教师、学生、教学环境、教学方法等都有了更高的要求。这些因素的变化又反过来影响数字教材的编制和应用。

数字化教学活动使教学由原本的人与人之间的互动演变为人际之间、人机之间、人与环境之间多种要素之间的活动。而且，教师和学生本身也会随着时间的推移发生变化，这些因素都造成了教学活动系统的不稳定性。根据复杂体系的原理，微不足道的差别会扩散并影响整个系统，并将这种差异以指数的方式（抑或不可预知的方式）扩大[①]，在教学活动中各种因素之间相互影响，只要其中一个因素发生变化，都会引起教学活动的系统改变。

2. 教学活动具有复杂、开放性

自加涅在《教学设计原理》一书中首次把“所有构成教学的事件”称为教学事件之始，其后教学事件就走进了研究者的视野，开启了广泛的探究。关于教学事件的内涵，众说纷纭，有教学程序说、具体单元（环节）说，也有从教学事件的意义和价值角度进行的阐述等。但总归教学事件是发生在教学活动中，作为教学的一个部分预设或偶然性的存在，可以是一个教学细节或教学单元。教学过程中，教师可能会依据教学内容预先设计教学事件，让学生参与互动环节，发挥学生学习的主动性与积极性，但更多的是课堂教学中面临突发事件。无论是预设的教学事件还是突发性的教学事件，都具有复杂性。首先，就教学事件本身而言，它存在于真实的教学环境之中，与教师、学生、教学内容等都具有紧密的联系，而且它的发生具有不可逆性，即使教师处理方式不得当，教学事件也不可能还原到初始状态。因此，教师准确把握事件命脉、及时设定解决方案、合情合理处理教学事件，会使整个课堂教学效果事半功倍。其次，作为身处事件之中的师生，都是相对独立的具有生命的个体，在教学活动中，会根据自身特点、已有的知识经验对教学事件产生能动反应。教学是一项人参与的活动，

---

① ［德］施特凡·格雷席克：《混沌及其秩序：走近复杂体系》，胡凯译，百家出版社 2001 年版，第 1—9 页。

必须要注重人自身的复杂性。学生作为一个完整的生命个体，个体之间存在着很大的差异性。因此，面对同一教学事件，不同学生会有不同反应。例如，在教师预设的教学环节中，提到对某一画面的感受，有的学生可能感情丰富，但有的学生就无动于衷；或者教师设定在讲到某一处自认为能引起学生共鸣的画面，但学生的反应却不以为然等，这些复杂事件都需要教师有针对性地进行解决，不可千课一面。

二 教学过程可控性降低

教学活动中，教学过程是最重要的一环，教学过程中的质量高低直接影响整个教学质量的高低。因此，教学过程的有效控制对教学活动来讲至关重要。

所谓教学过程，就是教学这项活动的实施过程，是教师将知识传授给学生，也是学生将知识内化为能力的过程。所以说，教学过程既包含教师的教，也包括学生的学。实施教学的目的就是培养学生的能力。相对应的，对教学过程的控制就包括教师对教学过程的控制，也包括学生对学习过程的控制。前者主要是对教学内容的控制，对教学方法和手段的控制，更有对教学过程中各个教学实施环节的控制。后者主要是对学习进度、学习情况和学习结果的控制。数字教科书的产生，为教学活动提供了一种新的数字化的教学环境，也为学生提供了一种新的数字化的学习环境。教学过程由教师传道授业式的讲解说明转变为学生自主的创设情境、探究问题、合作学习及建构意义。

完整的教学活动分为课前、课中、课后三个阶段，且三个阶段环环相扣。课前，教师首先要根据授课学生做好学情分析。身心发展阶段不同，学生的学习状态和学习能力也不一样，教师要根据这些情况对学生进行全面而清晰的认识，便于确定教学目标和教学方法。其次，要根据教学目的确定教学内容和教学方法与手段。传统的教学过程中，学生学习内容的获得基本取决于教师对教学内容的选择，教学内容质与量的把控，直接关系学生的学习质量。在课堂教学中，教师要善于根据学情分析和教学内容与教学目的，选择合适的教学方法与教学手段。课后，就是对学习结果进行评价，并及时对其进行反馈。因此，无论是传统教学方式还是数字化教学方式，对教学过程的控制都非常重要，这是教学质量保证的根本。教学环境的改变使教师与学生在时空等方面呈现不一致性，使教学过程的控制变得既复杂又困难。

（一）教师教学控制降低

1. 教学内容可控性降低

传统教学模式之下，教师是课堂的绝对权威，是信息导师，对教学内容有绝对甄选权。按照教学目标和教学计划，教师对教学内容呈现的数量和质量，教学内容的广度和深度以及教学内容呈现的时机都有自己的把控。一节课讲授多少知识点、知识点的拓展范畴与什么时候呈现都有自己的一套逻辑，而这套逻辑教师会根据教学规律、学生的学习规律进行适时调整，使课堂呈现灵活性。数字教科书时代，首先，资源的共享性使教学内容在数量上实现了空前的繁荣。规模庞大的信息源丰富了教学内容，但是也为教师的教学带来了威胁。教师在教学活动中，信息量的盲目增加，在一定程度上超出了学生的接收能力范畴。教学中如果内容呈现过多，就会使学生来不及对已呈现知识点进行消化和理解，铺天盖地的知识会使学生应接不暇，过载的信息就会导致学生产生无力感，从而丧失学习兴趣。其次，教学内容难易程度的控制力下降也为教学带来了威胁。目前市面上缺乏对数字教科书编排的规范标准，导致数字教科书的质量良莠不齐。而教学过程是一个动态的过程，必须根据教师与学生的教学情况进行适时的调整。数字教科书提前编排的程序在一定程度上限制了教师对于课堂调整的灵活性，导致教师控制力下降。

2. 教学方法与手段控制力的下降

课堂教学活动中，教师如何结合学情分析，呈现教学内容，选择教学方法与手段都是教师教学控制力的体现。数字教科书的应用，改变了学生必须在规定时间在规定场所进行学习的局面，数字教材的不受时空限制的特性使教育模式和方式出现了变化。教师对教学活动不再具有强有力的主导力，权威性消解，教师的身份也随之发生改变，传统的师生关系需要重新建构，教师对教学活动的绝对掌控局面下滑。例如，在传统课堂教学中，教师可以根据教学内容与学生的实际情况设定自己的教学方法与手段，对教学组织形式可以自由控制，对教学实施的时间和空间上进行统一监控。学生在教师的主导下有阶段性层次性的完成学习活动。数字教科书本身就是以数字技术为支撑，较之传统课堂构建了更加生动真实的教学情境。教师与学生都置身于这样的一个具有交互性的环境中，教师更多的是对数字教科书的被动使用，而不是主动建构自己的教学方法与手段。在教学活动中缺乏主动性，容易形成无力感。

3. 教学过程和教学秩序可控性降低

传统教科书时代，教师是课堂的权威，对教学目的、教学计划、教学大纲、上课、教学组织等教学过程的各个环节都具有主动性。数字教科书的使用，使学生成为教学活动中学习活动和培养质量的主控者，学生学习效果在很大程度上并不在于老师，而在于学生本身。数字教材虽然功能较之纸质教材有很大优势，但是基于学生的认知水平，这种需要很强自控能力的学习方式不太适合学情。使用数字教科书的时候，学生可能对于突然出现的链接或相关的新闻产生兴趣，也可能会利用互联网进行其他非学习活动，但这些都是教师不可控的。学生什么时候开始学习，学生学习状态怎样，学生有没有投入注意力这些都是在终端那头的教师所不可控的。

（二）学生学习控制降低

1. 学习进度控制下降

数字教科书的应用，使学生完全成为学习的主体。学生可以自己选择学习进度，相应的教师就失去了对学生学习进度的控制。最明显的就是学习时间的不可控。传统教科书时代，教师与学生的教学活动在时空上是统一的，教师按照教学计划分阶段进行教学，所教知识也是层层递进。学生只有掌握了先前的知识，才能更快更好地学习和理解后面的知识。但是，数字教科书一般会为学生呈现完整的课程内容，这也使学生无论什么时候开始学习，还是一个知识点学习浏览多长时间都由自己把控。对于基础好、学习能力强的学生可能很快就学完了，但是对于一些学习能力较弱的学生可能一个知识点浏览好几遍，加上没有教师在场的指导与施加的压力，学习效果堪忧。

2. 学习品质和结果控制下降

课堂教学中，教师在上课的时候，会随时对学生的学习状态进行监控，通过学生接收信息活动的反馈适时调整自己的教学策略。如果学生接收的速度非常快，那么教学进度就稍快，反之则放慢进度。整个教学活动就比较灵活机动。但是，数字化教学时代，教师上课不一定在教室，而是人手一台教学设备，一对一或一对多地教学。教师不能随时观察学生的学习情况，也就不能很好地调整自己的教学进度与方式。与此同时，数字教科书在学习内容的呈现形式上丰富多样，嵌入的交互技术和炫酷的操作方式在刺激学生学习兴趣时也在分散学生上课的注意力，有可能学生在上课的同时还在使用微信、QQ 等聊天软件或浏览其他网页。一方面教师无法对其进行强有力的监控，另一方面学生自己又缺乏自控能力，导致教师对学生的学习状态无法进行有效的控制，影响学习效果。

课堂教学中，教师对学生的影响包含着更多的情感因素，有时候可能在上课中一个细小的动作就会对学生产生积极影响，形成一种课堂理性与感性的结合体。数字教科书中，对学生学习效果的评价可能更加注重结果性评价，学生做对练习题就会出现实实在在的分数或等级。但是却忽视了过程性评价。有时候结果并不重要，过程才最重要。

三 教学活动主体的因素

以数字技术为支撑的数字化教学，将教学的重点由教师的“教”转变为学生的“学”，数字教科书应用的关键点就是要使学生学习利用信息技术所创设的认知工具和复杂多样的教学环境，结合各种教学资源进行自主学习。因此，学生自主学习能力，学生对自己学习过程的控制对教学效果至关重要。但是，就现状而言，无论是在传统课堂上摸爬滚打多年的教师，还是初入教学环境的学生都处于懵懵懂懂的学习阶段，他们自身的条件还难以适应现状。

（一）教师权威性的消解与数字教科书学习指导的缺失

师生关系中，教师与学生的地位往往是不平等的。教师凭借其主体地位、知识、能力、经验等方面水平远高于学生的优势在教学活动中掌握绝对权威。相对的，学生的认知水平、能力发展、理智水平等都还处于发展期，具有“未完成”的特征。教师在这一方面占据优势，自然而言具有权威性。从教学的角度看，学生学习的内容、学习质量、学习结果，教师教学的方法与手段、教学的质量等都主要取决于教师并由教师负责。因此，无论在何种状态之下，师生之间的关系都不是平等的。由教师主导的教学这项活动，从本质上就决定了这种不平等的合理性。

科技的发展，传统教学方式已不适合现今教学模式，迫切需要教师转变教学理念，适应新的教育环境。2001 年，美国 Games2train 公司 CEO Marc Prensky 提出“数字原住民”（Digital Natives）的概念，用来指那些出生在数字化时代，并伴随其一起成长的人群。这类人对各类数字化手段了如指掌，徜徉在虚拟网络世界中，游刃有余。他们习惯在充满娱乐性的对话空间中挖掘价值并融入其中。与“数字原住民”相对应的是“数字移民”（Digital Immigrants），指那些出生在数字化时代早期，对信息技术使用不流畅而又不得不使用与学习的人群。在数字化世界中，原住民如鱼得水，而移民则举步维艰。然而，在教学中，移民要对原住民进行教育，这与“大多数教师觉得自己并未去做应该做的事情——把自己的专业知识和技能传授给学生”[①] 的结果

① ［美］阿兰·柯林斯、理查德·哈尔弗森：《技术时代重新思考教育：数字革命与美国的学校教育》，陈家刚、程佳铭译，华东师范大学出版社 2013 年版，第 51 页。

截然不同。正如学者利奥塔尔所言，在数字化教科书时代，对传递确定知识而言，教师并不比存储网络和人工智能等现代手段更有能力；对想象新的解决办法或新的游戏和产品而言，教师也并不比跨学科集体更有能力。[①] 其结果是，“媒体和同伴交往共同助长了一种异质的文化，这种文化替代了传统的教师权威，为学生提供了另一种新的衡量社会价值观与学校权威的尺度”[②]。教学过程中，教师会认为学生忽视自身权威性，认为自己的威严受到挑战，学生也认为课堂沉闷无趣，教师也非掌握所有知识。因此，教师的权威性正在逐渐减弱。

其实，正如前面所讲，教师的权威性是由教学这项活动的本源产生的，是不可动摇的。即使是在数字时代，由“数字移民”教授“数字原住民”，这种权威性也不应该也不会被破坏。我们应该关注到，信息来源渠道的多样化、教学手段与方法的多样化、教学组织形式的多样化、教学评价的多样化对教师权威性的挑战都是形式上的。包罗万象的信息社会中，学生因其自身局限性是无法实现真正的有意识筛选信息的，一味凭借喜好或全盘接收是不科学的，不成熟的判断需要更加成熟理智的判断引导，而这正是教师在新时代的权威性体现。如果缺乏指导，面对纷繁复杂的信息社会，学生极有可能误入歧途。

现代教师的作用并不仅仅是“传道授业解惑”，更多的是要“授人以渔”，要培养学生的学习技能与技巧，提高其学习能力，使学生学会学习。现代教育提倡将学习的主动权交还给学生，主张个性自由发展。在强调学生学习主动性重要性的同时似乎已经将教师的主导作用忽略掉了，教师的权威与权力在理所当然的削弱态势中越来越弱。这其实是并不合理的。教师在经验阅历、文化底蕴、辩证思维、逻辑推理等方面的能力是远远超过学生的，而这些能力恰恰是学生自主学

① ［法］让－弗朗索瓦·利奥塔尔：《后现代状态：关于知识的报告》，车槿山译，生活·读书·新知三联书店 1997 年版，第 111 页。

② ［美］阿兰·柯林斯，理查德·哈尔弗森：《技术时代重新思考教育：数字革命与美国的学校教育》，陈家刚、程佳铭译，华东师范大学出版社 2013 年版，第 51 页。

习能力中最重要的。教学过程中最关键的并不是教了什么知识，而是怎么教与怎么学这些知识，重要的是方法论。如果教师权威性消解成为常态，那么我们怎么来约束学生去追求当下短期的快感，怎么去引导学生实现更高价值的抱负，怎么能让学生脱离自我中心的怪圈，怎么能培养有志向、有理想的社会青年。

（二）为技术而技术，对数字教科书的盲目认可与追求

随着技术在教育领域的势力越来越大，技术为教育带来各种便利的同时，也使得人们逐渐有了技术是万能的观念，大家开始盲目地将技术应用到教育教学中。面对日新月异、层出不穷的教育技术，教师和学生们应接不暇地适应各种新形式的教学，处理课堂中不断出现的越来越多的行为和学习问题。传统教科书在教学内容和版式设计方面都是中规中矩，而且与之配套的教辅材料也是围绕着文本本身编写的。数字教科书强大的信息搜索功能和新颖的版式设计，以及集图文、音频与沟通功能于一体为教师的教学带来了很大的便利，教师在进行教学过程中想要什么资源可以直接搜索，甚至都不需要再进行知识的组织与构建，一套完整的教学体系就会呈现在教师面前，似乎没有什么是它搞不定的。教师对技术的这种崇拜心理使其缺少对随之带来的风险的应对意识。教学过程是教师根据教育目标组织教学资源利用多种教学手段和方法培养学生的活动，归结起来是人与人之间的关系。多媒体、网络新技术的使用，较之传统教材而言，在教学内容，教学方法和教学手段等方面都有很大的优势。但是，随着技术越来越普及，出现了为技术而教学，教师一味地去适应教学技术而忽视教学本身的目的和要求，出现由技术控制教学的局面。数字教科书利用互联网和计算机等技术平台，由各学科专家编写教材，再由技术人员进行编程，形成一套完整的教学体系。教学过程中，教师根据数字教材进行诠释，教学组织形式和教学方法教学内容都是由教材来控制。教师与学生都将缺乏主观能动性。由于程序都是预先编制好的，机械性的技术控制了教学活动，教师和学生无法进行知识的再构建。其实，数字教科书

的使用应该是在先进的数字理念下进行，无论是多好的技术，必须由先进的理念进行指导，才能发挥技术的最大价值。

（三）教学情境的变化与学生自主学习能力的不足

数字教科书的课程设计以后现代课程观为理论基石，以问题为导向，强调的是学生的自主学习能力。学生是学习活动的主体，学习效果的最终呈现方式就是学生能力的提升。传统的纸质教材时代，师生在教学过程中时空上的一致性使教师习惯性地站在主角位置，而学生也在长期的教学活动中习惯了这种以老师传授灌输知识为主的教学模式，学生自主学习能力在长久的灌输中逐渐弱化，不仅不会自主学习，而且没有自主学习的意愿，懒得去学习。数字教材为学生学习提供了更多的机会，非同步学习成为常态。学生可以根据自身的差异性、自我学习能力和学习时间进行差别性学习，也能够有更多的时间进行思考。一定程度上讲，数字教材较之于传统的教材更具个性化，也使得知识呈现的方式更具系统性和完整性。由于学生参与线上学习的角色与对教材的觉知是复杂的，这种复杂性使作为学习活动主体的学生不一定会有较好的学习成效。同时，学生处理信息的能力也是有限的，如何处理浩瀚的资料建构自己的知识体系，这是对学生提出的更高要求。

1. 学生信息素养的不足

新学习模式下的最大优势就是信息资源的丰富性和共享性，过载的信息需要学生具备高级的认知技能，也就是信息素养。信息素养是一种能力，这种能力可以使学生充分适应数字化教学模式。如果学生具备这种信息素养，便可由知识的完全受众变成知识的部分研究者，在终身教育的大背景下，在不断拓展自己学习途径和方法的同时，实现自主学习、自主提高。这种信息素养与批判性思维和问题解决能力一起为学生的自主学习保驾护航，让学生学会自主学习、创新学习以及终身学习。就学习方法而言，奥苏泊尔的有意义接受学习和加涅的学习八阶段论都是学生提高自身信息素养的手段。学习最重要的就是要将已有的知识结构与新知之间建立实质性的联系，这其实就是一种知识的建构过程。这就要求学生自身必须具有扎实的知识储备，能够及时有效地与新知识之间建立联系，从而建构属于自己的知识体系。但是，目前很多学生知识储备明显不够，长期被动性的学习使其缺少独立的思考能力与创造能力。与此同时，习惯了传统教学模式的教师很少主动教授学生进行信息甄别和筛选，导致大部分学生在面对新的学习环境时根本不懂如何进行自主学习。这些都极大地阻碍了学生信息素养的培养。

2. 学生学习方式转变的困难

学习方式是个体学习活动中表现出的行为偏好性与行为特征，它不是指具体的学习策略和方法的简单组合，而是学生在自主性、合作性和探究性等方面的基本特征。[①] 数字教科书时代的“新学习”应该是跨越时空界限、信息资源丰富、交互性与个性化明显的新模式。教学活动的形式不再是单一的课堂模式，而是多样化的。教学场所的外延拓宽了，课堂、学校、家庭与社会都可以成为教学地点。随之而来的就是学生学习方式的必然转变。学习资源的丰富性以及共享性，使学生能够及时有效地获取自己所需要的知识，这是新时代学习模式的优势条件，也为学生自学提供了丰厚的资源。传统的学习方式是学生是学习的客体，跟随教师有秩序的开展学习活动，相对来讲具有一定的依赖性，学生自我的主观能动性与独立思考性都比较缺乏。新形势下的教学活动，需要不断改变这种被动的学习方式。学生要在教师的指导下，转变传统学习模式下的具有依赖性与被动性的他主角色，成为主动独立的自主角色。学习过程中，关注的不仅仅是学习结果，更重要的是学习过程。在学习的过程中通过发现问题、提出问题、分析问题、解决问题、评价反馈等一系列的活动，不断提高自己的问题解决能力与创新性思维，而这正是学习活动中最重要的。当然，这并非

① 孔企平：《论学习方式的转变》，《全球教育展望》2001 年第 8 期，第 19—23 页。

是一蹴而就的，需要循序渐进。数字教科书的应用，为这种转变提供了一个很好的契机，但由于学生的个别差异性，并不是每个学生都具备自主探究的能力，也就为学习方式的转换带来了很大的挑战。

（四）教师缺乏现代化信息化的学科素养

数字教科书的应用，在为教师教学提供便捷的同时，也对教师的学科素养、知识能力结构都提出了更高的要求。传统教科书时代，教师只需要掌握好自己本专业学科的知识和一般教学能力就可以了。但是数字教科书时代，熟知专业、熟练教材只是教师最基本的要求，教师还需要不断地拓宽知识的广度与深度，只有知识过硬才能够更好地教授学生。除了拥有广博的专业知识与高超的教学能力外，还需要不断更新完善自己的知能结构。例如自身专业知识的更新、新观念新理念的吸纳、跨学科知识的涉猎、新的教学观念与教学模式的改革、新技术新设备的使用等。从目前的教师工作状态来看，绝大部分教师认为自己的工作量比较大，处于饱和状态。为提高自己的学科素养，教师需要花费更多的时间去参加培训进修、学术活动和专业考察等。繁重的教学与科研任务占据了教师大部分的时间，导致教师根本没有多余的时间去参加类似培训。而且很多情况下，并不是所有教师都有机会去参加类似培训。这些都导致一些教师知识能力结构的不完善。

除了学习时间与学习机会上无法满足多数教师提高知识能力结构的要求外，教师本身学习的心向性也是一定因素。有些教师习惯了纸质教材的教学模式，一支粉笔教天下，对多媒体、iPad、计算机等电子设备和各类数字应用软件的操作具有陌生感。对信息化技术手段操作的不熟练也使得他们在教学过程中往往要花费比“原住民”更多的时间熟悉软件。纸质教材时代，他们手写教案，上课只需要照着教案开展教学就可以了，但是现在他们既需要制作 PPT，也需要花费大量的时间和精力进行知识的重构，还要练习各种技能操作。相较于传统的教学形式，数字化显得复杂而费神，于是一部分教师甚至出现抵触情绪。

目前，绝大多数的高校及中小学已经配备了多媒体教室、建有丰富的网络课程，且拥有全覆盖的校园网络，已经为师生提供了较好的教学环境。但大部分教师只是在简单地利用 PPT 教学媒体开展教学活动，而且教学方法也并未进行太多的改革，致使大多数的数字化教学只是披着数字化的外衣，里子依旧是传统的那一套模式，这也是造成数字教科书教学风险的一个重要原因。

第五章

何以教

——数字教科书的技术风险

技术在给人类带来福祉的同时，也使得人们面临各种潜在危险，技术自身也成为人类风险社会的重要来源。技术的迅速发展使得新旧技术风险形成叠加效应，旧的技术风险，如环境污染、能源危机、生态恶化等尚未解决；新的技术风险，如基因技术、人工智能、网络技术等新的技术风险又开始产生。作为那个时代技术先驱的爱因斯坦就曾关注过技术风险问题，他十分关注技术的滥用或恶用问题，指出技术进步会带来技术风险的原因是社会制度发展与技术发展之间存在异步性，[①] 数字教科书技术的飞速发展也使得教育面临新的冲击，成为不可不关注的议题。

第一节　数字教科书是否负载技术风险

一　“乐观论”与“悲观论”之争

随着信息化时代的迅猛发展，信息技术几乎可以称得上是无处不在。人们试图通过各种手段将技术带入我们的方方面面，无论是生活、学习还是工作，离开了技术，我们似乎寸步难行。行走在陌生的城市，

---

① ［美］阿尔伯特·爱因斯坦：《爱因斯坦文集》（第三卷），许良英、赵中立、张宣三译，商务印书馆 2013 年版，第 94 页。

我们不再需要对照一幅看不懂的地图问东问西，各种类型的手机导航地图为我们穿梭在复杂的街道提供了便利；我们不再需要怀揣着各种类型的银行卡晃荡在各购物商场，一部手机似乎可以搞定一切，甚至是在路边随意摆摊的小商小贩，也可以通过移动支付进行收款等，这一切看上去是那么的方便。这一切都是信息技术的迅猛发展给我们带来的便利。

纵观人类发展的历程，数百万年间，人类历史上一共发生了三次工业革命。第一次工业革命发生在18世纪中叶，以蒸汽机的发明和使用为标志，标志着人类进入了蒸汽时代。第二次工业革命发生在19世纪中叶，以电话的发明和使用为标志，标志着人类进入了电气时代。第三次工业革命，也叫作“信息化革命”，在前两次革命基础上，第三次科技革命实现了质的飞跃。以原子能、电子计算机的发明和应用为标志，意味人类进入了一个前所未有的信息化时代。此后，在信息技术迅猛发展的同时，生产力水平也得到了空前的提升，科学技术也在各个领域之间互相渗透。就教育领域而言，也有越来越多的教育工作者开始对技术在教育领域中的价值进行探讨。目前，主要存在“乐观论”与“悲观论”两种价值观。

（一）乐观论

乐观论者认为，既然技术在社会与制度的变革中发挥了重要的作用，那么，它也一定能在教育领域引发一场前所未有的大变革。美国西北大学的教育和社会政策学荣誉退休教授在其《技术时代重新思考教育：数字革命与美国的学校教育》一书中指出：“世界在变化，因此我们需要变革学校教育，培养学生并帮助他们做好充分准备以进入这个变化的世界”，与此同时，“技术给了我们对学习者进行教育的更强大能力，学校应该利用这些能力去重塑教育”。[①] 从形势的变化与技术本身的要求两个方面对变革学校教育提出了要求。所以，技术的发

---

① ［美］阿兰·柯林斯、理查德·哈尔弗森：《技术时代重新思考教育：数字革命与美国的学校教育》，陈家刚、程佳铭译，华东师范大学出版社2013年版，第22页。

展，尤其是教育技术的发展，一定能改变学校教育的方式。

其实，早在公元300多年前，亚里士多德在论述技术问题时，就已经提出了技术使生活更加美好的命题。他从“教化技艺”和“构造技艺”两个层面将人类的制造活动进行了分类，前者比如雕塑，后者比如教育等。最初，人们对于技术的乐观来自于一种自信，认为技术能够解决一切问题，能够给未来的生活和世界构建无限的美好。其实质，就是一种“技术崇拜”或“技术救世主义”。后来，文艺复兴、宗教改革、启蒙运动，不断更新重建人们的观念结构，破除欧洲的神学思想，扫清了科技革命的障碍。直至19世纪，技术乐观主义作为一种社会思潮终于形成。延伸到教育领域科技的发展，为教育带来了福音。

1. 让终身教育成为可能

1965年，联合国教科文组织成人教育局局长保罗·朗格朗（Paul Lengrand）提出“终身教育”。面对不断发展变革的社会，人在学会生存、学会生活的本能要求中要不断地进行学习。这种教育打破了学校教育的围墙，信息技术为其提供了可供学习的平台。

2. 关注学习者个体需求

技术的快速发展，使学习者个体需求的意愿得以达成。学习者可以根据自己的兴趣爱好，选择自己认为有价值的知识进行学习，而不再局限于固定的教育项目。乐观者相信，随着信息技术的发展，这种个性化功能将更加成熟，最终将会打破学校课程的束缚，实现真正的学习定制化。美国CK－12基金会董事尼鲁·科斯拉认为：“学习是一种个性化的过程，需要个性化的学习风格和水平，以及定制的内容。”[①] 学生作为学习的主体，存在着个别差异性，应该根据不同的学习兴趣、学习特点、学习目标和学习能力进行差异化和个性化的学习。数字教科书为这种差异性提供了技术支持。

① 刘春林：《美国数字教科书出版概览（上）：数字教科书挑战美国K12学校》，《中小学信息技术教育》2013年第5期，第81—84页。

3. 学习者控制

紧跟个性化需求的就是学习者控制。数字教科书的产生，使学习内容的源头逐渐从权威的教师源头移开，而转向网络。乐观者相信，数字教科书的使用，可以让学习者自己控制自己的学习，人们依据自己的评判标准决定哪些内容是需要学习的，哪些内容是有用的，学习地点在哪里，学习进度是多少等，人们越来越灵活地控制自己的学习。乐观者相信，如果学校或教师一味地不放权、试图采用各种手段或途径控制这种发展，那么终将走向失败。

4. 虚拟情境模拟

情境认知强调，背景有利于意义的构建并促进知识、技能和体验的连接。当学习者将抽象的知识运用到有意义的情境中，才能使学习更加有意义，学习效果也才能达到最佳。作为情境学习重要组成部分的社会性交互作用，对学习者在情境中的模拟状态进行即时反馈。学习者接收到反馈信号，及时调整或巩固自己的知识结构，实现资源的整理。虚拟情境模拟教学就是直观性教学原则的具体展现。就教育史而言，古今中外都强调直观性教学的重要性。被称为“直观教学之父”的夸美纽斯就认为：一切知识都是从感官开始的，还强调我们可以为教师们定下一条金科玉律，在可能的范围以内，一切事物都应该尽量地放到感官的跟前。能看到事物本身是最好的，还可以制造范本、图像或模型等教具以为教学之用。可见，直观性教学何其重要。但是传统课堂教学无法完整地实现情境模拟，信息技术的发展为其提供了条件。以现在广泛运用的 VR 技术为例。VR 技术是利用电脑模拟三维空间，提供各种感官模拟，让使用者能有身临其境的感觉。[①] 将该技术应用到教学之中，大大改进了传统教学方法，尤其是实训教学。现在，国内已经有很多高校建立专门研究室进行虚拟现实技术的应用。例如：北京航空航天大学的飞行模拟、清华大学的临场感研究、浙江

① 技术科普：《VR、AR、MR 的区别》，http：//www.360doc.com/content/17/0121/14/5848515_623870605.shtml.

大学的建筑学研究等。较之传统实验室研究，虚拟实验研究获得的优势是传统实验室难以企及的。

（二）悲观论

悲观者认为，正是因为技术的迅猛发展，才引发了一系列社会问题，包括生态环境的恶化、自然资源的枯竭、道德伦理的败坏等。人们应该对技术秉持怀疑的态度，而不应该热烈相拥。

近代社会，最先扛起批判科学技术进步这一面大旗是法国著名启蒙思想家卢梭。在他看来，导致道德沦丧的最主要原因就是技术。处于“自然状态”之中的人类秉持自由平等的原则，闲适而静谧。但是技术的发展使社会生产力得到极大提高，生产关系也随之发展改变，最初平等的关系迅速破裂，人与人之间的关系再也回不到最初的善良自然。反之，充满了诡诈、贪欲，伦理道德丧失严重。随着技术发展的速度越来越快，对技术的批判也愈演愈烈。人本主义、存在主义、环境保护主义、后现代主义等都对其进行了深刻的批判与反思。20 世纪 70 年代，罗马俱乐部出版的《增长的极限》报告中指出：人类的困境是由人本身创造的，也是技术进步的必然结果，人自身造成了技术的异化，带来了人类生存的危机。① 而这种危机很难完全克服。悲观论者认为数字教科书的弊端主要集中在以下几个方面。

1. 成本过高

数字教科书的使用，必须以计算机或 iPad 等计算机设备作为载体进行学习。虽然现在国家整体经济水平呈上升阶段，但贫富差距依旧很大。如果要采用数字教科书，使其真正融入教学中，那么人机的比例就应该是 1∶1，也就是说所有参与教学活动的学生必须人手一台电脑，为便于学校教育，最好还是笔记本电脑。就当前中国国情而言，要实现人手一台计算机还有漫长的道路。即使在学校中，每个学生配备一台电脑也是近期不可能实现的。中国互联网络信息中心（CNN-

① 黄嫱：《浅议一种新的技术发展观——对技术乐观主义和技术悲观主义的借鉴与整合》，《科技信息（学术研究）》2007 年第 4 期，第 130 页。

IC）在北京发布的第42次《中国互联网络发展状况统计报告》显示：截至2018年6月30日，我国互联网普及率为57.7%。农村地区互联网普及率根据2015年的数据显示，仅仅达到31.6%。各地区受收入和教育水平等因素限制，互联网普及率呈现不均衡性。教育成本太高导致数字教科书并不能得到普及。除了购买计算机需要付出高额的费用外，前期和使用中的培训费用以及后期维修保养费用都是一笔不小的开支。作为数字移民的教师在进行教学过程中，对信息技术的了解与熟悉程度往往远低于学生，这就需要对教师进行经常性的培训，对教师而言，这也是一笔不小的开支。就信息技术本身发展的速度而言，更新速度非常快，系统版本兼容性和系统安全性等问题都会影响数字教科书的使用，这就需要师生时常对技术进行更新，这一系列的费用给师生造成了很大的压力。而且就数字教科书本身而言，有些交互系统或虚拟情境系统的设计需要高昂的成本，这些都不是普通用户能够消费得起的。

2. 隐性文化的缺失

课堂教学中，除了显性的知识传授之外，更重要的是隐性文化的传授。隐性文化是课堂文化结构中重要组成部分，对显性文化的发展具有深厚的影响。就课堂而言，隐性文化包括课堂管理理念、师生价值取向与信念、课堂精神等一系列对师生交往产生深刻影响的元素。构建良好的隐性文化机制，无论是对教师还是学生都是至关重要的。学生在课堂上的表现，无意识的会受到隐性文化的影响。根据马斯洛的需要层次理论，人类的需求从低层到较高层次分别为生理需求、安全需求、社会需求、尊重需求和自我实现需求。学生想要获得教师与同学的关爱，想通过自身的努力获得别人的尊重和认可，想实现自我价值。这就需要学生身处于一个有人性的课堂环境中，而非面对一台机器能够实现。课堂上，教师通过自己的言传身教，潜移默化地对学生产生影响。比如，课堂上，让学生勇于表达自己的观点，让同学学会倾听，教师对学生一个肯定的眼神、一句鼓励的话语都影响学生学习的积极性。教师通过自身魅力带给学生的这些都是数字教科书无法带来的。“电脑不过是内容的分配者，而内容不是孩子们在成长过程中要学习的最重要的东西。因此，大多数教师和校长认为，电脑永远不应该控制课堂。”① 学校教育中，教师之所教、学生之所学并不仅仅是有限的知识与技能武装，更是对情感、态度与价值观的构建。

3. 教师权威性受到挑战、教学无力感上升

前面讲过，现阶段许多教师是数字移民，他们成长于信息技术并不发达的时代，但却要硬着头皮教授一群数字原住民。不断更新的科学技术，迫使教师不断更新自己的知识结构，强化教学才智，给教师带来了前所未有的自我提拔的压力。传统课堂教学中，教师控制着官方信息的走向，把握着学生获取知识来源的重要途径。教师的权威性，“部分是因为他们的知识和智慧，部分是因为他们激发学生参与学习的能力”②。但是，数字教科书的使用，使学生获取知识的来源由教师转为了计算机，学生动动手指就能获取广博的知识，在某些技能方面，学生甚至比教师更加熟练。如此，教师成为教学的辅助者而不是教学者，权威性必然会受到削弱。“大多数教师觉得自己并没有做自己一直被训练去做的事情——把自己的专业技能传递给学生。”③ 教师秉持的传道授业解惑的责任感面对学生对计算机的痴迷与沉醉而受到挫折。“媒体和同伴交往共同助长了一种同伴文化，这种文化替代了教师的权威，为学生提供了另一种衡量社会价值观以及学校权威的尺度。”④

4. 国家定义的知识与个人定义知识的博弈

教育显然具有某种程度上的“相对自主性”，但是我们忽略了一

---

① ［美］阿兰·柯林斯、理查德·哈尔弗森：《技术时代重新思考教育：数字革命与美国的学校教育》，陈家刚、程佳铭译，华东师范大学出版社2013年版，第49页。

② ［美］阿兰·柯林斯、理查德·哈尔弗森：《技术时代重新思考教育：数字革命与美国的学校教育》，陈家刚、程佳铭译，华东师范大学出版社2013年版，第50页。

③ ［美］阿兰·柯林斯、理查德·哈尔弗森：《技术时代重新思考教育：数字革命与美国的学校教育》，陈家刚、程佳铭译，华东师范大学出版社2013年版，第51页。

④ ［美］阿兰·柯林斯、理查德·哈尔弗森：《技术时代重新思考教育：数字革命与美国的学校教育》，陈家刚、程佳铭译，华东师范大学出版社2013年版，第51页。

点，那就是教育只能在“国家（经济）和文化形式的复杂的结构关系”中运作以求得自己的生存空间。[①] 教育承担着文化的传承与创新责任，对一个国家而言，教科书是国家意志的集中体现，并非什么样的文化都能够被纳入教材供学生学习。“课程内容始终是教育的核心。因为，什么知识能够进入课程、进入课程的是什么知识，在本质上决定了培养的是什么人。换一种说法，则国家要培养什么样的人，在很大程度上是由学习哪些课程知识来决定的。所以，在知识准入课程的过程中，国家必然会介入其中。”[②] 任何一个国家，都不会对教科书内容的选择置身事外，放弃话语权。虽然数字教科书强调信息资源的共享，追求个人意识，但是作为国家教育工程的一部分，教科书的内容必须要坚持社会主义的方向，坚持中国共产党的领导，具有爱国情怀。数字化时代是一个开放的时代，每个人都有权利在网络上进行公平对等的对话，学生处在一个开放的系统中，可以参与构建自己的知识，不同国家的资源信息都在数字终端进行传播，其中不乏很多负面信息。由于学生缺乏甄别能力，这些以追求个性和自由为外衣的负面信息，对学生的情感、态度价值观的健康建构形成威胁。

综上所述，关于信息技术的使用，乐观者与悲观者各执一词。其实，我们应该要用辩证的眼光看待数字教科书在教学中的运用。数字教科书作为一种科学技术，其本身并不含有或乐观或悲观的价值负荷。只有这种技术在使用中对行为主体或他人造成一定的影响，才会具有价值性。技术的发展是人类进步的表现，人类应该善于享受或使用这种技术发展所带来的便利。完全抛弃传统的课堂教学模式，抛弃纸质教材是不可取的，一味摒弃数字教科书带来的优势也是不可取的，我们要将两者进行结合，选择真正合适的技术，实现传统课堂教学与数

① ［美］迈克尔·W. 阿普尔：《教育与权力》（第二版），曲囡囡、刘明堂译，华东师范大学出版社 2008 年版。

② 刘丽群：《论知识准入课程中的国家介入》，博士学位论文，湖南师范大学，2007 年，第 1 页。

字教科书的有机结合，良性发展，共同推进教育的进步。其实，伴随着信息化发展的大趋势，数字教科书的时代已经势不可当了。

二　数字教科书的技术风险负载

现代社会被称为风险社会。数字教科书的技术风险是指由于网络新技术和多媒体技术的渗透教科书领域，从而引发的对学校教育活动产生的不利影响和不确定性，以及人们对于这种负面影响的认知。技术的飞速发展，在带给人们高效、快速的生活方式的同时，也给人类带来了数不胜数的灾难。无论是生态与自然环境的破坏，还是人类自身精神压力的增长等，技术的一体两面的价值体现得淋漓尽致。正如美国哈佛大学技术与社会研究项目主任梅塞纳所言："技术为人类的选择与行动创造了新的可能性，但也使得这些可能性置于一种不确定的状态。"数字教科书并非是独立存在的，它的设计与使用必须依靠多媒体和网络新技术，但由此也对教学活动产生了诸多不利影响。"每一种技术或科学的馈赠都有其黑暗面"，数字教科书也不例外，数字教科书的技术介入和渗透，使得学校教育系统将面临更多冲击，数字教科书的技术风险集中表现在以下几方面。

（一）技术介入使得学习能力退化

学习过程是一个知识积累过程，要想将知识进行内化，必须要对所学的知识有很强的熟悉感。比如，大家在进行知识的记忆时，采用纸质版教材会对知识点所处的位置进行记忆，无形中会加深对这一点的印象，可能在后期需要进行知识提取时，首先想到的是该知识点处于书本的哪一个位置，从而进行有效的提取。但是使用数字教科书就不会形成这种记忆点。数字教科书由于储存着丰富的资源，具有强大的搜索功能，只要点击就可以通过相关链接搜索到相关资源，而且很全面。教师在教学过程中，教学内容多而丰富，知识过载也会使学生对内容形成似是而非之感，记忆点不明，很难形成对知识的深入理解。此外，由于学科之间的差异，数字教科书技术运用也各有不同，有研究结果表明，物理系师生更偏爱纸质书，因为数字教科书不方便批注，翻阅需要加载，而且有时候要等待的时间很长。[①] 其实，数字教科书的使用不仅仅在物理系受到阻碍，在其他学科中比如天文系也会受到阻碍。虽然现在的科学技术发展已经达到一定水平，但是由于各个学科性质的不一致，并不是所有学科都会使用数字教科书。人们也意识到这种不适应会对教学产生影响，因此并不质疑数字教科书的普遍使用。总之，技术的介入使得学生学习技能有退化的迹象，并且这种情况在不同学科之间还存在一定差异，这种影响在数字教科书技术运用多的学科更加明显。

（二）技术控制教学使得教育活动机械化

教学过程是教师根据教育目标组织教学资源，利用多种教学手段和方法培养学生的活动，归结起来是人与人之间的关系。多媒体、网络新技术的使用，较之传统教材而言，在教学内容、教学方法和教学手段等方面都有很大的优势。但是，随着技术的越来越普及，出现了为技术而教学，教师一味地去适应教学技术而忽视了教学本身的目的和要求。出现由技术控制教学的局面。数字教科书利用互联网和计算机等技术平台，由各学科专家编写教材，再由技术人员进行编程，形成一套完整的教学体系。教学过程中，教师根据数字教科书进行诠释，教学组织形式、教学方法和教学内容都是由教材来控制。教师与学生都将缺乏主观能动性。由于程序都是预先编制好的，教师和学生无法进行知识的再构建，机械性的技术控制了教学活动。其实，数字教科书的使用应该是在先进的数字理念下进行，无论是多好的技术，都必须由先进的理念进行指导，才能发挥技术的最大价值。

（三）技术后门的存在使得教育面临安全风险

数字教科书作为现代信息技术条件下的产品，从技术角度看，其设计不可能完备，总会存在或多或少的缺陷，原因如下：第一，数字

---

① 传植：《数字时代：物理系学生教授依旧偏爱纸质教科书》，《世界科学》2017 年第 9 期，第 53—54 页。

教科书作为一种师生可以共同使用的数字资源，具有典型的资源共享性，而随着越来越多用户有机会存取网络资源，也使非系统用户有可能通过共享的资源而取得大量重要的资料与数据，甚至植入一些非法信息或传播不良信息。第二，数字教科书作为一个复杂的内容系统，它的内容指向整个网络世界，具有不可知的边界，使得学习的边界具有不确定性。未知的、未经控制的、怀有恶意的用户，可能会给数字内容的安全构成严重的威胁。第三，数字教科书可攻击点多。如果数字教科书所需的学习内容是存储在远程服务器上，则可能需要通过多个节点传送才能到达师生接收器里，在此过程中，各种存取安全的问题就可能产生。因为在网络环境下，从一个节点到另一个节点可能存在多条路径，因为任何网络用户都有可能截获并分析内容，内容的传输安全就可能变成问题。第四，数字教科书可能携带一些计算机病毒。计算机病毒自 1986 年首次被发现，为计算机系统的安全招致极大的威胁，数字教科书很有可能会因为计算机中的安全漏洞，而使病毒的传播更广、危害更大。计算机病毒主要有四种方法侵入数字教科书系统：一是以软盘为媒介侵入，经软盘的互相拷贝而传播病毒。二是以软件为媒介侵入，即师生装配了带有病毒的软件。三是以电子邮件为媒介侵入系统。四是通过网络漏洞漏入。病毒有可能会因各种漏洞而畅通无阻地进入数字学习场域，对网络上的学习内容产生破坏。第五，黑客破坏。黑客的存在对数字教科书也可能存在安全威胁，并通过相应手段收集师生及教育领域的各种信息，对教育系统的信息安全造成威胁。

（四）技术支持缺乏整合导致重复建设与投资

数字教科书的建设目前是教育领域的热点，各个出版社都开始重点在该领域进行投资开发，如 2018 年 5 月 5—7 日，在第三届全国基础教育信息化应用展示交流活动上，人民教育出版社发布了“可听、可看、可互动”的第三代人教数字教材。该数字教科书内容以传统纸质教材知识为蓝本，实现数字化技术融入、智能推送以及资源多对多；

交互性上体现师生、生生、师师、家校、人机可沟通交流、资源共享；富媒体方面嵌入了音频、视频、动画等富媒体素材；评估管理方面能记录、储存学习者的基本数据，构建智能行为评价系统，形成多维度的反馈和评价统计数据。[①] 但目前依然是出版社各自为政，数字教科书基本上互不兼容，全国范围内对数字教科书技术标准的规范还很不系统，导致各地数字教科书在硬件设备的购置上各自为政，机型不统一，标准不统一，所购买的设备五花八门，为协调和统一机型，常常造成大量浪费。数字教科书的开发存在一定的技术壁垒，不论是开发还是使用都需要借助相应的软件和硬件设备的支持，而这些都增加了数字教科书开发和使用的难度，加之当前数字教科书软件开发上也出现诸多问题，开发工具互异，开发平台不同，系统互联没有考虑，设备共享更是无从谈起，这也导致重复投资，重复开发，使得未来数字教科书的整合发展困难重重。数字教科书技术支持系统缺乏整合使得它持续、健康发展的可能性受阻。

第二节　数字教科书技术风险主要特征

数字教科书的技术风险与其他事物的风险既有相似之处，同时亦有其独特之处。现实中数字教科书技术风险主要表现为主客统一性、功能矢量性、复杂涌现性以及个别差异性等典型特征，对这些基本特征的把握是防范数字教科书技术风险的重要前提和基础。

一　主客统一性

主客体是认识论的一对概念。一般来说，主体是认识和改造世界的人，是认识者。人生活在各种社会关系中，认识和改造世界的活动都是在一定社会关系中进行。人作为认识主体，既可以个体面貌出现，

---

① 《第三代人教数字教材发布带来教材开发前景》，https：//www. sohu. com/a/232621143_468543.

也可以群体面貌出现，还可以人类整体面貌出现。因此，主体的存在形式可区分为个人主体、群体主体和人类整体主体。个体主体是主体的基本构成单位，个人必须通过主体的认识活动来认识世界。正如恩格斯所言，人的思维“仅仅作为无数亿过去、现在和未来的人的个人思维而存在”[①]。群体主体指在一定历史发展阶段上进行认识活动的社会共同体。如民族、阶级、政党、国家等组织和群体。人类整体主体，是将整个人类作为认识主体，人对整个客观世界的认识，是实现于整个人类的不断延续过程中的。主体的基本特征是能动性和创造性。客体指被认识者，是主体认识和改造的一切对象，是外部世界和客观事物。原则上说，一切客观存在的事物都可以成为人类认识和改造的对象。但在一定历史条件下，人们认识和改造的对象，只能是物质世界的一部分，即只有进入人的认识和实践活动范围，同主体进行物质、能量和信息交换的那部分事物，才是现实的客体和对象。客体主要包括自然客体和社会客体。人既是主体，又是客体。客体的基本属性是客观性和对象性。

主体和客体的关系与哲学基本问题紧密联系。辩证唯物主义认为，主体能够能动反映与改造世界，而不是消极的适应客观世界；而客体是不依赖主体的独立存在。唯心主义颠倒主客体关系，认为客体依赖主体而存在，没有主体就没有客体。主观唯心主义者陆九渊说：“宇宙便是吾心，吾心便是宇宙。”贝克莱说：“物是感觉的集合”“存在就是被感知”。客观唯心主义者黑格尔认为，主体是“绝对观念”，自然界和社会是绝对观念的外化。机械唯物主义承认客体不依赖主体，但不懂得主体对客体的能动作用。他们都没有正确说明主体和客体及其相互关系。随着科技的发展，主体能动作用愈加明显，而认识的对象和范围在不断扩展和深化，认识手段的中介作用日益突出，主客体

---

① 中共中央马克思恩格斯列宁斯大林著作编译局：《马克思恩格斯选集》（第3卷），人民出版社1972年版，第125页。

关系日益复杂，成为当代认识论的一大重要研究课题。[①]

技术风险具有典型的主客统一的特性，数字教科书作为新兴技术的一种，其技术风险同样具有主客统一的特性。正如有些学者指出的那样，技术风险所体现的文化价值是客体和主体的有机统一，作为客体而言，文化价值存在一个不断被吸收被扬弃的过程，但作为主体而言，文化机制也存在一个自身不断发展的过程，这也就是技术风险的主客体统一性。因为从本质上说，技术风险的主体性是道德伦理实践的主体，而非人的主体性，也就是说，在现代化建设过程中，当从技术风险体现的文化价值中吸取营养，批判继承文化价值时，此时的文化价值是作为被扬弃的对象即客体而言的，作为技术风险体现的文化价值同时也具有主体资格，这正是文化价值自身不断发展的重要原因。[②] 霍克海默和阿多诺在《启蒙的辩证法》一书中曾指出：科技实现了人与自然的分野，帮助人们增强了支配自然的能力，但是科技进步并不必然带来人类的解放，有可能造成一部分人对另一部分人更加沉重的压迫和统治，因为劳动分工的密集和细化，增强了人们被压迫的可能。马尔库塞表达了类似的观点，他认为技术造就了单向度的人，使得人更加异化，抹杀了人批判和否定的能力，阻碍了人内心对自由和精神独立的追求。技术风险合理性的扩展使人的全部生活都变为一种工艺的或技术的综合体，当代技术的进步造就了没有反对派的单面社会，这一系列的观点都看到了技术的负效应，技术的负效应实际上源于其主客统一的特质。

数字教科书作为教科书的一种，正是文化传承的工具和载体，典型地体现了技术的文化风格和意蕴，数字教科书的主体既包括数字教科书技术的发明者和实施者，同时也包括数字教科书的实施者和学习者，即教师和学生，而数字教科书的客体同样包括了教师和学生，教科书和学生亦是认识数字教科书的对象。因此，基于信息技术的主客

---

① 刘建明主编：《宣传舆论学大辞典》，经济日报出版社 1992 年版，第 3 页。

② 杨明：《当代技术风险的文化研究》，清华大学出版社 2015 年版，第 173—174 页。

体统一性和教学活动的主客体统一性，我们认为数字教科书的技术风险先天蕴含了其主客统一性的特征，即数字教科书作为一种文化价值选择，其实践对象和场域是教师和课堂，属于实践主客体的一部分，符合实践主客体的同构特征。此外，数字教科书的技术风险本身即是一种认识的过程，这种认识过程与实践活动具有同步性，主要表现在活动的要素与方式上，因为两者的基本要素都是主客体及相应的手段与工具，都是主体通过中介作用于客体，实现对客体的认识和交互作用，这也使得数字教科书技术风险具有主客统一性。

二　功能矢量性

数字教科书技术风险的功能矢量性是指数字教科书技术具有正向功能和负向功能两种可能。正是因为数字教科书技术风险具有或然性的特征，这也就内生了它功能矢量性的特性。技术风险所潜在的不确定性，决定了技术风险的双重性，即技术风险既蕴含着技术的使用而造成的人或物的伤害或损失，也包含其存在而为人类进步和发展创造的机会。马克思把生产商品的劳动区分为具体劳动和抽象劳动，提出劳动双重性学说，第一次科学地回答了什么劳动创造价值的问题，从而使资产阶级古典政治经济学家提出的劳动价值理论发生了革命性变革，成为完全科学的理论。而在哲学层面，早有学者论证了技术的双重性，即正向价值和负向价值。

技术本身是服务于人类的，当一种技术被人类所掌握，并正确使用时，它就可能推动人类社会发展与进步（尽管此时，它也蕴藏着风险）；而当一种技术被人掌握，被错误的使用时，它就会阻碍人类社会的发展（此时，它的风险已经部分的释放）。最近几十年以来，几代学者都致力于技术价值的研究，探讨技术社会的风险问题，如法兰克福学派的“社会学批判”，哈贝马斯等关于技术合理化的探索，最近随着信息技术的迅猛发展，这种关于技术的价值问题更加凸显，其双重价值尤其引起人们的关注。当前，需要解决“技术是什么”“技术怎么样”等一系列问题，需要打破关于技术理解的二元论思考框架，将技术的双重价值放在更加宽阔的平台上进行思考。关于这一问题，有人提出了技术和人精神融合，创造新秩序、新范式和新文化的观点，① 这也是一条可以选择的道路。

数字教科书技术风险功能矢量性是数字教科书价值存在之根本，正是由于其功能矢量性的存在，才使得对其技术风险的关注度显著提升。数字教科书技术风险功能矢量性具体表现在，数字教科书技术可能存在负向作用，也可能存在正向作用，数字教科书技术风险价值的双重性使得人们重新思考数字技术运用到教科书及教育领域所带来的消极后果和造成的种种危机，迫使人们思考研究数字教科书合理性问题，对数字教科书批判过程中形成合适的理论阐释。同时其功能矢量性特性也说明，人们并不需要过于悲观，我们更多考虑的是如何尽可能使得其正向价值实现最大的发挥，同时其负向价值得到有效的控制。

无论当下对待数字教科书的态度如何，教科书与新技术的融合和发展已经成为不可扭转的大趋势，因为新技术正在推动着教育改革，推动教科书变革，推动学习变革。我们不可能再回到传统的、纯粹的纸质教科书时代，也不可能守着既有技术而故步自封，技术和反技术生而存在。我们只有正视这一事实，然后本着引领技术朝着正向发展的途径继续前行，技术的双重性不断交锋，这把“双刃剑”已经出鞘，而且当下它的正向价值和负向价值都已经开始逐步发挥作用。我们目前应重点考虑的是如何消解数字教科书技术的负向价值，比如过度技术化、唯技术化等错误倾向。数字教科书技术价值的双重性是与生俱来的，我们无法回避和消灭，而只能引导和预防。

三　复杂涌现性

复杂问题最著名的研究当属《复杂》一书。米歇尔·沃尔德罗普

---

① 胡加圣：《外语教育技术：从范式到学科》，外语教学与研究出版社 2015 年版，第 56 页。

在《复杂》一书中介绍了复杂系统的研究，以探究复杂系统的普遍规律。《复杂》一书自20世纪90年代问世以来，在知识界产生了广泛而持久的影响，复杂思维亦被教育界所吸收，至今依然是人们研究的话题。《复杂》一书中探讨了计算机中的生命和进化问题，也从遗传算法着手解答计算机世界的复杂特性，同时作者追问自然界的复杂性到底从何而来？在他看来，自然界的很多东西，也能支持类似元胞自动机的通用计算，并且得出结论，很多极为复杂的东西，在没有中央控制的环境下，由单个个体产生，最终表述出非常复杂的行为。数字教科书的技术风险同样具有这种极其复杂的特性，这种动态复杂性是源于新技术和教育行为的复杂性，并且通过技术和教育表现出来。

数字教科书是新技术在教科书领域的实践运用，这种新技术依托计算机技术、信息技术以及相应配套的硬件和软件组成。数字教科书的发展经历了不同的阶段。从最初的静态媒体教材，发展到后来的多媒体数字教材，再到最近的富媒体教材等，不同形态的数字教科书体现了它所在时代的不同技术特征，而且随着技术的进步，数字教科书的交互性、动态性都在持续增强。从支持教与学的角度来看，数字教科书始终以内容为中轴，结合使用软件开发和应用平台等环境支持设备，实现了数字教科书内容和形式的整合。一套完整的数字教科书是这些内容的有机整合，而这些新技术的运用，使得数字教科书的技术风险更加复杂化。技术系统的复杂性要求人类的理性不断做超越和反思的批判，成为文化从混沌到有序的转变过程。这个过程需在人类理性认识上进行积累和自组织。对于无限发展的客观世界来说，人的理性认识是极其有限的，生命有限，能力有限，知识有限，历史有限。“吾生也有涯，而知也无涯。”人的理性认识永远也不能穷尽客观世界的每一方面。每个人的认识总要受到个人在实践中所处的地位以及人们的阶级立场、科学文化水平、实践经验等客观条件的限制，人们的认识要受到社会生产力发展水平和科学技术条件的限制。正因为人的理性能力的有限性，所以，人们在决策中不可能完全地掌握客观世界的全部信息，因而做出的决策必然存在因认识不符合客观规律而失败的可能。[①] 因此，技术的动态生成和本身的复杂特性，使得数字教科书的技术风险也具备了复杂生成性的特点。

数字教科书是教学活动的中介和学习材料，教学活动本身具有复杂的特性，这也使得数字教科书的技术风险更加复杂化。教学活动作为教师的教与学生学习的双边活动，它以教学目标为主导，是师生持续互动的复杂系统，而教师与学生同为教学活动的主体，在教学系统中相互协调、相互配合或者相互适应。教师和学生构成了教学主体相互作用，构建起了复杂的教学系统，教学活动通过系统主体相互作用生成。教学复杂性是教学系统空间上的关系和结构在时间上的演化方式与路径方面的整体呈现，同时教学活动也是教师和学生相互作用构成的教学系统。教学的复杂性源于教学活动的复杂性，同样也源于教师和学生作为能动性的主体的复杂性，复杂性是教学系统构成和运行演化的必然结果，也是教学活动的基本特性。[②] 教科书是教学活动的重要内容中介，是连接教师和学生的重要桥梁，也是教学活动的一部分，而教学的复杂性和技术的复杂性相重叠之后，使得数字教科书技术风险更加呈现出动态复杂的特点，同时也启示我们在应对数字教科书技术风险时应综合考虑教学的因素和技术本身的因素。

四 个别差异性

数字教科书的技术风险具有个别差异的特征，即数字教科书可能产生的潜在危险针对不同的个体表现出来的副作用会有所不同，数字教科书技术风险的差异性主要表现在以下几方面。

从技术本身的变动性和发展性来看：首先，数字教科书技术自身是一个不断发展变化的过程。从最初的教科书数字化的基本技术，到

---

① 杨明：《当代技术风险的文化研究》，清华大学出版社 2015 年版，第 65 页。

② 蒋士会、龙安邦：《教学复杂性：涵义和类型》，中国教育学会中青年教育理论工作者分会第十九届学术年会，2010 年。

如今的全息投影技术等，这些新技术不断发展，技术的进步或发展变化使得它对人的影响不断产生新的冲击，这种不断变化的冲击使得差异性不断凸显，正是如此，也使得我们必须在突飞猛进的技术时代重新思考教育问题，重新看待教科书的价值，重新思考什么是重要的学习内容，重新思考在富技术资源时代的学生最佳教科书内容。其次，数字教科书技术风险的可预测性存在差异。数字教科书的技术风险还表现在不同学科层面，有些学科比较容易进行技术化处理，例如物理、化学、生物等，较少地涉及意识形态的内容，意识形态风险方面的可控性较强，但是有些学科的内容不太容易系统地进行数字化处理，或者仅仅只是一种从纸质文本到电子文本的转换，这种技术风险涉及的内容和形式也就具有明显的个体差异性。

从个体本身来看：个体抵御数字教科书技术风险也存在差异。因为人身心发展存在顺序性、阶段性、发展不平衡性等特征，不同年级学生或者同一年级学生身心发展的成熟度不同，也使得个体抵御数字教科书技术风险的能力存在显著差异。换句话说，同样的数字教科书，其运用的技术完全一样，但是对一个班或者一个年级的学生来说，可能产生的技术风险存在个体的不同，有些甚至不会对其产生负面影响，而有些则会产生极坏的影响。如数字教科书大多采用了类似电脑游戏或者手机游戏的设计，有些同学对这种游戏设计具有较强的抵御能力，只是把它当作一种学习的手段和方式，脱离这种学习环境之后就能自动终止，不会使其“上瘾”，但是有些同学的情况可能就会很糟糕。对于那些已经游戏上瘾的同学来说，数字教科书游戏的程度不如电脑游戏高，他的兴奋阈值已经被电脑游戏大大的提升，对这种数字教科书的反应是“无感”，几乎不能产生什么技术风险。还有少部分从来没有接触过电脑的游戏的同学，可能因为数字教科书中的游戏设计而为此深深着迷，最终陷入游戏的虚拟世界中而不可自拔。由此可见，由于个体差异的存在，数字教科书的技术风险表现是存在巨大的差异的，尤其是将它运用到课堂教学之后，这种情况就更加复杂了。

数字教科书技术风险的致损表现也存在个体差异性。数字教科书的技术风险使得个体在不同方面产生潜在的危害，有些表现在身体的实际危害方面。例如：由于长期使用数字教科书使得有些学生的视力下降，由于长期坐姿和面对屏幕，使得学生颈椎受损，而有些损失表现在心理或者学习方面的潜在危害，如沉迷虚幻网络，人际关系淡漠，表达交往能力下降，心理问题的出现等，所以数字教科书在对个体的具体致损表现和层面是存在显著差异的，有些可能产生普遍的、共同的潜在危害，而有些可能是针对性的、个别的潜在危害。

第三节　数字教科书技术风险归因

导致数字教科书技术风险的原因主要集中在三方面，即技术、人与文化，是这三重因素共同作用的风险。我们首先需要探究可能导致技术风险的原因，才能对潜在的技术风险进行有效的规避或预防。

一　数字教科书技术风险的技术归因

（一）技术缺陷

数字教科书必须依靠计算机、多媒体等网络新技术媒介进行传播，并不能独立存在。那么技术水平的高低也在一定程度上影响着数字教科书的使用。虽然笔记本电脑、iPad、手机、电子阅读器等已经广泛存在于我们的生活中，但是人们依旧习惯阅读纸质书。依托现在的科技水平，从清晰度、色彩明亮度、饱和度、翻页的速度、笔记记录的速度等方面显示屏还做不到像纸质书那样。以现在广泛被推崇的 kindle 为例，虽然标榜“阅读体验媲美纸书”，但就翻页这一项功能来讲，就无法媲美纸质书。点击下一页，中间总会有时间的停顿，并不会立马翻页到下一页，而且还不能指定翻阅到某一页，必须打开整体页面才能进行选择。对于大多数人而言，其翻页功能还不如手机阅读 App 方便。kindle 商店里下载的所有阅读资源只能在该设备上使用，而不能转入其他应用程序阅读，无法实现资源的共享。复杂的操作系统、不能和其他设备共享资源造成的技术短板妨碍了数字教科书的普及。

由于数字教科书所采用的程序是由技术人员编制的，在进行编程时难免会有技术漏洞；在使用过程中虽然编程人员会不断地进行漏洞修补，但总会出现新的漏洞。要保证数字教科书使用的稳定性，首先需要本身的技术平台具有稳定性。“互联网技术自身所存在的问题其实是由计算机在硬件、软件、协议及安全策略某种人为设计上的缺失所造成的。”① 就目前的技术水平还达不到百分百的安全要求，也就造成了技术风险的存在。

（二）为技术而技术

数字教科书作为一种教材而言，其本身并不存在任何褒贬价值，现在所谈论的价值是使用的人赋予它的价值。数字教科书在应用过程中，无论是乐观派还是悲观派，都将其价值进行了泛化。这种泛化的价值观使数字教科书在使用过程中忽略了人的价值，泯灭了人性在教学活动中的作用，使教学过程中出现“无人”的情况，也就是为技术而技术。教师在进行教学过程中，不会过多地关注学生作为个体的存在。所以，技术对教学活动的影响，关键点并不在于数字教科书本身，而在于使用数字教科书的人。技术本身无价值判断，而在于使用过程中，人的思维意识和经济利益导致了技术的价值负载。人们开始追逐作为教学工具和手段的数字教科书，而忽略了教育本身的目的和价值。大多数情况下，衡量教学质量高低的标杆成为是否使用了信息化的教学手段。就目前的教学形式而言，信息化教学比赛充斥在各类教学比武之中。教师为了在比赛中获得优异成绩，总是想方设法运用数字化手段，试图将教学内容以一种简单、直线的形式展现出来；与此同时，穿插使用多种信息化手段和技巧、动画视频、图形变换等，炫酷的教学技巧成为教师们追逐的对

① 薛涵：《网络教育技术风险成因与规避研究——以 MOOC 为例》，硕士学位论文，北京化工大学，2017 年，第 15 页。

象。人们似乎更愿意花费更多的时间用在数字化教学技巧上，而不是针对教学内容本身进行思考钻研。技术的工具理性在尽情发挥，而“为学”的本质却忘却了。①

（三）技术的工具理性

数字教科书的编制者一味重视在操作功能、页面设置等方面吸引用户，而忽略了教科书本身的内容建设。就数字教科书而言，虽然现在许多地区在推广，但还是小范围试点。当前数字教科书研究，理论和实践层面都还处于探索阶段，理论层面还未构建出完整的数字教科书理论体系，而实践层面主要是具体产品的开发和技术性问题的解决，且较多的是偏重于从技术角度来分析与研究数字教科书，较少从教科书的角度进行解读。这就使得技术层面的探究更加突出，加之当下“技术为王”，使得技术在数字教科书的发展过程中起到主导，甚至是决定性作用，技术的工具作用被无限扩大，技术的工具理性占据了绝对的地位，而且在实践层面进一步泛化。这一现象与人们过度依赖和追求数字教科书的新技术密不可分。数字教科书由于技术的工具理性所主导，也使得它的发展受制于技术本身而不可自拔。诚然，技术的工具价值在数字教科书的开发过程中具有重要的地位和不可忽视的作用，但是这种地位和作用一旦走向极端，就有可能影响数字教科书的可持续发展，甚至会导致不可忽视的潜在风险。

二　数字教科书技术风险的人归因

（一）人的现实性与主体性

马克思主义有丰富的人学理论资源，其人学理论的起点在于“人的现实性”。人是实实在在具有生命的个体。也就是说，一切活动得以存在的前提就是人的存在。作为培养人的活动，教育也是人的活动，也应该以人的存在为前提。数字教科书的编制过程由人主导。但这种

① 吕洪刚：《当代教学变革：技术转向与人学取向共存》，《教学月刊》（中学版）2014 年第 8 期。

人是虚拟的人，是由编织者所设定的“抽象的人”。教育活动的逻辑起点应该是实实在在的人，而不是“抽象的人”。如果后者压倒了前者，则教育活动本身的意义和价值就有可能被遮蔽。教育活动需要关注学生，关注每一个个体，关注个体生命的存在，关注其流动的、生动活泼的生命教化。[①] 数字教科书技术所存在的风险就是忽视了活生生的人，忽视了作为人的主观能动性。教学活动是一项带着情感的人的活动，过多地关注技术在教学中的价值意义，关注工具理性主义存在，就会使这项活动变为“无人”的存在，更不要说情感了。精神与信仰是教学活动中必不可少的内涵。教学是人与人之间的活动，人是活动中的主体。在教学过程中，为技术而技术的倾向让我们只看到了技术的力量和优势，而忽视了人的作用，造成“人的缺失”。要改变这种现状，就要实现人的回归，要重塑人的价值和精神信仰。教学活动中，要关注实实在在的人的需要，而不是让人去适应各类教学技术。

（二）伦理性

数字化时代，教育者们追求如何编制更优质的课程内容，如何设计操作更便捷的终端平台，如何实现课程资源的共享，如何提高教师与学生的技术操作水平，如何提高学生对数字课程的兴趣等，却很少深入课程背后，探究技术所带来的社会意义和价值体系。“如果教育仅仅对计算机、信息、网络等停留于技术和知识层的传授而不去关注其中人性内涵，这种意识的滞后很可能影响网络社会中人和人的主体性。”数字教科书的技术风险的存在并不是技术本身的过失，而是技术思想、是使用者的思想过失。人是教育的对象，也是教育的目的。而教材是传递知识，与古今中外进行对话的活动，具有普遍的伦理价值。

（三）技术异化

技术之所以产生，就是为了服务人类，但是在技术服务人类的同

① 刘铁芳：《生命情感与教育关怀》，《高等师范教育研究》2000 年第 6 期，第 26—30 页。

时，也给人类带来了巨大的灾难，以至于技术站在了人类的对立面。这就是技术异化。谈到异化，正如马克思所言，技术的进步是以道德的败坏为代价而取得，人类对自然的控制加剧了人成为奴隶的步伐，科学的光辉更加黯淡。[①] 人类一边极力想要发明创作新的科学技术来方便自己的生活，一边越来越受到技术的控制，成为技术的奴隶。技术对人的影响，很大程度上是由使用技术的人决定的。人是导致技术异化的根源所在。数字教科书的产生，改变了传统的教学方法，许多以前想做而无法做的事情都可以借助技术实现，对于数字教科书的盲目崇拜夸大了其自身价值。虽然，数字教科书的应用是为了更好地服务教学，但是，随着其价值的无限扩大，其工具性理性主义也随之扩大，相应的，作为使用主体的人的地位便面临挑战。技术的异化，使技术脱离了人的控制，同时，人也在使用技术过程中失去了自己的主体性，失去了自由。

三　数字教科书技术风险的文化归因

文化学者认为，所有的风险都应该具有文化的烙印，风险从文化的角度来看，就是一个文化群体对某种事物危险程度的集体认知与判断。风险文化逐步兴起，而且引起了越来越多的学者关注。[②] 数字教科书的技术风险同样具有文化原因，因为不同的文化在面对技术风险时所采取的态度将截然不同，这也直接导致了人们对于数字教科书技术风险的不同认知与应对，而这种文化的影响来源于技术价值观、文化群体的归属、网络文化氛围、对管理者的依赖与自由度等不同维度。

（一）技术价值观

技术价值观是一种总体判断与看法，这种判断是人类对于未来技术发展方向和作用的预认知。技术价值观影响人们对技术可能带来的

---

① 《马克思恩格斯选集》（第2卷），人民出版社1974年版，第78—79页。

② ［英］芭芭拉·亚当等：《风险社会及其超越：社会理论的关键议题》，赵延东等译，北京出版社2005年版，第69页。

各种风险的认知，能够形成一种潜意识，以此来直接或者间接影响人们的决策。现代技术风险是由多种因素构成的组合体，包括人们对价值损失的认知和客观损失等的组合体，其中价值因素在其中起到主要的作用。① 而人们技术价值观的差异，来源于不同群体对技术风险与效果的认知差异，由此，我们可以把技术价值观进行一个比较与分类，如有悲观或乐观主义、技术价值负载与技术价值中立、技术外在价值与内在价值等。而在这些观点中，有些观点具有尖锐的对立性，如悲观主义和乐观主义存在根本的价值分歧，从而坚决反对或者支持技术的深入发展，我们既不能采取悲观主义的态度，限制甚至停止技术的发展，也不能对技术的发展过于乐观，而不加防范，这两种技术价值观是技术认知的潜意识，直接影响了人们对技术价值的认知。人们进行技术风险认知、判断和决策的“潜意识”，影响人们的相关风险行为。当然也有一些观点并不是严重对立，只是从不同层面认识技术价值而已。

技术价值观作为技术文化的一种体现，它在无形之中影响了人们的认知，直接或者间接地影响了数字教科书技术的发展，以及数字教科书的技术实践。我们认为数字教科书的技术价值观应该明确：理念重于技术、兴趣重于能力、发现重于知识、过程重于结果、对话重于规训、思维重于方法、质疑重于批判、个性重于素质、自由重于创造、“育”重于“教”。数字教科书应该不仅仅是走在技术的道路上，而且更应该走在教育的道路上，将更加先进的平台、更加有效的学习方式、更加多维度的学习内容带给不同的学生。数字教科书不仅承载技术，更应该承载思想文化，因为技术只是一种手段，而不是目的。数字教科书可以让技术发挥一定的作用，但是不能完全依靠数字教科书技术来解决教科书的全部问题，这既不可能，也不现实，同时十分危险。

---

① 毛明芳：《现代技术风险的文化审视》，《自然辩证法研究》2015 年第 9 期，第 43—47 页。

（二）文化群体的归属

不同文化群体的归属影响了数字教科书技术风险的预判和应对，是数字教科书技术风险的重要影响因素。在对影响现代技术风险认知的文化视角层面，道格拉斯提出了文化群体的“中心—边缘”模型。他认为处于不同文化群体的人对于风险的认知存在较大的差异，中心位置的群体更加关注经济和社会风险，而边缘位置的社会群体更加关注自然风险。而这种差异主要来源于人们对风险的感受和认知态度。[①] 我们由此可以推断，教育大系统中也有文化分层和归属的差异，教育系统中的管理部门、数字教科书技术开发者、相关出版部门、学校、教师、学生、家庭所属不同文化群体，而这些不同文化群体的归属，将影响人们的技术价值观、思维方式和行为模式，直接影响他们对数字教科书技术风险的关注重点，它构成了数字教科书技术判断的“背景材料”。根据这些内容可以推测，如果要控制和预防数字教科书技术风险，就必须先对卷入其中的不同文化群体进行有效分析，这样才可能对数字教科书技术风险的认知及行为做出科学的预判和应对；反过来看，不同的文化群体归属也导致了不一样的数字教科书的技术风险。

（三）网络文化氛围

数字教科书以其资源的开放性和共享性为学习者提供了丰富而多样化的学习资源，与此同时，也增加了学习者学习的主动性与积极性。只要想学习，有意愿进行学习，在互联网条件下，学习者可以突破时空的束缚，在网络上获取自己想要的资源。然而，与纸质教材不同，数字教科书的课程内容由于利用网络空间，很难对其进行严格的甄别，导致各种良莠不齐的内容一拥而上。加之学习者的价值观和思想体系还未成熟，处于成长阶段的他们就很容易受到外界媒体的诱导。事实上，很多西方开放课程中都隐含着他国的文化价值观，他们打着共享

① ［英］斯科特·拉斯：《风险社会与风险文化》，李惠斌译，载李惠斌主编《全球化与公民社会》，广西师范大学出版社 2003 年版，第 298—320 页。

课程的旗号，以教育形式输送该国文化，甚至通过各种各样的方式传播自己的政治理念，于无形之中侵蚀着学生的思想观念与意识形态。正如李克钦所讲的那样：“多年来，西方发达国家凭借其政治、经济、知识和技术上的垄断地位，形成了独有的话语系统和话语分布规则，牢牢控制着世界话语平台并积极传播其西方中心的思维方式。”文化霸权加剧了西方国家对我国文化造成的不良影响，数字教科书的广泛应用更为其提供了传播平台。

（四）对管理者的依赖与自由度

一般来说，如果人们对管理者及其机构有信任感，就会按照政府制定的政策行事，愿意配合和相信有关部门的宣传，此时通过政府部门或者专家认定的风险及防范措施就可能落实到位；但是，如果政府部门或者专家的威信下降，人们对管理者的依赖或者决策就可能存在怀疑的态度，对政府或者管理者在技术风险的判断和认知方面产生不信任感，认为这种风险或者对策可能伤害他们自身的利益，有可能与政府唱反调或者消极对抗。① 数字教科书技术风险也受到技术开发者及数字教科书实施者对于教育管理者，尤其是教科书政策制定者的影响，假设教育管理部门有效规范风险，制定了较为完善的防范政策，而技术开发和实施者完全按照教材管理者的要求实施，那么技术风险在一定程度上能够得到有效的预防。人们对待专家的表态同样如此，以往技术专家的观点是权威的代表，只要有相关技术专家出来辟谣，可能就能赢得家长或者学生的信任，但是如今技术专家的权威似乎在逐步下降，越来越难赢得公众的信任，这也与他们判断的失误或者决策明显带有一定的导向性有关，加之有些风险本身很难预测，而又要勉强为之，这就难免有可能出现差错。由于不同文化氛围或者社会群体中对专家的依赖度是有显著差别的，如果专家对于技术风险的预判基本准确，那么可以有效地树立专家权威。但是如果错误总是发生，

---

① 毛明芳：《现代技术风险的文化审视》，《自然辩证法研究》2015 年第 9 期，第 43—47 页。

甚至有些专家在金钱或者政治利益的诱惑下故意为某些利益集团代言，尤其是为部分出版集团代言或站台，鼓吹数字教科书的某一方面内容，引导学校或师生偏听偏信，那么，久而久之，专家的形象和权威性就会受到损害，公众的不信任感也会加深，同时也妨碍了技术风险的规避与预防，甚至在不知不觉中引发更大的系统性风险。

第六章

数字教科书的风险防控策略

——数字教科书风险的化解之道

第一节 数字教科书的风险防控之必要与可能

一 数字教科书的风险防控何以必要

（一）教科书本身的独特性使得它的价值和作用成倍放大

数字教科书归根到底还是一种学校教学用书，即教科书的属性是数字教科书的根本属性，而“数字”仅仅是数字教科书呈现方式和组织形式的变化。因此，教科书的属性分析依然适用于数字教科书。教科书具有独特的意义和价值。“教科书作为国家意志、民族文化、社会进步和科学发展的集中体现，是实现培养目标的最直接的载体。”①教科书的独特价值主要体现在它是人的培养的重要工具，教科书的编写都有鲜明的价值取向，同时意识形态被渗透进教科书之中，在此基础上才是学科知识的组织。所以，正如阿普尔所言，教科书传递的是“官方知识”，而这种官方知识的“意识形态性”十分明显，不论是从课程设置还是教科书编制，它都试图传递统治阶级的意图，反映着复杂的政治关系，而教科书的权力很少下放，教科书构筑的是一种“一切不可改变”的意识和话语体系。随着教科书的意识形态作用被不断

---

① 石鸥、石玉：《论教科书的基本特征》，《教育研究》2012 年第 4 期，第 92—97 页。

地放大，在特殊历史时期，这种意识形态的价值甚至凌驾于一切之上，儿童、知识都被排挤开来。在教科书被作为意识形态控制工具的状况没有改变之前，教科书的地位将会毫不动摇，其价值和作用将被无限放大。

虽然数字教科书不再是单纯文本意义上的教材，但是它依然被赋予了培养人的重任，因此数字教科书进入了学校课程体系，成为教师和学生日常使用的工具，有时配合纸质课本使用，有时单独使用。因此，数字教科书也就不仅仅只是一般意义上的电子读物，它已经渗透进学校的课程与教学活动之中，直接参与了学生的培养，参与了教师教学活动的展开，它的价值和作用因而放大。教科书的属性同样体现在数字教科书上，只是由于承载的载体不一样，而使得数字教科书的意识形态控制和实施相对困难，因为纸质教科书毕竟在总量上是有限和可控的，然而数字教科书因为有底层技术的支撑，使得内容能不断连接，层级能够不断拓展，这就使得数字教科书的意识形态控制力度有所减弱，但这并不意味着数字教科书意识形态的消失，在它的意义和价值被充分认知之后，这种意识形态的渗入将会更加充分。

当一件事物毫无价值时，它很难产生大的风险，而当一件事物被赋予了特殊的意义和价值之后，它所担负的风险也就不断地放大。正是由于教科书本身具有独特的意义和价值，不是普通的读物，数字教科书也天然的属于教科书，因此，它也被赋予了特殊的意义和价值；而教科书的价值和功能被成倍放大之后，它所担负的风险也就更加显著，数字教科书的风险防控问题也就显得更加必要。

（二）数字教科书的迅猛发展使得教科书问题与经济、伦理问题进一步交织在一起，情况更加错综复杂

30 多年前，数字技术运用到教育教学领域还是一件不可思议的事情。1981 年 8 月，IBM 公司的 IBM5150 型个人电脑投放市场，它不仅为个人电脑业创立了基准，而且标志着“数字一代”的诞生。1993 年

4 月 22 日界定数字第一代的第二大科技，即 Mosaic 浏览器发布。① 此后几十年里，社会的方方面面都被数字化科技改变，教育领域同样如此，教育机构、学习行为和教学方法都与以往大有不同。学生们在数字化环境中长大成人，并在这一环境中生存发展。教学内容及其呈现方面发生巨大的变革。如今，越来越多的中小学开始推行电子书包，甚至有学校将 iPad 引入学校教学。纸质教科书因其容量限制及较为传统的呈现方式，已经不太容易引起孩子们的兴趣，取而代之的是更加强调交互功能的数字教科书。

数字教科书的发展速度已经超乎人们的想象，这其中不乏经济原因。当资本介入学校教育之后，出版社、信息技术公司都发现了学校这块巨大的“蛋糕”。据统计，2014 年我国教材出版的总定价达到了 368 亿元，这个数据不包括成人职业考试教材与幼儿教材。而且教科书的重印率非常高，我国教科书出版的重印率为 63%，中小学教科书的重印率更是高达 80%。② 数百亿的教科书市场被资本盯上，有些出版社甚至依靠出版教科书为生，一套课本撑起一个出版社并不鲜见，可见，教科书对于出版社来说有多重要。当前很多出版社在大力推进“一体化教材”建设或“立体化教材工程”，纸质教科书的出版虽然依然很重要，但是数字教科书成为一些出版社争抢的新的经济增长点，因此经济因素渗透到教科书的发展之中，不遗余力推进甚至鼓吹数字教科书的超越式发展就成为出版界“不能说的秘密”。理性精神虽然依然能产生作用，但是由于主观情感或客观经济因素的加入，使得出版社很难在数字教科书问题上秉持客观立场，而是大张旗鼓地、马力全开地开发数字教材。当理性欠缺之时，风险也就随之而来，预警和防范也就成为应有之义。

数字教科书的发展也与伦理问题交织在一起，潜藏着巨大的伦理

---

① ［美］保罗·G. 哈伍德、维克多·阿萨尔：《数字第一代与网络时代的教育》，贾磊泽，山东人民出版社 2010 年版，第 1—2 页。

② 《中国教育出版市场有多大?》，搜狐网，http：//www. sohu. com/a/136105522_642336.

危险，有必要引起足够的警觉。随着数字教科书的逐步普及，中小学生逐渐适应新的教育媒介，而这种数字化的媒介潜藏着学习危机，对儿童的书写能力、阅读能力、注意力等方面同样产生着负面影响，数字教科书对中小学生的身体方面造成的伤害已经逐渐显现出来。调查表明，92%的人认为数字教科书会对视力造成负面影响，90%的人认为，数字教科书会对学生脊柱发育产生负面影响。[①] 在当下中小学生视力普遍下降的状况下，贸然大范围推广数字教科书，将带来一定的风险。而国外研究同样支持了数字媒体对儿童身体伤害的结论，美国耶鲁大学研究成果指出，多媒体内容的过度使用将会导致儿童失眠、肥胖和发育迟缓等一系列问题。[②] 作为教育工具的数字教科书本是以向善为善为目标和追求，然而它无形之中也助长了教育之恶，这种恶甚至还是全方位的。由此可见，数字教科书的迅猛发展使得教科书问题与经济、伦理问题进一步交织在一起，情况更加错综复杂，数字教科书的潜在风险不得不防。

（三）数字教科书的发展一旦失控，其潜在危害和负面影响将引发灾难

数字教科书的潜在风险并不仅仅局限在学校教育领域，也不仅仅针对学生本人，数字教科书的风险一旦失控，其潜在危害和负面影响将引发系统性的灾难，对整个社会造成负面影响。数字教科书作为一种开放的数字媒体，它的出现使得学生的学习场域无限扩展。数字教科书提供的是一种面向全球的开放学习平台，内容选择也具有全球性，而且数字教科书的内容承载量也远远超越传统纸质教科书。数字教科书可以建立无限层级的学习联结，中小学生将全面接触各种信息，当开放的数字教科书作为新的教育载体统治学校教育之时，我们却还未做好足够的应对措施。因为数字教科书的内容标准、教学方式都还未

---

① 龚朝花、陈桄、黄荣怀：《电子教材在中小学应用的可行性调查研究》，《电化教育研究》2012年第1期，第94—99页。

② 赵志明：《重新定义教科书——数字教科书研究》，博士学位论文，湖南师范大学，2014年，第160页。

完全成熟，学生和教师都将面临一片数字的汪洋大海，其中不乏劣质信息或负面内容。这种内容渗透进学校的学习生活，于学校而言将面临巨大的挑战，于教师而言将面临教学内容选择的困难，于学生而言则更可能受到负面的影响。因此，开放的学习环境和数字化的教科书，使得传统教育面临前所未有的挑战，教育及文化危机随之而来，如果应对不当，其后果不堪设想。从这个角度来看，我们正经历着与数字教科书不足之处赛跑的时代。但是，我们也需要承认，数字教科书融入学校教育是大势所趋，是信息化时代发展的必然结果，我们必须正视这一事实，因此，在方案应对上，更应该是“疏”而不是“堵”，应该是“与危机同行”而不是“遇危机退缩”。正因如此，数字教科书的风险和危机应对就显得更加必要。

二　数字教科书的风险防控何以可能

（一）人的主观能动性

规律是客观的，但这并不意味着人在规律面前无任何能动性可言，完全被动受规律的支配和奴役。相反，人类在规律面前是有能动性的，这种能动性主要表现在人的意识对规律的能动作用。[①] 正如恩格斯所言，人的意识是地球上“美丽的花朵”，意识的这种能动作用正好说明了人的主观能动性之可能。人的主观能动性主要表现在人的行为具有目的性和计划性。与动物不同，人的意识和行为都受明确的目的支配和指引，什么该做，什么不该做，以及应该如何去做这类问题，在人的行动之前大多已有一定的考量。马克思曾指出：“人在劳动过程结束时得到的结果，在这个过程开始时就已经在劳动者的表象中存在着，即已经观念地存在着。”[②] 这也说明人的活动的目的性、意识性和主观能动性。同时，人的主观能动性还表现在创造性发现和认识事物，

① 梅宪宾：《从“必然王国”到“自由王国”：马克思主义基本理论研究》，吉林大学出版社 2010 年版，第 31 页。

② 《马克思恩格斯全集》第 44 卷，人民出版社 2001 年版，第 208 页。

而不是机械的、简单的反映，这种对事物的认识是一种创造性的反映，这种创造性的反映方式能够指导实践、有利于更好地改造客观世界。人的意识通过人的行为表现出来，然后能动性地、创造性地认识和改造客观世界。进而反过来进一步指导人的观念和行为，这也是人的主观能动性的价值所在。

数字教科书的发展并不是无规律可循。数字教科书的发展根据它自身的规律而不断前进，从最初的电化教材，再到简单的教科书的数字化再现，直至现在交互功能强大的立体式的数字教材，其诞生和发展都有一定的前提和基础，从中也能总结出数字教科书发展的一些基本规律。从总体上看，数字教科书的发展呈现出一种加速态势，即数字教科书的更新换代逐步加快。例如，随着全息投影技术的快速发展，数字教科书的交互功能和受众体验将更为逼真、强大，身临其境的效果将大大提升，立体的空中幻象将成为可能。也许10年之后，我们所认识的数字教科书又是一种全新的形态。总之，数字教科书的发展是必然趋势，其中有不可阻挡的发展规律和可能遇到的各种风险，然而，正是基于人对事物认识的能力和认识改造世界过程中表现出来的主观能动性，使得人们有能力认识数字教科书的发展规律，探索和发现数字教科书发展过程中的潜在危机，进而提前做出预判和预防。这种提前发现问题和及时做出预防的能力正是人的主观能动性的表现。我们需要充分认识和利用人在认识事物过程中的主观能动性，然后将这种能力运用到对数字教科书的认识、利用和改造中来，将数字教科书的潜在风险扼杀在萌芽之中，为数字教科书的风险防范提供切实有效的对策。因此可以说，人的主观能动性的存在使得数字教科书的风险防范成为可能。

（二）风险自身的特征

风险自身有其特征和规律。

首先，风险并不是无中生有的，而是连续存在的，逐渐生成，并且由量变逐步发展为质变。当风险因素处于潜在的或者量变阶段时，这是可能或潜在的风险；当风险因素由量变发展为质变时，这就不是潜在的风险，而是当下的现实危险。潜在风险和现实危险显然是有区别的。风险防范主要针对的是现实未发生的、未来可能发生的风险，也就是风险处在量变阶段，而未发生质变时的应对。这种防患于未然的做法显然是可能的。

其次，风险也有一个阶段性发展的过程，在不同阶段风险对应的要点有所侧重，风险的释放并不是一蹴而就的。例如：在初级阶段积累的风险因素较小，可能不会引发系统性的灾难，初级阶段的应对效果可能更加显著；当风险发展到新的阶段，则防范与控制的应对策略截然不同。数字教科书的风险发展也呈现出一定的阶段性，因信息技术发展的步伐是呈现逐步加快的加速运动趋势，因此早期的数字教科书尚处于小范围的试点阶段，数字教科书的风险因素相对较小，影响的地区和学生相对较少，所以数字教科书的风险问题也未引起足够的关注和重视。而当下随着信息技术的广泛普及，多媒体技术在学校教育领域的广泛运用，以及越来越多的出版社、学校为学生配备配套的数字辅助学习资料，数字教科书的风险问题才进入新的阶段，应急的响应级别逐步提升。当越来越多的人意识到问题的严重性时，更多、更全面的对策随之而来。因此，风险发展的阶段性为人们留下了应对风险的时间和空间，为人们提供了问题应急的时空窗口，为问题解决提供了契机。

最后，风险本身就有被认识被预判的特性，这使得风险防范成为可能。根据我们对风险所下的定义："风险"亦指"未发生"和"潜在"的危险，这种危险并不是完全随机事件，而是可以被认知和提前预防的。由此可见，风险是一种可测的不确定性，我们并不认为风险是完全的随机事件，风险也不是完全的不确定性事件，风险虽然有不确定性的一面，但是如果这种不确定性是完全无法把控的，那么我们研究风险也就毫无意义，只能接受风险带来的结果。因此，我们并不探讨那种完全不可测的风险，而是把风险的核心内涵界定为可测的不确定性，这就使得人们认识和研究风险成为可能，也就使得风险提前预警和预判成为可能，进一步使得有针对性地化解风险成为可能。所以，基于风险自身能被认知和提前预防的特征，数字教科书的风险防范也就具备了可能性。

（三）教科书发展的逻辑

教科书的发展是多种力量不断角逐的结果，不会一蹴而就，总是螺旋式前进，有时也会停滞甚至倒退。这种教科书的发展逻辑将为数字教科书的风险防控赢得宝贵的时间。纵观中小学教科书百余年的发展历程，从它的产生之日起就具有被动生成的性质。新式教科书并不是统治阶级主动开放而形成的产物，而是随着新学制的产生而产生，与之配套的学校用书。不论是管理者还是实践者，对教科书的态度都十分慎重，任何一次教科书的发展与变革都经历过审慎的选择与审定，人们把教科书看作是牵一发而动全身的教育事件，对学校教育选择何种教科书都会从政策层面予以详细规定，不论是清末还是民国时期，乃至中华人民共和国成立之后，各个阶段的统治者都视教科书为教育领域最重要的事件，面对教科书发展作出的决定都是比较慎重的。这是从管理者的角度来看教科书的发展。另外，教科书的编撰出版也是一个较为漫长的过程，成书过程中有意识形态的介入，有出版商的经济利益考量，有学科专家的意见，有编辑个人的思想情感渗入，有社会人士和教科书使用者的反响，因此教科书的发展也是各方利益协商和妥协的结果。一套课本从开始编撰，到最终出现在中小学生的课堂上，这中间经历的流程是十分复杂、烦琐、严谨的。甚至有时也并非教科书本身的质量决定了教科书是否能被选用，教科书被选用也与出版社的影响力大小和运作能力密切相关。

数字教科书作为教科书的一种类型，与传统教科书有相似之处，也有自身特有逻辑及其独特性。数字教科书作为正式的学校用书，它的发展不仅具有教科书发展的逻辑特性，而且因为现代信息技术的融入，使得它的发展更加具有独特性。目前数字教科书的发展十分迅猛，但是依然在可以控制的范围之内，至少从国内来看，学校教育摒弃传统纸质课本的现象暂时还未出现，数字教科书大多仅仅是作为传统纸质教科书的补充或者同步存在，传统的纸质课本依然统治着课堂，是教师和学生的主要学习媒介。因此，教科书发展的自身逻辑以及教科书发展过程中存在的各方博弈，都使得关于教科书政策落地变缓，为教科书以及数字教科书的风险防控提供了空间。但是，必须意识到的是，这种情况只是暂时存在，我们不能坐以待毙，而应该认识到风险随时可能到来，为可能的风险提前做好防范既是必要的，也是可能的。

第二节　数字教科书风险防控的总体策略

一　数字教科书风险防控的目标

数字教科书风险防控的主体在于政府，而数字教科书风险防控的对象是数字教科书主管部门及参与编撰、使用等全过程的人与物。数字教科书风险防控的总目标是在促进数字教科书良性发展的同时，最大限度地控制数字教科书的潜在风险，使得风险成本降至最低。可根据近期、中期、远期不同发展阶段制定相应目标，进而构建数字教科书风险防控的目标体系。

（一）总目标

数字教科书的风险应控制在什么程度，是将风险完全消除吗？可能我们无法做到。数字教科书的风险防控并不是消除风险，而是要把风险成本降到最低。数字教科书风险防控的总目标是在促进数字教科书良性发展的同时，最大限度地控制数字教科书的潜在风险，尽最大可能降低风险成本。因此，总目标主要表现在两大方面，即风险成本的最小化与防控效用的最大化。

风险成本的最小化和防控效用的最大化是数字教科书风险防控的一体两面。风险成本最小化是指尽可能降低数字教科书的风险成本。

由于数字教科书的风险不可能完全消除，因此，我们能做的是使风险成本尽可能地减少，同时保障不会引发系统性的教育风险。而风险成本最小化并不一定能实现防控效用的最大化。例如：管理部门为了防止数字教科书的风险，出台政策禁止数字教科书的出版发行，这样虽然实现了风险成本的最小化，但是却没有达到防控效用的最大化，因为它阻断了数字教科书的发展。作为数字教科书风险防控追求的一体两面，风险成本最小化和防控效用最大化都应综合考虑。防控效用最大化包括两层含义：一层是在数字教科书风险得以控制的前提下，能够保证其继续发展的可能；另一层含义是指在风险损失中获取新的风险管理能力，使得风险防控的能力能够有效提升。因此，在制定数字教科书风险防控政策时应该充分考虑其效用问题。当然，风险防控的效用最大化也与风险成本最小化相似，即效用最大化趋向于正无穷，政策制定者应优先考虑，但是也无法完全达成。

（二）具体目标

数字教科书风险防控的目标应着眼于长期的效果，即以长期期望作为标准。这应该是数字教科书风险防控的精髓。就数字教科书风险防控的具体目标来看：首先，应该全方位把握数字教科书的风险，树立数字教科书的风险意识，摸清数字教科书风险来源，对有可能进一步聚集构成重大风险的因素进行针对性的识别。其次，为了数字教科书的长远发展，避免数字教科书风险的逐步积累和集中爆发，必须设置合理的中长期目标。数字教科书中长期风险防控目标是基于数字教科书的中长期发展战略，建立风险防控管理流程、应对策略和有效方法，同时加强风险防控组织职能体系建设和相应的管理信息系统建设，培育风险意识，在数字教科书编制的各个环节和各个层次进行各种风险的识别、评估和风险应对，并将风险分散到不同的主体，即明确各个环节的风险责任，将风险防控渗入数字教科书发展的全过程。这就要求数字教科书的顶层设计者，能树立主体责任意识，能够在数字教科书发展中开展自上而下的风险管理，从整体上降低数字教科书发展可能带来的潜在风险，将风险的内部控制和外部控制相结合，以此促进数字教科书长期、持久和健康的发展。最后，应根据数字教科书风险的因素、来源、层次等设置合理的风险防控目标体系，有针对性地设置不同年级、不同类型和不同学科的数字教科书风险防控目标体系，实现风险防控目标的体系化和结构化。

二　数字教科书风险防控的主要原则

（一）自上而下原则

自上而下原则是指数字教科书的风险防控应该自上而下地推动。风险防控主要是一个自上而下的过程，而很难自下而上产生成效，因为教科书本身的特殊性，使得教科书的风险防控必须自上而下展开。自上而下强调的是教科书的管理者应该在数字教科书的风险防控方面负有主要责任，因为教科书政策并不是社会团体或者个人能够制定或者左右的，教科书的权力主要在于教科书管理者，因此相应的风险承担和风险防控也应从教科书政策的顶层制定者抓起。教科书的管理者对教科书的发展负有首要责任，他们的权力越大，应该承担的责任也应更大。数字教科书的政策制定、教科书编写、审定、出版、使用等都应该在教科书管理者的风险分析框架之内，同时应该自上而下成立数字教科书相关负责部门，落实风险防控的负责机构。

2017 年 4 月，教育部发布机构调整文件，专门成立了教材局，这是新中国成立以来第一个以“教材局”命名的国家教材管理机构，相比以往的做法，将中小学教材归入“教材处”管理，纳入“基教司”之下的做法，显然表明国家对于中小学教材的管理和领导进一步加强，是中小学教材管理从上而下原则的体现，但是到目前为止，暂时还未成立专门的数字教材管理机构，存在多头领导、多头管理的问题。根据数字教科书风险防控的自上而下原则，我国教材的最高管理机构应该成立数字教科书的管理委员会，为数字教科书的发展制定近期或中长期发展规划，为数字教科书可能出现的风险提供政策应对。同时明确数字教科书管理委员会的责任和权力，这既可以为数字教科书管理授权，同时对数字教科书风险产生的实质损害可以问责。更为重要的是，对事前责任的明确能够督促建立有效的内部控制体系，同时为可能发生的风险提供最高战略应对，在全机构内推动数字教科书的风险管理水平提升。其实，“自上而下”的风险防控原则，不仅有利于规范教科书顶层政策制定者的行为，同时也有利于将数字教科书的设计开发者、内容编选者以及出版机构纳入风险防控体系，规范大家的行为。因为，顶层政策制定之后，中层和底层人员的行为才可能得到规范，数字教科书开发和使用才有可能有效地纳入风险防范体系之中。将“自上而下”原则作为数字教科书风险防控的首要原则，明确数字教科书风险防控中的责任主体和主体责任，是应对数字教科书潜在风险的重要一环。

（二）预防优先原则

心理学上有一个著名的“墨菲定律”。爱德华·墨菲（Edward A. Murphy）是一名美国空军工程师，他在参与一项火箭减速超重实验时，亲见一种现象，即受试者有两种方法选择，其中一种是错误的方法，而结果显示许多人都选择了错误的方法。他由此得出了一条结论：如果有两种或两种以上的方式去做某件事情，而其中一种选择方式将导致灾难，则必定有人会做出这种选择。用更直接通俗的话来解释，即如果事情有变坏的可能，不管这种可能性有多小，它总会发生。

这与当前人们对数字教科书发展的乐观预期十分相似。数字教科书可能不会带来灾难，一切可能会非常美好，但是，也有可能事情并不会向着期盼的方向发展，有可能产生最坏的结果，因此，为可能的风险提前做好充足的准备是极其重要的。预防优先原则的核心内涵是数字教科书的风险防控应以预防为先，主要通过事前的谋划和缜密的设计来有效阻止可能发生的危害，避免危害发展环境，为长久的可持续发展创造条件。我们常说：“不怕一万，就怕万一。”万一发生事故，万一笼子里的老虎出来了怎么办？第一，如果有应急准备就不会慌乱。第二，如果平时有过演习，就更能够应付不利局面。第三，有记录，可追溯，能改善。其实，在一些国际法领域，也经常强调风险预防，如 1992 年的《里约宣言》中就明确提出了“风险预防原则”，其中提出：“各国应按照本国的能力，广泛适用预防措施……不得以缺乏科学充分确实证据为理由，延迟采取符合成本效益的措施防止环境恶化。”[①] 风险最典型的特征就是“不确定性”。不确定性有时会掩盖社会利益冲突，如出版社就有可能利用数字教科书风险的不确定性来混淆视听，进而达到经济利益最大化的目的，而相关利益团体的游说对政府发展数字教科书起着较大的功能性影响。为了使得数字教科书的风险最小化，甚至将可能的危险扼杀在萌芽之中，必须以预防为主，实现风险的预防优先，而不是等问题完全暴露之后再亡羊补牢。

（三）全面管控原则

经济学上有一个专业术语，称为“全面风险管理”。全面风险管理是一个对各种来源的风险进行评价、控制、研发、融资、监测的系统过程。[②] 而这一概念最早来源于美国经济学家米勒（Miller），他最早提出了整合风险管理（Integrated Risk Management）概念，并于 1992 年较为系统地介绍了整合风险管理的含义，提出了整合风险管理的系统框架。[③] 经济风险与数字教科书风险虽有区别，但是对于风险防控其实有相通、相同之处，据此，我们借鉴经济学的全面风险管理思想提出数字教科书风险的全面管控原则。

数字教科书风险的全面管控原则有三个基本层面的含义：第一是数字教科书的风险防控应该全面覆盖潜在的风险因素，这些风险因素可能来自不同的方向，从数字教科书立项审批、内容选择、技术制作、教学使用和效果评估等各个方面，风险防控措施应该包括整体性的、

① 吕志祥：《环境法》，中国言实出版社 2014 年版，第 55 页。

② 谭德俊：《基于经济资本的商业银行全面风险管理研究》，中国金融出版社 2015 年版，第 19 页。

③ Miller K. D. A Framework for Integrated Risk Management in International Business，Journal of International Business Studies. 1992（23）：311 – 331.

全面的推进。第二是数字教科书的风险防控应该站在教科书发展的总体框架之下予以总体考虑，数字教科书的本质依然是教科书，它的主要用途是作为学生学习的中介，起到辅助学习、提升学习效率的作用。因此，数字教科书的基本定位还是教科书的一种形式，只是因为现代信息技术的加入，使得教科书的形式有所变化。为此，在考虑数字教科书的风险问题时，应该将之纳入教科书发展的大局中去总体规划。教科书政策制度的顶层设计者应该注重从不同途径、不同业务部门以及不同的管理层面，全方位、多角度地收集数字教科书可能的风险信息，对数字教科书的各种类型的风险能够有比较全面的把握和掌控。只有站在顶层设计的角度对数字教科书的潜在风险进行汇总和整合，才有可能使风险防范有足够的针对性和及时性。数字教科书风险的汇总和整合实质上是强调对风险的预处理，对可能叠加引起更大系统风险的一种预判，为后续可能堆积形成更大的风险做好充足的准备。第三是数字教科书的风险防控应该将内部防控和外部防控相结合，实现风险的全面管控。内部防控主要是制度建设，相关法律法规的完善，治理体系和结构的优化等，而外部防控主要是将数字教科书相关的外部因素纳入防控体系，如将数字教科书的内容选择者、技术人员、产品使用者等外部相关因素纳入防控体系。

在这一原则指导下，当前数字教科书的风险防控还存在很大的漏洞。首先是数字教科书的风险并未引起管理部门的高度重视，对数字教科书风险的全面管控不够重视，忽视了数字教科书的潜在风险，对数字教科书的风险研究也严重不足，无法准确归纳数字教科书的风险类型，更对其可能产生的现实危险未做好应对的准备。因为对数字教科书的认识不足，也缺乏数字教科书风险管理和防控的经验，加之数字教科书处于多头管理的现状，其现实问题就是数字教科书的发展处于政策夹缝之中，有很多打着政策的擦边球。正是因为数字教科书的全面管控体系尚未建立，整体管理能力落后，一旦数字教科书由于资本的介入而突飞猛进地发展，进而超出管理者的控制，那么可能产生的内容风险、教学风险和技术风险都将集中爆发。而学校教育领域的风险，相较于刚刚出现的类似“共享单车”式的风险来说，其危害程度和社会影响力都不是一个量级。因此，数字教科书潜在风险的防控，必须牢牢把握全面防控的原则，构筑数字教科书风险防控的全方位立体防线。

（四）风险分担原则

所谓风险分担原则的基本内涵是指数字教科书产生的潜在风险由与数字教科书相关的主体承担。风险分担原则同时衍生出两层含义：一方面是所有主体都应承担相应的风险；另一方面，让最善于应对该风险的主体分担某一方面的风险。这样数字教科书的风险就能有效地降低。数字教科书风险分担在于降低风险损失和管理的成本，减少风险发生后的损失，同时在各方权责合理分担的基础之上，有利于数字教科书相关各方开展理性和谨慎的行为，也有利于在数字教科书领域实现互惠互利、共赢的目标。要实现数字教科书风险分担，就需要确定风险合作对象的主体，对风险进行系列分析和评估，进而在风险真正发生时能够形成合力来共同抵御风险。风险分担主要是通过制定并落实规章制度或者协议来达成。风险发生时，按照事先拟订的协议，各自承担相应的风险责任，进而达到风险分担的目的。

风险分担应考虑参与方的公平问题、同时权责对等问题，同时能够有效控制风险，并将风险管理成本尽可能降低。基于以上风险分担的认识，风险分担可以考虑按照风险承担能力进行分配，一般来说，风险承受能力越大、受益越多，则应该承担更多的风险。显然，教科书管理部门和数字教科书的出版商应是风险分担的主体，而教师、学生也参与了数字教科书的使用，是数字教科书风险分担的次要者。另外，也可以按照发生损失最大一方承担该风险，经济损失最大的显然是出版社，他们应承担更多的风险；社会损失更大的应是管理部门；而教育损失更大的应是教师和学生。应据各自风险、损失大小构建风险分担的机制。

总体上看，数字教科书作为教育领域的公共产品，首先教育主管部门应在风险责任分担上承担主要责任，其次应该是数字教科书的出版部门，然后是数字教科书内容选择者和技术提供者，最后才是教师和学生。教育管理部门为分散数字教科书风险，可以通过制定数字教科书的强制标准，或制定规范引导出版企业自行承担风险，或者创造环境，引入专家团队监控数字教科书发展，适时提供相关数据和信息等，为数字教科书的风险分担提供明确的责任参考，这样才能有效地化解数字教科书的潜在风险，真正实现风险分担。

三 数字教科书风险防控的基本流程

"风险"是当下时代的一个标签，全球风险社会正在形成。"风险社会"理论的代表人物德国著名社会学家乌尔里希·贝克在《风险社会》一书中提出："今天的现代化正在消解工业社会，而另一种现代性则正在形成之中。"[①] 关于风险的警示不断冲击着人们的视听，时刻提醒人们，风险已经处于当代社会的核心位置。[②] 既然有风险，那就势必会有相应的防控，数字教科书的风险防控基本流程与其他类型的风险防控既有相似之处，同时也有它自己的独特之处。数字教科书风险防控大体包括三部分，即风险识别、风险评估和风险应对三大环节。

（一）风险识别

风险识别是数字教科书风险防范最重要的一步，因为后续的风险防控措施都是根据识别的风险开展，如果风险识别发生错误，那么其他后续措施及对策分析都将失去针对性。数字教科书的风险识别是通过一系列的分析和判断，对其风险类型、环节、风险源以及损害程度的认识，并据此发掘导致风险的运作机理和行为方式。根据以上定义，

---

① ［德］乌尔里希·贝克：《风险社会》，何博闻译，译林出版社2004年版，第3页。

② ［英］阿兰·斯科特：《风险社会还是焦虑社会？有关风险、意识与共同体的两种观点》，载［英］芭芭拉·亚当等《风险社会及其超越：社会理论的关键议题》，赵延东等译，北京出版社2005年版，第48页。

数字教科书风险识别主要包括两大环节：其一是查找风险源，也就是风险可能的引发点、类型、发生发展环节以及可能的损失程度分析；其二是分析风险发生的原因及其运作机理。

风险识别具有相通性，一般来说，企业风险相对较为成熟，亦有可资借鉴之处，参考借鉴企业风险识别的流程，数字教科书的风险识别主要包括：第一，确立数字教科书风险管理的总体计划。其主要包括设定风险管理目标、评判风险的标准、决策依据以及风险识别的具体要求，这是开展风险识别的前提与依据。第二，确定风险识别的对象和范围。因为数字教科书本身包括不同的学科类型、不同的年级，以及不同出版社的产品等，因此，对具体数字教科书风险识别应有所侧重，包括确定必须开展风险识别的数字教科书对象、数字教科书开发计划等，以此获得准确的风险信息。第三，制订风险识别计划。主要是风险识别的具体方法以及人员需求、识别的广度和深度、工作时间、经费预算和结果呈现形式等。第四，准备识别工具。依据风险识别的目的及相应计划，准备风险识别的工具，主要是相应的调查表、风险登记表、情境分析会、相关资料等。第五，开展风险调查。具体开展风险调查，主要是对调查事件和结果进行详细的登记、描述及分档归类等。第六，提交识别成果，识别成果即风险识别报告。① 而从风险识别的具体方法来看，一般可以采取理论分析、现场调查、专家访谈、问卷调查等方式进行。

总体上看，风险识别有一定的共通性，它是风险防控的起步环节，也是最为重要的一环。数字教科书的风险识别需要制定总体的风险管理规划，确定风险识别的对象、范围与标准，并且根据相应的计划，选择合适的工具，借助适当的方法进行。只有将前期风险识别的基础工作做扎实，详细识别数字教科书可能导致的内容风险、教学风险和技术风险，科学使用现有的风险识别方法，后续风险评估和风险应对

① 王周伟主编：《风险管理》（第 2 版），机械工业出版社 2017 年版，第 33 页。

才可能更具实效性和针对性。

（二）风险评估

所谓风险评估就是指对潜在风险可能产生的危害进行定性或定量的评价。数字教科书的风险评估是一项复杂的系统工程，需要考虑的评估因素有许多，与经济或企业风险评估不同的是，因为数字教科书的特殊性，有些风险因素无法用定量化的形式来表达。因此，数字教科书的风险评估应将定性分析和定量研究相结合，充分考虑数字教科书的特殊性，采取综合的风险评估方案。

目前定量性质的风险评估方法，主要是利用数量指标对风险因素进行量化评估，这类风险评估方式主要在金融、环境医疗卫生领域较为常见。比较有代表性的定量风险评估方式有聚类分析、因子分析、回归模型、时序模型、事件树分析法、故障树分析法等。因为大多采取定量方式呈现，以此能够较为客观地对某些风险问题进行较为简洁的量化呈现，甚至有时用一套数据就能分析较为复杂的风险对象。[①]但是，完全定量的风险评估思路显然不适合数字教科书风险的评估，需要将定性评估的思想融入其中。定性的风险评估是借助非量化资料以及推理演绎等，同时融入评估者的主体认知和经验，对风险因素和状况做出整体判断和决策。这种定性的风险评估要求充分占有资料，然后推导出相应的分析框架，基于前期资料的分析评估，借助团队的经验和理性思考，作为相应的风险评估结论。定性的风险评估方法主要包括群决策法、逻辑推理法、因素分析法等。[②]定性的风险评估方法在一定程度上弥补了定量分析评估的不足，能够较为系统地揭示和挖掘数据无法表达的内涵，能够更加系统地对风险进行全面诊断，在与定量分析结合的基础上，能使结论更全面、深刻。此外，还有一些创新性方法的风险评估方法，如基于攻防博弈理论、信息熵理论、粗糙集理论、神经网络理论都可以作为定性的风险评

① 王晋东：《信息系统安全风险评估与防御决策》，国防工业出版社2017年版，第28页。
② 王晋东：《信息系统安全风险评估与防御决策》，国防工业出版社2017年版，第28页。

估方法。

在定量和定性风险评估的基础上，数字教科书风险评估还应设立一定的标准，在标准既定的基础上才能做出相应的评估。同时还应满足风险评估的一些基本要求[①]：第一，风险评估过程中应尽可能小地影响数字教科书的自身运行，尤其应该减少对现有数字教科书运行的影响。第二，风险评估进度应该按照预先计划进行，选择的评估方法应得到评估方与被评估方的认可，确保风险评估工作能稳步推进。第三，风险评估的广度和深度应该重点把握，既要尽量保证评估面的广度，也应该在深度上达到要求，不要遗漏应该评估的风险点。第四，风险评估实施方案的设计与实施应依据数字教科书的相关标准进行。第五，风险评估应该保证工作规范性，保证风险评估项目的可控制与可跟踪。第六，应对风险评估的过程与结果应该保密，不得利用风险评估数据进行违法活动，不得私自泄露评估数据给利害关系的单位或个人。综合以上几方面，只有等数字教科书的风险识别和风险评估完成之后，才能有针对性地开展风险应对。

（三）风险应对

在进行数字教科书的风险识别、风险评估之后，需要接下来考虑的问题就是数字教科书的风险应对问题，即如何有效地控制数字教科书的风险，以达到数字教科书风险防控的总体目标。所以，数字教科书风险应对是在风险识别和评估之后，针对不同的风险因素，如数字教科书的内容风险、教学风险和技术风险等，采取相应的措施防控潜在风险的一系列应对措施，以此防范风险，尽量实现在潜在风险爆发前能降低风险爆发的概率，而在风险因素成为现实危害后能尽量减少损失。换句话说，数字教科书的风险应对本质上是降低风险概率，减少风险可能产生的危害。

一般来说，风险应对可以采取不同的策略进行，如根据风险后果

---

① 郭鑫：《信息安全风险评估手册》，机械工业出版社 2017 年版，第 14 页。

的性质、风险发生的概率大小等的不同，风险应对的方法与策略也可能不同。具体到数字教科书的风险应对方面，可以综合采取措施予以应对，包括风险回避、风险转移、风险承受等。① 如风险回避主要是减少数字教科书的生产，至少是控制数字教科书的总体规模，加强数字教科书的审批等，这样是采取“堵”的方式予以应对，是应对风险的一种策略，当然，这并不一定是最好的方式。而风险转移主要是通过与他人或者其他机构共同分担风险，以此来降低风险发生的可能性，这就需要在开发或者使用数字教科书时，与相关方实现签订相关协议，分散可能导致的风险。另外，风险承受则是不改变风险发生的可能性，也不对其采取影响。这里包括两种情况：一种情况是风险较小，我们能够承受可能的负面后果；另一种是消极应对，任其发展。显然，后一种消极的风险应对手段是不可取的。以上几种策略各有特点：风险回避是强制压缩数字教科书的发展空间，以此降低风险发生的概率，显然，不到万不得已，我们尽量不采取类似放弃发展数字教科书这种极端的规避措施来应对数字教科书的风险；风险转移应对措施可以将风险在一定程度上分解，使得风险能够得到有效化解；风险承受应对措施则在一定程度上表明已有风险在各方能够承受的范围以内，可以自行消解。不同的应对策略针对的风险情况及风险等级显然不一样，有时亦可交叉同时使用，需根据具体风险维度和类型做出选择。

数字教科书的具体风险应对策略除了遵循风险应对的一般原则之外，也应同时考虑数字教科书风险的内容和维度特征。基于此认识，数字教科书的风险应对主要包括三方面的内容维度，即数字教科书的内容风险应对、数字教科书的教学风险应对和数字教科书的技术风险应对，至此，数字教科书的风险应对落地到数字教科书本身。如此一来，可以将风险应对的一般性原则和方法与数字教科书风险应对的特殊之处有机结合起来，为数字教科书的风险应对找到更加切实可行的办法。

---

① 企业内部控制编审委员会：《企业内部控制基本规范及配套指引案例讲解》，立信会计出版社 2017 年版，第 60 页。

第三节　数字教科书风险防控的具体路径

一　数字教科书内容风险的防控

（一）明确数字教科书内容选择标准

不论是语数外，还是数理化，构成各个学科的知识都极其庞大，而由于教科书内容容量的限制，以及学习时间的限制，各个学科的教科书对知识都做了筛选。教科书作为知识传递的载体，它往往是精选各个学科最核心的内容，这既是纸质教科书的特点，同时也是数字教科书的特色。数字教科书在容量上比纸质教科书扩大了，但是进入数字教科书的内容也应该是经过精选后的核心知识。教科书内容的选择本质上是以否定和排它为特征的，否定和排它通过两种手段实现：一种是负面评价，即通过教科书的负面叙述，以表明主流意识形态对此的好恶和褒贬；另一种是通过空无知识，即有意识地使得某些内容不进入教科书而使得年青一代遗忘。

为了防止数字教科书内容风险的发生，在选择数字教科书内容时就应该明确数字教科书内容选择的标准。数字教科书的编者应该十分清晰地认识到，数字教科书中到底应该选择或者确立什么知识作为学生必须学习的内容，同时又必须放弃另一部分内容。这个问题的回答就牵涉数字教科书内容选择的标准问题。同时，也需要回答数字教科书内容选择是“为了谁”“有何目的”“是否恰当”等一系列问题。在数字教科书内容选择过程中如果没有确立明确的选择标准，就有可能产生系列性风险，因为内容的选择者往往带有主观情感或者其他外部目的，总是想方设法让学习者学习他们认为该学习的内容，加之教科书编撰者的程序局限和背后权力的控制等都影响着教科书内容的选择。[①]丹尼斯·劳顿在探讨教科书内容选择时提

---

① 石鸥、廖巍：《教科书内容的确立与有效教学的风险》，《湖南师范大学教育科学学报》2015年第2期，第36—42页。

到：教科书内容与所处时代的政治、经济、文化、社会以及心理等方面紧密联系，因此，教科书内容选择应充分考虑社会需要，考虑个人发展的需要，给予个人满足感和促进个体心智能力的健康发展。也有学者指出：教科书的内容选择标准有许多条，然而最基本的还是要有利于学生的自我发展，也就是“以最经济的形式帮助学生自我得到最大的发展”。由此推导出教科书的内容选择应该具有先进性、实效性、灵活性等基本特质。①

数字教科书内容选择的标准应重点考虑其思想性、科学性、教学性、合法性、联结性等基本特性，这既体现数字教科书作为教科书的特征，又体现了数字框架下教科书内容的特性。思想性主要指数字教科书所选择的内容能够代表先进思想发展的方向，对学生思想的引导具有重要意义，能够帮助学生形成正确的价值观，有利于学生人格的健全，有助于学生长远的、可持续发展。科学性主要指内容选择应该没有学术性错误，能够经得起各方检验；教学性是指数字教科书的内容既考虑教师教的需要，又应满足学生学的需要，能够通过教科书的学习激发学生的好奇心和探究欲，促进学生的全面发展，使学生情感态度健康发展。因此，数字教科书自身内容应该相对稳定，同时内容结构应该清晰，为教师留下教学空间，为学生留下学习空间，提供学习的支架，帮助教学活动的开展，同时与其他教学资源相配合，提升学习效率。② 合法性是进行数字教科书内容选择时必须考虑的因素。因为数字教科书承载的内容比纸质教科书容量大得多，有些内容甚至面向整个网络，因此就可能出现一些涉及知识产权问题的内容进入教科书，也有些内容与国家法律法规相违背，却在编者或开发者不知情时进入教科书。由此可见，数字教科书的内容选择必须保证没有知识产权争议及不违背国家相关法律法规，这是数字教科书内容选择上面

---

① 高凌飚：《基础教育教材评价：理论与工具》，人民教育出版社 2002 年版，第 114 页。

② 牛瑞雪：《基于教学适用性的数字教科书编制》，《课程·教材·教法》2016 年第 8 期，第 36—40 页。

临的特有问题。联结性主要是指数字教科书内容选择应注意有效和适度地联结。围绕知识点建立学习的联结是数字教科书的特有优势，然而也容易导致学习的随便化，而且如果联结的广度和深入把握不好，则容易导致学习冗余或者分散学生的学习注意，使得学习难以保持。因此，数字教科书内容选择时应注意把握联结的特性，以重要知识点展开内容的联结，同时把握好联结的度。

（二）优化数字教科书内容组织结构

教科书的内容组织一般考虑学科逻辑和心理逻辑两部分，而数字教科书除了考虑学科逻辑和心理逻辑之外，还应考虑用户的使用逻辑。教科书内容组织的学科逻辑和心理逻辑是教科书编写中的一对基本范畴，学科逻辑主要是指内容的组织应遵循学科知识体系的结构，而心理逻辑是指教科书内容组织应该与儿童心理发展顺序一致，也就是内容组织应符合各个年龄段学生的心理特点和学习特征。这是教科书内容组织中常见的一对范畴，也是一对基本矛盾，而使用逻辑是由数字教科书本身的“数字”特性所决定的。

有研究者认为：在教科书的学科逻辑和心理逻辑这一对范畴中，一方面是设计教材展开顺序时必须尊重学科的知识体系；另一方面是教科书的编撰要符合学生学习心理的特点，而在这对范畴中，两者有地位间的差异，心理逻辑应该是首位的，是必须遵守的原则性的层面，而学科知识的逻辑是参考性的；在设计教科书内容时，应充分考虑到这一点。[①] 然而现实情况是，有些教科书以学科逻辑为主，将学科结构作为教科书编写的主线，而有些教科书以儿童心理特征或符合儿童认知特点的生活主题为中心组织教科书内容，要想调和这一对矛盾还存在一定的实际困难。一般来说，数学、物理、化学等学科知识体系明显的科目，更多的是按照学科逻辑为主来编撰教科书，其他学科知识体系结构不太清晰的科目，学科逻辑就相对要弱一些。由于不同学

---

① 林向阳：《普通高校体育教材设计与编写的理论探索》，北京体育大学出版社 2008 年版，第 135 页。

科的结构体系有差异，在参考学科知识体系编撰教科书时差异就更加明显，在不同学科体系下编撰的教科书，其内容组织的学科逻辑和心理逻辑这对矛盾的表现形式和解决方式存在较大差异。[①] 在进行教科书内容组织时，如何使得学科逻辑尽量与学生的心理逻辑相一致，使之符合学生的发展心理特点和学习心理特点，是十分复杂的问题，国外教育大家如皮亚杰和布鲁纳等做了许多开创性的探索，尤其是布鲁纳在根据学科知识结构来编排教材的思想对后人产生了极大的影响；而如何从心理层面组织学习内容方面，奥苏泊尔和加涅等进行了一系列的尝试，这些前期经典的研究成果都值得借鉴与参考。总之，学科逻辑和心理逻辑都是教科书内容组织应重点考虑的问题。

此外，数字教科书内容的组织同时应考虑用户的使用逻辑，主要是指数字教科书的内容组织结构应该合理，便于教师、学生以及参与数字教科书使用的用户进行有效的使用，而不是过于冗杂以至于失去亲和力，尽可能使得数字教科书的内容组织结构简单明了，易于使用者把握，尤其是能够让学生迅速进入学习状态，能够让学习者迅速抓住内容的核心要点，不至于迷失在无尽的内容链接之中。由此可见，数字教科书内容组织结构有必要进一步优化，实现学科逻辑和心理逻辑以及使用逻辑的有效整合，为内容风险的防范提供有效屏障。

（三）加强数字教科书的内容审查

任何教科书都是国家意志的体现，在一定程度上体现了政治集团治理国家的理念，教科书的内容往往体现了国家的核心价值观。因此，只要国家存在，教科书中体现的国家意志就不会动摇。无论纸质教科书还是数字化教科书，尤其是面向基础教育（中小学）的教科书，一定会受到国家行政力量的干预。纸质教科书已有较为完善的审查制度，专门的审查机构（专家委员会和国家教材委员会）制定了审查流程。例如纸质教科书内容审查要点是对内容的呈现方式和学科知识的科学

① 任长松：《课程的反思与重建——我们需要什么样的课程观》，北京大学出版社 2002 年版，第 68—76 页。

性进行重点审查，同时提出了如素材选择、呈现方式、内容设计、栏目设计、语言表达、图表选择、科学性与常识性等基本标准。[①]

由于我国数字教科书发展相对滞后，因此相关内容审查标准暂时还未出台，也没有专门的数字教科书审查机构，而美国等发达国家这方面已经走在前列。美国加州数字化教科书的审查由加州教育大臣会同州公立学校主管以及州教育委员会主席共同负责管理，并提供了数字教科书的书目，美国“加州学习资源网”（California Learning Resources Network，CLRN）授权成为数字教科书审查机构。数字教科书内容提供商根据审查机构委员会提出的数字教科书标准，向该机构提出审查要求，审查通过后在网上公布审核结果和评估报告。审核的重点是该教材能否满足加州教育标准的要求，是否能满足学生学习的需要，是否提供了多样化的学习选项。[②] 根据国外数字教科书的审查经验，作者认为无论是什么载体，纸质的或者数字的，都必须根据课程标准的要求，通过相关的审查之后才允许大规模进入正规的基础教育系统，而未来我国的数字教科书在进行一定范围的试用后，同样应纳入规范的政府审核项目中。

为了应对数字教科书的内容风险，当务之急是组织数字教科书的审查机构，重点对数字教科书内容的选择、呈现方式以及可能涉及意识形态方面的内容予以把关。同时，聘请相关领域的专家，成立数字教科书的专家审定委员会，组成人员包括课程与教学领域专家、法学领域专家、信息技术领域专家、教育行政管理部门人员等。在组建数字教科书内容审查机构和配备相关人员之后，应出台数字教科书的内容标准，并对现行的正在中小学使用的数字教科书进行摸底，先要求数字教科书的出版机构进行自查。要出台自查标准，自查后进行普查或者抽查。数字教科书内容标准可以在参照纸质教科书内容审查标准

---

① 《中小学国家课程教材审定审查工作细则》，中华人民共和国教育部网站，http：//www.moe.gov.cn/jyb_zwfw/fwxx_xzsp/xzsp_xm/xm_xm3/xm3_scxz/.

② 钱初熹：《与大数据时代同行的美术教育》，上海教育出版社2017年版，第74页。

的基础上，借鉴国内外同行的数字教科书审查标准修订，以此防止数字教科书内容风险的发生。

二 数字教科书教学风险的防控

（一）增强教学主体的风险意识

风险意识是人们从一系列灾难性实践反思中产生出来的反思意识。风险意识与可能性和不确定性密不可分，风险意识也是人自身行为中的不确定性因素的思想观念。[①] 风险意识受到重点关注的领域集中在经济学和医学领域，邓小平同志在指导中国社会改革开放时就曾多次指出风险意识的重要性。他认为风险意识是对社会经济等活动中遭遇失败、意外或不测事故的思想准备和承受能力；他多次指出改革具有风险，但是不能畏首畏尾，应该坚持改革开放，而对待风险的正确态度是“胆子要大，步子要稳”，注意及时总结经验，错了就改。[②] 教学由于数字教科书的介入，使得教学活动的风险增加，教师和学生作为教学活动的主体，需要增强风险意识，以应对数字教科书的风险。

一方面，师生不应迷信和迷恋数字教科书。教学过程中，数字教科书及其相关技术的使用并非越多越好，而应适度使用。数字教科书虽然能够让教学活动更加生动，可以使得教学活动以直观、简约的方式进行，能够在一定程度上促进师生之间的交流，也可以在一定程度上加强对学习内容的理解，提高学习效率，但是由于教学活动是人与人之间的交流活动，具有典型的复杂特性和人文特性，有诸多因素和影响难以预见，这就使得数字教科书的运用存在诸多的不确定因素，而这种不确定因素的影响是一把“双刃剑”，既有可能起到正面的推动作用，也有可能起到负面的消极影响，因此会进一步增加教学活动及其效果的不确定性。调查表明，有 65.1% 的教师从来没有意识到信

① 杨哲、张润昊：《创新思维与能力开发》，南京大学出版社 2016 年版，第 61 页。

② 余源培：《邓小平理论辞典》，上海辞书出版社 2012 年版，第 134 页。

息技术应用的负面效应。[①]

另一方面，应培育师生的信息风险意识和信息道德意识。数字教科书作为承载学习内容的电子化产品，其本质特征在于其非纸质文本的信息样式，而数字教科书引发的风险正是信息风险的一种表现，在教学过程中，师生应对数字教科书有一种天然的警觉和敏感。同时，师生在数字教科书风险防控意识中，需要有意识地培育信息道德观念，当教师在信息道德框架下能有效自律和监控，才能有效控制和引导学生形成良好信息道德。然而，我们在这方面的实践还很欠缺，信息道德问题还未引起足够的重视。如有研究指出，人们开始关注信息道德的价值，如 84.8% 的教师认为有必要开展信息道德教育，但是却有 97.0% 的课堂未涉及信息道德教育内容。70.6% 的教师在课堂上从未进行信息道德教育。[②] 总之，信息道德的养成和信息风险意识的培育都是数字教科书教学风险规避必须充分考虑并着手解决的问题。

风险意识培育方面：加强师生的风险意识教育，出版社在推广数字教科书使用时应组织相关风险意识教育培训，在中小学教师的“国培、省培”计划轮训时也可以融入相应的风险意识教育的内容。通过一系列的具体措施提高师生的风险意识观念，为数字教科书的教学风险规避提供有效应对。

（二）充分考虑数字教科书与教学活动之间的融合与必要张力

数字教科书作为丰富纸质教科书形式的一种新技术、新手段，其本身是一种价值中立的产品，如果脱离教科书内容来看的话，数字教科书运用的好坏更多地取决于使用数字教科书的师生双方。数字教科书本身蕴含的教学价值，只有被师生选择并运用到课堂教学之中才能表现出来，因此，数字教科书对于教学活动来说，更多的是一种工具

① 蒋立兵：《现代教学技术应用的伦理诉求及理性回归》，《中国教育学刊》2016 年第 10 期，第 84—89 页。

② 蒋立兵：《现代教学技术应用的伦理诉求及理性回归》，《中国教育学刊》2016 年第 10 期，第 84—89 页。

和内容中介的作用。从数字教科书的内容意义上看，我们希望数字教科书尽可能与教学活动相融合，能够真正渗透课堂教学以及师生活动之中；而从数字教科书的工具价值来看，它又应该与教学活动保持一定的距离，形成必要的张力，因为毕竟在教学过程中，技术本身不是目的，而是促进教学活动的工具和手段。由此，我们防治数字教科书的教学风险就需要考虑两个方面：其一是引导数字教科书与教学活动之间的融合；其二是要保持数字教科书与教学活动之间的距离感和张力。

一方面，充分考虑数字教科书与教学活动之间的融合。随着数字教科书产品的不断革新，越来越多的高技术含量及形式丰富的数字教科书即将诞生，数字教科书的快速发展与变革，使得数字教科书渗透学校教育的进程不断加快，正如有学者指出那样，以往工业时代的幻灯片、录音带等只是改变了教学方法和手段，而当下信息时代对教学的冲击则是全方位的，引起了整个课堂生态系统的变革，深刻渗透和影响到了学校教育的方方面面，包括学校教育系统的各个环节与要素，同时也引起了教学思想的深刻变化。[①] 可见，信息时代的课堂革命已经出现，教学内容、教学方式和方法都在发生“静悄悄的革命”，数字教科书需要与课堂紧紧融合在一起，尤其是数字教科书内容的选编更应该适合课堂教学的需要，使得数字教科书与教学活动能够实现深度融合。显然，这种深度融合对教学活动具有重要意义，因为技术参与教学工作后，不同教师在实施教学活动中都有了更加坚实的依靠。[②] 由此看来，数字教科书教学风险的防范应采取更加包容的态度，用数字教科书本身的发展来预防甚至抵消数字教科书可能带来的风险，这是一种“以进为进”的数字教科书教学风险防范态度。

---

① 王杰文：《中小学教育技术人的困境与超越》，《中国教育学刊》2015 年第 5 期，第 17—21 页。

② 曲中林、胡海建：《教学技术是有效教学的“利器”——与叶波博士商榷》，《中国教育学刊》2015 年第 2 期，第 1—5 页。

另一方面，保持数字教科书与教学活动之间的必要张力。数字教科书应该与教学活动融合，但是数字教科书与教学活动的融合是有前提和条件的，即数字教科书应该与教学活动之间有一定区隔，应该保持一定的张力，这是由数字教科书的工具属性所决定的。由于数字教科书与教学活动之间存在内在矛盾和冲突，具体表现在数字教科书的工具机械系和无限联结性特点，与教学活动的高度复杂性之间的矛盾和冲突，数字教科书的技术特质与教学活动的人文特性之间的内在矛盾和冲突等。因此，为了规避数字教科书教学风险，就需要保持数字教科书与教学活动之间的适当隔离和张力，这是合理运用数字教科书的前提和基础，也是使用和分析数字教科书基本前提。当数字教科书与教学活动之间的张力消失时，它们的融合也就失去了前提，同时正是因为这种张力的存在，其技术的负效应才更加明显地暴露出来，①进而引起人们的高度重视。数字教科书作为教科书的一种新技术形式和工具载体，如果失去了与教学活动之间的必要张力和区隔，教学活动就可能走向异端。这也是一种“以退为进”的数字教科书教学风险防范态度。

（三）构筑数字教科书教学风险防控系统

数字教科书教学风险具有不确定性的特征，既有可能发生，也有可能不会发生，面对这种不确定性，需要做好必要的防范措施，不能任由风险聚集，引发更加严重的系统性风险。我们应该，而且也完全可以对数字教科书引发的潜在的教学风险进行控制和有效管理。目前对一般的风险管理有一套较为成熟的基本流程，即风险确定、风险分析和评估、风险管理规划、风险跟踪、风险控制五个流程。② 我们在此基础上对潜在的教学风险管理进行了优化，对数字教科书的教学风

---

① 杜尚荣、李森：《论教学的技术风险及其防控策略》，《当代教育科学》2017 年第 6 期，第 30—33 页。

② 陈林彬：《高校教育信息技术的风险评估和管理》，《继续教育研究》2010 年第 7 期，第 128—130 页。

险识别、教学风险评估系统构建以及教学风险决策机制优化等方面做重点考量。

根据以上分析，作者认为数字教科书教学风险防控的基本流程是基于对数字教科书教学风险的分析，综合考虑数字教科书的社会价值诉求，结合数字教科书教学风险的识别和评估，制定详细的教学风险防范对策，以此减少数字教科书对教学带来的可能伤害，为学生身心发展保驾护航。同时，还需要重视数字教科书风险防控治理的主体意识和责任意识，使得风险防控能够实现多元化，提高风险防控的针对性和实效性，充分考虑参与教学活动的主要因素及可能造成的多种风险，进而使风险防控的决策更加合理和有效。

第一，组建数字教科书教学风险防控机构。数字教科书教学风险防控需要由具体机构来落实，因此学校需要组织相应机构来负责该领域的风险防控。一般来看，机构组织主要有三种模式，包括直线制、职能制以及直线—职能制。[①] 直线制的特点是垂直领导，不设职能机构，只有协调人员；而职能制组织机构要求设置若干职能机构，并且给予一定职权和专职人员，组织机构相对复杂；而直线—职能制是直线和职能制的融合，结构最为复杂的组织单位。以上三种模式对于不同类型的学校有不同的选择，一般规模较小的学校采用直线制的较多，而规模较大的学校，尤其是高等院校采取职能制或直线—职能制的较多。但是不论怎样，都需要专门机构或人员负责教学风险防范，中小学一般由校长或主管教学副校长牵头组建相应机构，并配备相应的工作人员予以落实。

第二，加强数字教科书教学风险识别。教学风险识别主要是识别风险源，发现可能引发的风险点，而风险源是可能导致风险后果的因素或者条件的来源，[②] 必须明确数字教科书教学风险的来源才能对其

---

① 伍爱、黄丽：《现代企业管理学》，暨南大学出版社 2009 年版，第 58 页。

② 谢俊贵：《当代社会风险源：特征辨识与类型分析》，《西南石油大学学报》（社会科学版）2009 年第 4 期，第 34—40 页。

进行有效识别。一般来说风险最终来源是自然环境和人为环境，而具体到数字教科书教学风险来源主要来自数字教科书和教学活动两大方面，必须对数字教科书及教学活动本身潜在的风险进行分析，明确风险之所在。进行风险识别的方法有多种，其中较为常见的是流程图法、现场调查、历史损失统计以及财务报表分析等[①]，由于学校教学活动的特殊性，这些通用的风险识别方法并不一定适用于学校教学领域，而数字教科书教学风险分析的方法有[②]：（1）现场调查法。主要通过直接观察数字教科书使用时的各项操作，深入数字教科书使用的第一线，调查教师和学生实际使用数字教科书的具体行为和方式，通过定性分析和定量统计的方式发现和识别潜在的风险。（2）流程图法。这种方法主要是绘制数字教科书教学管理的流程图，通过剖析监控数字教科书的教学管理，识别数字教科书的教学风险，主要步骤是绘制教学管理流程图并对流程图进行分析。流程图有许多种类，如内外部流程图，实物/价值流程图等。（3）损失清单法。列出数字教科书教学风险清单，主要是由专业人员设计相应的风险标准，通过制定问卷和表格，全面翔实地列出可能导致的数字教科书教学风险。

第三，构建数字教科书教学风险评估系统。评估系统主要是对数字教科书可能造成的教学风险进行定性或定量的评估。该系统一般由数字教科书的使用可能造成的教学活动的损失形态、原因及评价方式等构成。风险评估的定量分析主要对教学损失的可能性大小、频率和幅度等进行分析，而定性分析部分主要是对不易于或不能进行定量描述的部分进行定性描述，包括其价值大小、影响程度等。数字教科书教学风险评估系统的构建有利于学校全面认识数字教科书的风险，并及时采取必要的预防措施。一般来说，数字教科书教学风险的评估系统构建包括：风险评估对象的确定、风险损失的定性和定量估算、风险承受能力分析、确定教学风险消减和控制的优

① 李晓林、何文炯：《风险管理》，中国财政经济出版社2001年版，第52页。
② 王健康：《教学风险管理研究》，博士学位论文，湖南师范大学，2012年，第84页。

先等级，制定不同层次风险控制手段，并推荐必要的风险消减策略等基本步骤。

第四，优化数字教科书教学风险决策机制。该机制是指学校组织或者学校成员个体，为了实现最小成本达到最大的教学行为的目标，通过对数字教科书在教学活动中使用的考察，发现教学活动过程中可能存在的风险，并对教学风险进行有效管理的一整套措施。为了实现优化数字教科书教学风险的决策机制，有必要从管理者的源头开始编制系统的风险管理计划方案，对数字教科书教学风险进行定性和定量化计量，有效拟定针对性的风险处理方案。数字教科书风险管理方法主要用分析法和统计分析法。所谓效用分析法是指通过对风险处理方案的损失效用的分析，来进行风险管理决策的办法。统计分析法是教学风险管理人员借助数理方面的知识，通过对各种教学风险的处理方案进行评估，进而进行教学风险管理的决策，将多种方法进行灵活运用，使得数字教科书教学风险决策机制更趋合理。

第五，实施数字教科书教学风险防控效果评价。一般来说，风险防控效果评价主要是比较不同风险防控方案，将预先设定的风险防控目标和实际风险防控的结果进行契合度的比较，据此判断风险防控的投入与收益，判断风险管理方案的合理性或适宜性。因为风险具有可变性、人们对风险认识的阶段性，以及复杂性的特点，因此，需要对风险分析、评价及管理方式方法进行定期修订，保证风险防控适应新形势、新情况。数字教科书教学风险防控效益的大小取决于能否以最小风险成本获得最大的安全保障。此外，还应该综合考虑风险防控目标的一致性及措施的有效性和可操作性等因素。数字教科书教学风险防控效果评价一般包括评价防控体系的深入性、完备性及防控的实效性、效果的可持续等多个指标。

三　数字教科书技术风险的防控

（一）防止对数字教科书技术的过度依赖

技术只是一种手段，然而数字教科书因为具有典型的技术特征，往往设计者容易步入技术的泥潭而不可自拔，造成对技术的过度依赖。对技术过度依赖有可能产生技术主义或技术决定论。技术主义是人们迷信技术的必然后果，是将技术力量神化或者无限扩大化，认为技术是无所不能的、无所不包的，其能力没有边界。换句话说，就是认为技术无所不能，没有技术解决不了的问题，正是由于这种观念使得人们的实践受到很大影响，加之当今技术发展日新月异，技术取得了巨大的成功，这更进一步加大了人们对技术的期待，甚至形成了一种意识形态，产生了技术主义的倾向。①

技术主义往往与技术决定论联系在一起。技术决定论认为，技术是一种自律的力量，它会按照自身逻辑演进，技术对社会发展来说是最具影响力的因素，尤其是某些特定技术的发展更是变革社会的最主要甚至是唯一的原因。在传播学领域，技术决定论的观点更是广泛存在。麦克卢汉作为传播学的开创者，他明确提出，是印刷技术的进步才使得人们更有理性。他认为传播媒体与技术和语言一样，塑造和影响着人类的感知和思维，进而走向了媒体决定论。② 教科书同样作为一种传播媒体，不论纸质的还是数字的教科书都是传播媒介的一种形式，因此，技术决定论在数字教科书领域也同样大有市场。

诚然，新技术的运用极大地便利和改善了人类的生活，尤其是在医疗、农业等领域更是产生了公认的成就。由于医学技术的进步，使得人们的寿命不断增加，在过去 100 年里，人类的预期寿命几乎增加了一倍，这显然是医学技术进步导致的直接后果，技术为我们提供了更加便利的生活、使得人们的健康有了基本保障。技术也极大地提高了劳动生产率，尤其是在农业领域，技术的进步使得在有限的土地上，能养活如此众多的人口。目前在许多领域实现了由机器取代人工作业，技术已经成为人类的“盟友”，成为我们不得不使用的工具，如果现

---

① 冉新义、刘冰：《现代教育技术》，厦门大学出版社 2012 年版，第 21 页。

② 冉新义、刘冰：《现代教育技术》，厦门大学出版社 2012 年版，第 21 页。

在要抛弃现代技术，回到以往的简单生活中去完全是疯狂的想法。[①] 但是技术风险的确存在，须对风险和具体技术的其他代价做出合理的判断，并将其与益处相比较，并试图做出最好的权衡。虽然这样很困难，因为风险总是与不确定性同在，而益处有时也无法用数量进行具体计算，但是我们一直在努力。新技术在教科书领域的引入和运用也同样冲击和挑战传统教科书，然而有些人却对这种潜在的风险熟视无睹，或者故意忽略。由此，为了防范数字教科书的潜在风险，我们必须澄清技术的价值和可能的弊端，在思想和行动上防止对技术的过度依赖，同时应该努力破除技术至上观念，反对和抵制技术决定论，这样才可能使得技术可能造成的风险尽可能地缩小。

（二）完善数字教科书的技术标准

数字教科书相关标准的研究于2010年启动，其中华东师范大学和人民教育出版社在该领域影响较大。中小学数字教科书是集合了信息技术、出版和教育三个领域，因此数字教科书的技术标准也应从三个层面推进，同时加强三个方面的技术标准融合。

出版领域的电子书标准化工作在2010年就已经推进，如国家在《关于发展电子书产业的意见》（2010）就提出制定电子书标准，推进电子书产业发展。为响应教育部的号召，华东师大于2010年11月成立电子课本与电子书包标准研制组，分设五个工作小组开展电子书相关标准的研制。2013年，《电子课本信息模型规范》《电子课本与电子书包体系框架》《电子书包终端规范》等相关标准开始出台。[②] 2014年，12项电子书系列标准出台。2015年，这些系列标准由国家发布实施。[③]

另一个层面是教育信息技术相关标准的研制。目前，在推进教育

---

① ［美］H. W. 刘易斯：《技术与风险》，中国对外翻译出版公司1994年版，第254页。

② 王根顺等编选：《中国教育年报（2014年版）》，兰州大学出版社2015年版，第298页。

③ 中国数字出版产业年度报告课题组：《融合发展之年的中国数字出版：2014—2015中国数字出版产业年度报告（摘要）》，《出版发行研究》2015年第8期，第5—10页。

信息技术大发展的背景下，教育信息技术相关系列标准也开始陆续出台。自 2016 年以来，围绕数据标准、质量要求、生产规范流程等相关数字教材的规范和标准陆续着手立项研制，如《中小学数字教材质量要求与检测方法》《中小学数字教材生产流程规范》等已经立项研制。截至 2017 年，数字教科书相关系列标准正式发布实施 19 项，另有 30 余项标准处于研制阶段。[①] 而在各学科课程标准方面，2011 年教育部发布了义务教育课程标准，2015 年启动了高中课程标准修订工作，这两个标准是中小学教科书开发的重要依据。

因为数字教科书涉及多方面的技术标准问题，教育部门、出版部门、信息技术管理部门等都有相应的管理权限，而又都无完全的管理权限，使得数字教科书面临较为尴尬的局面，统一数字教科书的技术标准便成为一道难题，这在很大程度上阻碍了数字教科书的发展，也使得数字教科书的风险有可能在各个部门交叉节点延伸开来。因此，要有效控制数字教科书的潜在风险，必须采取有效措施使得数字教科书的开发和使用有据可依，具体应该做好以下三方面工作。

首先，构建完整的数字教科书标准体系。数字教科书的标准涉及多个方面，同一方面的技术标准又涉及多个维度，加之数字教科书本身的技术属性和教育教学属性，使得数字教科书标准较难出台，有关部门对数字教科书的发展相当谨慎。除此之外，由于数字教科书本身的跨领域的复杂特性，单一的标准显然无法满足现实的需要，从现有的数字教科书标准来看，各个维度的标准还不完善。因此，一方面需要通过国际国内比较求得切合实际工作需要的基础上，将现有的各个维度标准进行完善，对实际研发、管理、应用所需要的标准进行归类，搭建一个较为完整的、具有内部一致性的标准系列，即“标准引用组谱”。针对教学系统的“标准引用组谱”，可以对教学系统以及数字教科书的开发做到标准化的管理和标准化的产品呈现，也可直接用于网

---

① 沙沙：《中小学数字教材标准化建设的思考》，《科技与出版》2017 年第 7 期，第 90—93 页。

络教育系统运行环境的定制描述，实现对技术标准/规范进行引用描述的同时对相关技术标准/规范的内容作限制、扩充和裁剪。[①] 同时，也可以定义 PMP 的 XML 编码方法，为网络教育系统间的互操作性提供了保证。相比数字教科书，教育信息技术化标准推进较为迅速，目前基本形成了一个教育信息技术标准体系。因此，在推进数字教科书建设中，能够借鉴其标准体系，进行有针对性的改进，在完善数字教科书各个维度的技术标准基础上，实现标准的合理归类和标准之间的内部一致性，并据此构筑完整的数字教科书标准体系，是数字教科书技术标准研制工作需要进一步深入的领域。

其次，要推进数字教科书多领域标准之间的深度融合。数字教科书的标准涉及出版、信息技术和教育三个领域，目前各个领域都在建设相关的标准，然而跨领域的标准融合方面还存在很多不足，一些深层的标准融合问题还未涉及，如数字教科书特别强调交互性，即数字教科书和使用者（教师或学生）之间的互动反馈等，而相关的交互性内容的技术格式标准及其检测规范至今尚未形成统一的标准，因交互性特征的存在，使得交互性内容可能涉及敏感问题或者意识形态领域的安全，加之当前数字教科书越来越强调富媒体的特征，这种交互性和富媒体中的内容，如何保证其政治性、教育性和科学性，如何将依据用户行为而呈现的交互性内容纳入审定和出版质量检测，这都需要有统一的技术标准。在通常情况下，交互性的内容链接层级较多，内容广度和深度都不容易把握，同时人工检测和审定内容投入成本过大，且效果不佳，如何引入交互性的内容的机器检测还是重要的课题。[②] 此外，在内容检测时也需要考虑出版领域的标准，类似需要促成数字教科书技术领域各类标准融合的情况还有很多，亟须推进教科书多领

① 中华人民共和国教育部科学技术司：《中国高校科技进展年度报告 2002》，高等教育出版社 2003 年版，第 200 页。

② 沙沙：《中小学数字教材标准化建设的思考》，《科技与出版》2017 年第 7 期，第 90—93 页。

域标准之间的深度融合，这也是当前数字教科书发展的重点和难点所在。

最后，要加强数字教科书的外部系统接口标准研制。数字教科书作为教育教学资源之一，其用途正在不断地扩充。一方面，它需要参与到实际的课堂教学之中，为师生提供数字化学习的整体解决方案；另一方面，由于实际教育教学的需要，教学活动在很大程度上，已经延伸到了课堂之外。因此，数字教科书需要与其他课堂之外的学习资源、软件工具以及硬件终端等相配合，共同构筑学生的数字化学习环境，而在这个过程中，数字教科书需要与其他设备进行对接，就需要有统一的、可扩展的标准化接口，将学习内容扩展至整个网络系统。这样才能与其他学习设备或工具构成立体化的学习网络，统一完善的外部接口一旦形成，同时也可能保证数据监控的及时性与可行性。而当前适用于信息化教学系统的数字教科书接口相对混乱，早期的SCORM标准和当前的XAPI标准都有局限性，其他接口标准尚处于自发生长之中，不利于数字教科书数据的统整和利用，这也是数字教科书技术标准需要攻克的重要方面。

（三）优化数字教科书的功能设计

当前数字教科书的功能设计存在重视硬件而忽视软件、功能与需求脱节、功能复杂化影响注意力保持等问题，为了防止数字教科书功能偏离而引发的风险，数字教科书在功能设计时需要重点考虑三大问题。

第一，“硬件”与“软件”并重。当前数字教科书开发与设计更多的是硬件设备的突破以及开发与硬件配套的系统，然而，数字教科书的功能应如何实现有效学习，如何标记重点、如何添加标签、如何做记录等，都是需要考虑的“软件”部分。因为用于教学的数字教科书更多地需要考虑如何实现有效的学习，如何提升使用者的体验等方面，更多地将数字教科书的“教科书”特色做重点挖掘，而不仅仅是将知识呈现在投影上或者移动设备上，否则由于硬件的过度开发，而抛弃了数字教科书的教科书底色，则数字教科书注定走向失败。

第二，功能与需求相结合。数字教科书的功能设计应该充分考虑使用者的需求，尤其是学生和教师的教学需求，而不是以功能为主导，一味追求功能的增加。当前数字教科书的开发基本上以技术公司结合出版社的模式进行，这些机构大多以追求利润为主要目标，使得如今数字教科书的功能越来越多，且成越来越复杂化的趋向。例如，随着虚拟现实技术的介入，数字教科书开始结合三维动画、音频、视频、超链接等多种媒体资源的阅读方式，增加了数字教材的特色，同时也增加了数字教科书的成本，提高了价格，也有利于公司利润的提升。又如，当前电子书包也是一个发展的热点，电子书包作为一个声光动画音效兼具的程序，鼠标移动关键词，配合出现动画、讲故事等，同时也有题目出现，各种互动让人眼花缭乱。这个功能对于学习是必需的吗？对于学生是必需的吗？对于课堂是必需的吗？这些问题技术公司似乎很少反思。数字教科书的功能与不同的情境需求相结合是当下必须解决的问题，用于课堂教学的数字教科书应该具有何种功能，用于自学的数字教科书应该具备何种功能以及课堂练习的数字教科书应该具有何种功能，都应该明确区分，唯有这样才不会对学生的学习造成伤害，不会对教育造成伤害，才能有效防止技术导致的风险。

第三，注意力的保持。麦克卢汉在《理解媒介》一书中对“冷媒体”“热媒体”作过详细区分：传统纸质教科书是典型的冷媒体，而数字教科书属于典型的热媒体。冷媒体时代的纸质媒介需要人类全神投入，而数字教科书这类热媒体却更多助推了碎片化学习和阅读。纸质书籍属于冷媒体，没有超链接，没有互动，由此更加逼迫读者投入其中，可以完全占有读者的心智与情感，加深阅读体验，给人心灵以更深刻的冲击，这是许多认真读过纸质书籍的人的共同感受；然而数字教科书这类热媒体，随着功能的复杂化，热量反而越来越高，在此过程中，学习者的注意力反倒不容易保持，而且对动画、音频、视频逐渐产生抗体。要保持持续的兴趣，需要更加复杂的功能，引起学生的关注，从而导致更加恶性的循环：“多媒体刺激—学习—更加复杂的多媒体刺激—学习……”恶性循环潜藏着巨大风险，由此可见，信息技术的引入能够有效地引起学习兴趣，但是想要保持这种学习兴趣，应将数字教科书的开发控制在一定的“度”之内，这个“度”能够维持学习兴趣即可。

（四）加强数字教科书开发者的监管

当前仅有的数字教科书监管主要针对“出口监管”，也就是为数字教科书出台“结果标准”，然而数字教科书的“进口监管”，也就是数字教科书设计制作者、开发主体的监管却相对薄弱。为了防控数字教科书可能的潜在风险，为成品制定标准是解决问题的一个方面，然而参与设计制作教科书的主体同样应该纳入监管体系。作者认为：首先，鉴于数字教科书的特殊性，并不是任何主体都能开发数字教科书，应该对数字教科书的开发主体设立准入条件，以防止不合格的数字教科书通过网络传播；其次，对数字教科书的具体开发人员设立设计准入标准，设置数字教科书开发者的从业要求，施行执业资格证书制度，严把数字教科书设计者的思想和技术观。再次，出台数字教科书开发人员构成指导意见，建强数字教科书开发梯队，由此在一定程度上保障数字教科书的质量，防止最终结果走偏。最后，建立数字教科书开发者的失信数据库，对引发严重负面后果的开发机构或者个人，坚决踢出数字教科书的开发群体。据此，从多方面对数字教科书的开发者进行监管，进而建立健全的数字教科书全面监管体系，严防系统性风险发生。

附　录

数字教科书伦理问题审思

数字技术提高了信息生产与传播的速度，全方位变革了人们的生活方式与思维方式，使人类迈进了数字化生存时代。过去几十年，我们把人变成了机器上的螺丝钉，未来的责任是把机器变成人，但最终应该让机器更像机器、人更像人。所以未来是创造力、想象力的竞争，是智慧和体验的竞争，是领导、担当、责任的竞争，是独立思考的竞争，而这些都需要通过教育变革来实现。

少儿编程之父、乐高教育全球董事、麻省理工学院媒体实验室学习研究教授米切尔·雷斯尼克在《终身幼儿园》一书中指出：事实证明，教育制度顽固地抵制着变革。在过去的一个世纪里，农业、医药和制造业领域已经因新技术的出现和科学的进步而发生了根本性的变化。可教育就不一样了，即使新技术已经进入学校，大多数学校的核心教育结构和战略基本还是没有改变，仍然停留在装配流水线的思维模式中，与工业社会的需求和发展过程保持一致。① 这种现象在今天的数字时代尤其显著，互联网已经彻底颠覆了人们生活的方方面面，2015 年国务院印发《国务院关于积极推进“互联网＋”行动的指导意见》，2019 年“互联网＋教育”也被首次写入政府工作报告。国务院总理李克强明确指出当前教育工作的重点是“发展更加公平更有质量的教育”，并提出“发展‘互联网＋教育’，促进优质资源共享”的指

---

① ［美］米切尔·雷斯尼克：《终身幼儿园》，赵昱鲲等译，浙江教育出版社 2018 年版。

导思想。事实上，互联网对教育的改变还只是停留在表层结构之上，远远没有达到颠覆教育的程度。虽然在新冠肺炎疫情期间，国家提出“停课不停学”的口号，在线教育得到了飞速发展，但此阶段很多人也对在线教育表示了内心的忧虑，在线教育的教育质量依然令人担忧。从伦理立场审视数字教科书将有利于人们更加深刻地理解信息智能时代数字教科书的发展路径，以期为未来的数字教育发展提供借鉴。

一　伦理与数字教科书伦理

（一）伦理

伦理是由“伦”和“理”两个词义组成。古代对“伦”的解释有三个：（1）《说文解字》：“伦，辈也。”（2）《礼记·乐记》：“乐者，通伦理者也。”（3）郑玄注“伦理”：“伦，类也。”由此可知，“伦理”的本义为“人伦之理”，即血缘亲属之间的礼仪关系和行为规范。这种“人伦之理”体现为古代父子、君臣、夫妇、长幼、朋友各类等级尊卑关系及其相应的道德规范。我国传统提出的“天地君亲师”是五天伦，君臣、父子、兄弟、夫妻、朋友是五人伦，忠、孝、悌、忍、信为处理人伦的规则。“理”有治理、规则之义。《说文解字》解释为“理，治玉也。”后来“理”又有几种引申含义：①物质之“理”，如“纹理”；②人文之“理”，如“道理”“事理”；③科学之“理”，如“理科”“物理”；④使某事有序或合理之动作，如“管理”“整理”“处理”等。[①]“伦”和“理”的词源学解释可以让我们明白，伦理是处理人与人、人与社会、人与自然之间相互关系所应遵循的道德准则。

在中外伦理史上，经常将“伦理”与“道德”并用，称为“伦理道德”。但道德与伦理又有稍许区别。“道德”也由“道”和“德”两词组成，“道”意指“道理”，“德”指向“人心”，包括“理”和

---

① 《现代汉语小词典》，商务印书馆1980年版，第329页。

“情”两个维度，意指“依靠社会舆论和人的内心信念来维持的调整人们相互关系的行为规范的总和”。[①] 与“伦理”指向人相比，“道德”包括人对自然、社会、人类自身等事物规律的理解与把握。把二者合并使用，其本质就体现了人与人、人与社会、人与自然之间相互关系所应遵循的道德准则的一致性本质。

伦理道德属于伦理学的研究范畴。伦理学家指出，伦理学是“关于道德价值的有机的知识系统”[②]。作为道德价值科学，伦理道德关注的核心问题包括人们的福祉、公平正义、责任美德、权力自由、社会合作和扬善抑恶等行为规范。伦理道德是为人而存在，服务于个体达到其自身幸福目标的行为规则系统。这些规则并不是人的主观创造，而是对生活规则的总结，是令人愉悦的处事艺术和生活智慧。伦理道德的生命价值在于它是客观存在着的生活本身，其最高目标在于使人类能够实现和拥有一种人道的存在。人的一切社会活动都是道德实现，人与人、人与社会、人与自然之间的实践活动必须遵守特定的道德规范，这是社会存续、发展的前提条件。道德实现是社会发展的根本原因，人通过遵守和执行道德规范的社会活动实现社会发展。因此，从伦理道德立场审视数字教科书将有利于直接推动其立德树人教育价值的实现。

我国的传统教育以五伦为本位：“父子有亲，君臣有义，夫妇有别，长幼有序，朋友有信，人之大伦也。庠序学校，皆所以明此而已。”[③] 传统社会“父慈子孝”“兄友弟恭”的伦理实践体现了环绕着人的关系的生命温情，个体依存于世界的客观自然也被赋予生命和感情。而工业社会中的学校教育以教科书知识为纽带连接师生关系，物态化知识消弭了教学情境中人与人之间的脉脉温情，培养工业社会的

---

① 《辞海》（中），上海辞书出版社 1990 年版，第 2775 页。

② ［美］路德·宾克莱：《二十世纪伦理学》，孙彤等译，河北人民出版社 1988 年版，第 214 页。

③ 孙培青：《中国教育史》，华东师范大学出版社 2000 年版，第 12—13 页。

生产者和劳动者的功利目的成为教育终级追求，再加上现代社会个体流动性、异质性增加而导致教学伦理缺失。这种教学伦理的缺失进一步异化了教学环境，导致师生之间的伦理失范，导致教师教育信仰缺失，学生异化成学习的机器，分数成为教师和学生共同的追求，因为“分数”的背后意味着“名利钱权”。拥有了好的“分数”，终究可以兑换成权力、金钱、名望、地位，获得精神上的优越感和物质上的舒适度。当教育也成为钱权名利的追求者，其后果必将带来对欲望的追求超越社会道德及个体理性规约。当社会道德理性与个体欲望天性的天平朝着个体欲望天性倾斜，教育就会无所节制，嫌贫爱富、攀附权贵、追名逐利、唯利是图也就成为学校教育的副产品，如影随形。

（二）数字教科书伦理

教育问题在一定程度上讲就是伦理问题，因为它们涉及专业教育者对儿童身心健康发展的理解和实践。正如阿兰·布鲁姆所言，所有的探究（尤其是教育的探究）都代表着一种道德责任。① 这种道德责任指向个体身心不完善的现实困境和实现人的全面发展的实践需要。身心不完善的现实孕育教育的伦理困境，从反面揭示了教育的根本诉求。实现人的全面发展的需要指向教育的伦理诉求，通过教育塑造德智体美劳全面发展的人。因此，“上所施下所效”和“养子作善”的词源学解释为教育向善的伦理诉求提出了理论和实践要求。

国家作为最大的道德主体，承担着促进政治文明进步、保障人民群众健康生活和实现社会可持续发展的伦理道德责任。教育是实现国家伦理道德责任落地生根的重要手段，也是落实“培养什么人、怎样培养人、为谁培养人”这一根本性问题的现实表征。教科书是国家意志的体现，承担传播社会主流文化、培育国家认同观念、建构国家认同行为的历史使命。实现人的全面发展的根本价值在于理解和掌握教科书的国家知识和社会文化并内化于心外化于形，培养适应社会需要

① 王占魁：《价值选择与教育政治——阿普尔批判教育研究的实践逻辑》，教育科学出版社2014年版，第103页。

的必备能力、关键品质和价值观念，最终落实立德树人根本任务。因此，通过教科书实现个体全面发展的伦理诉求就成为核心素养时代教育的根本宗旨。

互联网以前所未有的速度改变着人类和人类社会。以人工智能、大数据为代表的新技术集群加速发展，有望引领第四次工业革命，智能时代的大幕正徐徐开启，无处不在的数据和算法催生出人工智能驱动的经济和社会形式，生物层、物理层和技术层表现出三位一体的融合趋向。以人工智能为代表的新一轮信息技术变革以巨大的发展潜力和时代价值成为造福人类和社会的“向善”力量，推动个体和社会福祉的最大化。但与此同时，人工智能、大数据等数字技术也带来了隐私保护、虚假信息、算法歧视、网络安全、网络犯罪等伦理问题，成为人类关注的焦点之一，引发对数字技术及其应用的伦理审思，探索技术、个人和社会之间的平衡，构建和谐共生的人机关系，实现智能社会人机共生，让个体享受自由、智慧的幸福生活，助力经济社会健康包容可持续发展，建构数据和算法为基础的技术伦理观，实现以智能时代的技术伦理重塑社会信任，塑造更健康包容可持续的智慧社会。

互联网时代的教育具有更加明显的工业化特征：借助现代信息技术提高教育资源创建、传递和共享效率，打破时空限制，实现人才培养批量化和效率最大化，为经济社会发展提供源源不断的人力资源。为了迎合互联网时代的教育诉求，国家在教育信息化领域制定了《中小学数字教材元数据》等标准文件，为数字时代的教育发展提供政策依据。数字教科书相对于纸质教科书而言，是数字时代的产物。数字教科书是一种新的教科书呈现形式，它不是纸质教科书的数字化或多媒体化，而是课程、教科书、出版与信息技术相互架构、有效融通和复杂整合。数字教科书有利于丰富和整合教学资源、拓展教学时间和空间、支持个性化学习。同样一段材料，纸质教科书呈现出来就只能阅读纸上的文字和图片。改造成数字教科书就可以既看到文字、图片，又可以借助音频、视频辅助进行互动，实现交互学习，获得交互性的学习体验。作为数字时代的产物，数字教科书带来了教育伦理生态的根本转变。在纸质教科书时代，教科书的生产和使用只涉及教科书编者、作者、审查者、教师和学生等群体。随着信息技术深度介入教科书的生产和使用过程，技术将在时间和空间上全面、全程改变教科书的伦理生态（见图一）。数字教科书在生产和使用过程中必然涉及作者、编者、技术员、审查者、审阅者、教师和学生等不同主体，他们以不同身份参与数字教科书运作，并基于各自立场进行相关的价值选择，同时也承担着相应的伦理责任和道德使命。从数字教科书的编辑、审查和使用三个范畴阐述数字教科书的伦理问题，将有利于我们加强对数字教科书的理解，更好地审视和管理数字教科书。

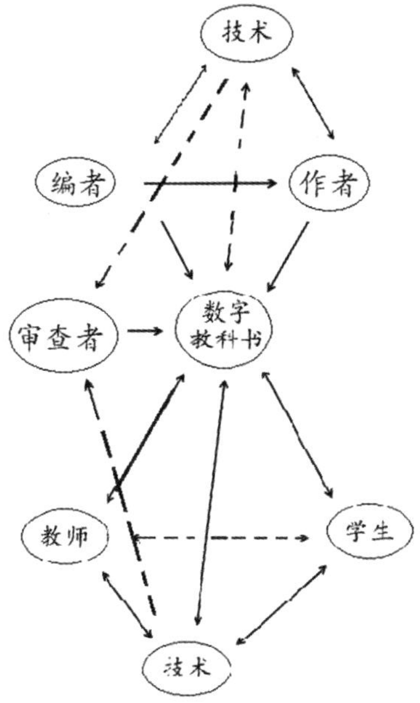

图一　数字教科书的伦理构型

二　数字教科书编辑伦理

纸质教科书编辑涉及编者和作者两大主体。在大多数情况下，作者所创作的材料并不为教科书编辑服务。当教科书编者把相关学科背景材料“拿”过来编辑教科书时就需要对背景材料进行增删改动，必然涉及编者和作者的观念差异，甚至有可能产生伦理道德冲突。教科书编辑伦理体现在编者对作者价值观的传承、背离抑或超越。教科书作为国家意志的体现，其根本目的在于传递国家知识，建构国家观念，因此就需要对作者所创作的背景材料进行国家观念审查以符合立德树人根本任务的要求。与纸质教科书不同，数字教科书编辑涉及作者、编者、教师、学生和技术等多重主体，数字教科书的编辑伦理体现在知识伦理、教学伦理和技术伦理三个方面。

（一）数字教科书编辑的知识伦理

教科书的起点是知识。在分科教学的现实语境下，教科书是科学知识体系的分类。1952 年教育部颁发的《中学暂行规程（草案）》提出中学教育目标之一是使学生获得“现代科学的基础知识和技能”。知识是人类从各种途径中获得并经过总结、提升与凝练的系统认识，是对自然、社会和人的系统认识。斯宾塞“什么知识最有价值”和阿普尔“谁的知识最有价值”的命题揭示了知识传播的价值立场，教科书编辑的意义和价值就在于传递最有价值的科学文化知识并上升到国家知识立场以落实立德树人根本任务。

美国教育家布鲁纳强调知识结构的重要性，“不论我们选教什么学科，务必使学生理解该学科的基本结构”。“一门学科的课程应该决定于对能达到的、给那门学科以结构的根本原理的最基本的理解。”他认为适当的知识结构设计可以把任何知识“在智育上是正确的方式，有效地教给任何发展阶段的任何儿童”。[①] 这就意味着，教科书编辑需要重点审视知识的呈现结构，在知识结构化呈现的过程中实现个体思维的结构化，最终实现促进人的全面发展的教育宗旨。

教科书的知识结构体现在目标、内容和呈现方式三个方面。日本学者通过研究教材提出教科书编辑的三大原则：真实性、反思性和脚

---

① ［美］布鲁纳：《教育过程》，邵瑞珍译，文化教育出版社 1982 年版，第 31、47、49 页。

手架原则。[①]“真实性”要求通过建构真实的学科知识实现能力培养的课程目标，养成应对真实情境的运用知识与处理问题能力。“反思性”要求教科书的知识内容直达学习者的思维方式与实践方式，让学习者能够批判性地审视教科书的阅读心得，实现个体元认知监控。“脚手架原则”指向知识呈现方式，要求教科书为学习者创造学习支持系统以实现对教科书的有效学习。真实性、反思性和脚手架原则为教科书编辑提供了理论支撑，要求教科书通过有效的学习支架呈现真实有效的学科知识以实现国家知识传播和国家观念建构。在纸质教科书基础上，数字教科书要进行国家知识的数字化重整，甚至要打破原有知识体系结构，实现不同学科知识的模块化重组，进而构建网状结构的知识内容体系。

与纸质教科书不同，数字教科书编辑不仅生产和传播“国家知识”，还会在数字教科书的生产过程中不停地形成“个体知识”。数字教科书的超文本特征决定知识生产的即时性和容量的无限性。网络是去中心化的社会形态。去中心化的超文本是由相互链接的文本组成，每个文本都内含若干指向其他文本的超链接标记。超文本链接构成的网络没有边界，只有无尽的延伸和扩展，为知识爆炸提供了理论依据。据专家测算，在知识爆炸时代，全世界的知识总量会在7—10年的时间翻一番。知识爆炸的本质就是知识生产过程的“创新—组合—再创新—再组合”，契合数字时代的超文本特质。数字教科书知识的多样性和生成性导致信息超载，海量信息大大超越了大脑的接收能力，降低学习专注力，学生容易迷失在知识的海洋里找不到自己的位置，迷失前行的方向。

数字教科书编辑的核心价值在于为知识生产搭建平台，数字教科书不仅仅是知识输出，也应该是知识导入。作者不停地在网络上创作教科书背景材料，教科书编者不停地将背景材料导入课程供学校使用，

① 钟启泉：《从“纸质教材”到“数字教材”——网络时代教材研究的课题与展望》，《教育发展研究》2019年第6期，第1—7页。

教师和学生在使用数字教科书的同时也在对知识进行创造性加工和改造，从而实现数字教科书的迭代式发展。迭代的背后是知识的“病毒式”扩张，结果必然导致数字教科书知识的无穷无尽与个体身心结构的有限性之间的道德对立，更从伦理道理立场消解了“国家知识”的权威性。面对海量的数字教科书知识，个体身心结构的有限性导致无所适从，促进个体全面发展的教育宗旨落空。“国家知识”的数量聊胜于无，质量也被海量的“个人知识”所淹没。有限的“国家知识”被无穷无尽的“个人知识”所遮蔽，严重制约了立德树人根本任务的落实。

（二）数字教科书编辑的教学伦理

教学的本质是教师教学生学，教师教会学生学会。“教”与“学”，“教会”与“学会”之间存在必然的因果关联。教师与学生之间因果关联的实现以教科书编辑为前提。教科书为教学而存在，教学性是教科书的根本属性，体现在可教性、易学性、增效性和合宜性等四个方面。[①] 可教性和易学性从过程层面要求教科书满足教师和学生的教学需要，通过设计可操作性强的教学支架适应教师教和学生学。增效性从结果层面要求教师和学生的教科书使用有效果，实现立德树人价值。合宜性从适应性层面要求教科书符合时代发展、学生心理和社会需要。教科书的国家意志必须通过教学性落到实处，没有教科书的教学性，国家知识传播和国家观念建构必将落空。教学性要求通过正确的学科知识选择和有效的教学支架创设实现教科书的国家知识传播和国家观念建构，最终落实立德树人根本任务。因此，教科书编辑必须落实教学性为旨归，以教师和学生科学有效的教科书使用为根本要求，从而实现教科书国家知识和国家观念的教学传承，落实立德树人根本任务。

数字教科书与纸质教科书存在思维模式的本质区别。纸质教科书

---

① 李新、石鸥：《教学性作为教科书的根本属性及实践路径》，《课程·教材·教法》2016年第8期，第25—29页。

立足线性思维，通过观察、比较、分析、综合、抽象与概括等逻辑推理过程实现对自然、社会和人自身的认知和体验，非常适合“自上而下”的知识传播和观念传承。理性思维的根本要旨意在实现世界深度认识，透过现象认识事物的本质和规律以实现改造世界的根本目的。数字教科书以数字编码符号形成脱离语言情境的超文本结构，是内蕴立体多维的离散思维，通过关联性探寻事物的关系网络，探寻事物之间的关联性，体现思维广度的多元性、多样性和发散性。离散思维迎合了内容的生成性和形式的多样性。形式多样性和内容生成性就好比是硬币的两面，通过超文本结构实现知识生产过程中内容和形式的协调统一。

纸质教科书的知识权威决定“教师教学生学”的价值就在于传播国家知识，建构国家观念。数字教科书的知识生成性导致教科书的权威性受到挑战，这也从根本上改变了教学的本质。教学不仅仅是“教师教学生学”，也有可能是“机器教学生学”或者“自己教自己学”。数字教科书融合大数据、人工智能等高科技，彰显超时空的个性化、交互共享、学科整合性等特质，能最大限度促进学生个性发展，为每个学生提供合适的教育。数字教科书通过平台收集学习数据，全方位诊断学习情况，监控学习过程以实现学习过程可视化。根据学习行为、学习结果、学习时间、文本语境等大数据记录实现数字教科书的“个人定制”。数字教科书可以实现基于学习需求的深度认知并进而对信息进行精准识别，实现教科书的人性化和个性化。数字教科书越来越像一个人，他不但认识你，而且“懂得你的需求、了解你的言辞、表情和肢体语言”①。

纸质教科书编辑是一次性完成，内蕴了教科书编辑的权威性，是落实党的教育方针政策、传承优秀文化的重要载体。教科书编者是国家知识权威的“代言人”，通过自己的专业素养为国家知识的权威性

---

① ［美］尼古拉·尼葛洛庞帝：《数字化生存》，胡泳等译，电子工业出版社 2017 年版，第 85 页。

建构实践通道。但数字教科书编辑并不是一次性完成的，而是始终处在进行当中，数字教科书的使用过程就是编辑。当教师和学生都可以“个人定制”数字教科书时，“教科书的标准性和权威性被大幅度瓦解。……谁也无法让教科书神圣化了。谁也垄断不了教科书了。教科书的权威将不断被大量制度上的非教科书所消解。教科书教者和学者、教科书的生产者和使用者的界限都被打破—”[①]。这就意味着，数字教科书编辑的教学伦理体现了编者与教师和学生之间的伦理冲突。数字教科书使用过程中，教师和学生通过超链接源源不断地生成新的知识，以超越教科书知识的“国家定制”，而使知识始终处在“个人订制”的生成性当中，消解了教科书国家知识的权威性。当然，消解的过程会不会生产出新的国家知识权威？或者是不是可以乐观地认为，教师和学生都可以像教科书编者一样成为国家知识权威的“代言人”？

（三）数字教科书编辑的技术伦理

数字教科书编辑必然涉及技术与人、技术与社会之间关系的伦理道理与实践准则。数字教科书编辑的技术伦理涉及资源伦理、算法伦理、关系伦理和情感伦理等内容。数字教科书是不一样的教科书，在遵循纸质教科书知识标准基础上需要自身特有的技术标准，否则附载于数字学习平台的数字教科书知识就会“形式大于内容”。技术复杂性、交叉性与关联性使数字教科书的技术标准不可能是单一标准，而应建立具有内部一致性的标准体系。

数字教科书是“教育内容 + 移动终端 + 学习平台”的统一体。数字教科书要妥善解决教育内容、移动终端、学习平台三者之间的关系。教育内容选择是教科书编者的职责，但这种职责需要与专业的程序、系统、平台等技术有效整合。这种整合可以有效实现数字教科书的个性化和自主性，为促进学生全面发展创造条件。比如部编本语文七年级下册《黄河颂》与地理课的黄河、历史课的黄河文明、音乐课的

---

① 石鸥、刘学利：《跌宕的百年：现代教科书发展回顾与展望》，《湖南师范大学教育科学学报》2013 年第 3 期，第 28—34 页。

《黄河大合唱》、美术课的《黄河颂》都有关系，数字教科书可以整合语文、地理、历史、音乐和美术教科书的内容，形成跨学科综合教材，在跨学科整合中实现核心素养培养，真正建构“为素养而教”的数字教科书。数字教科书完善了内容与资源支撑系统，支持即时学习和移动学习，可在听觉、视觉、平衡感、时间感等感觉通道界面的辅助下形成综合性刺激，契合个体全面发展的综合性和实践性。

数字教科书学习平台内嵌、外联丰富的课程资源，融合文字、图片、音频、视频、动画等多媒体资源，并通过学习平台实现良好外延性和知识拓展便捷性，便于查询平台内和互联网上的资源。资源只是数字教科书的起点。在此基础上还需要设计质性学习系统和量化学习系统。质性学习系统便于解决学习中的问题，同学解答、教师解答、专家解答同时进行，让学生对知识的理解更加透彻。量化学习系统帮助教师掌握学生的学习情况，监控每一个学生的学习过程，并对学习困难学生进行及时查漏补缺，实现编辑、教师、学生之间良好的互动体验。但复杂的信息技术，可能会将更多、更大的不确定性带入教育世界，导致更大范围、更大程度上的混乱无序，甚至会产生更为迅速、更为彻底的瓦解和崩溃。[①]

技术从来都不是价值无涉的，技术本身不可能独立于它的使用。技术是一种社会设计，技术背后充满着文化及政治意图。一旦投入使用，技术的内在价值就会在特定条件下转化为现实价值。[②] 技术介入数字教科书的编辑过程，导致技术对人性的挑战和僭越，技术在无形之中实现了对数字教科书编者、教师和学生的主体性“奴役”。数字教科书的编辑过程与其说是教师和学生“个人定制”的知识生产，还不如说是“技术定制”的知识生产。或者更严谨一点，教师和学生与技术的“合谋”推动“个人定制”的数字教科书发展，共同消解教科

① ［英］斯科特·拉什：《风险社会与风险文化》，载李惠斌主编《全球化与公民社会》，王武龙编译，广西师范大学出版社 2003 年版，第 298—320 页。

② 许良：《技术哲学》，复旦大学出版社 2004 年版，第 138—143 页。

书的“国家知识”权威，为立德树人根本任务落实埋下隐患。

数字教科书中的技术过度介入导致教学过程混乱无序。技术成为课堂的“主宰”，教师和学生成为操作技术的“工具”。技术泛滥消解了教师和学生对教学过程的责任意识，致使课堂规范与责任伦理弱化。作为一种新型媒介，数字技术有教学优势，但脱离实际需求、无的放矢地使用技术不仅不能有效释放教学意义，反而会浪费师生的时间和精力，导致课堂教学与道德之善背道而驰。

三　数字教科书审查伦理

教科书审查是教材建设工作的重要环节，是确保教材质量的重要保障。教育部教材局局长田慧生指出，坚持教材“凡编必审”，健全审核机构，严格审核标准和程序，规范“谁来审、怎么审”。国家、地方、学校、行业、出版机构层层建立教材审核机构和机制，落实各级审核责任，建立教材政治审核、专业审核、综合审核、专题审核、对比审核“五审制度”[①]。审查一直是教科书建设的重要环节，是落实立德树人根本任务的核心和关键。随着“去中心化”的数字教科书排上日程，教科书审查将变得更加重要。

虽然我国信息化技术发展迅猛，但数字教学资源标准制定工作严重滞后，国内开发的数字教科书产品部分是购买国外的成熟产品，也有国内高科技企业自主开发的平台，但这些平台与资源之间缺乏数据交换标准，造成数字教科书无法在更大范围内实现共享。[②] 自 2013 年开始，教育部发布的《教育信息化工作要点》和《教育信息化与网络安全工作要点》已连续多年将数字教材的研发、标准化和应用实验等工作列为重点任务。2016 年的《教育信息化工作要点》提出由人民教

---

① 教育部：《坚持“凡编必审”“凡选必审”拧紧教材进入课堂、书包的安全阀》，中国教育在线，https：//www. eol. cn/news/meeting/202012/t20201224_2061983. shtml.

② 蒋薇：《教材出版数字化转型中存在的问题及对策分析》，《出版广角》2013 年第 6 期，第 30—32 页。

育出版社做好“数字教材”相关标准研制与应用工作，为数字教科书审查提供依据和标准。数字教科书审查涉及教科书编者、教师、学生以及技术与数字教科书审查者的伦理关系，数字教科书审查伦理体现在内容伦理、过程伦理和关系伦理三个方面。

（一）数字教科书审查的内容伦理

我国现有中小学教材审定管理制度基本规范了教材审定机构、审定人员、审定程序、审定原则和审定标准，实行教材编审分离。教材审定程序一般是把通过初审和实验的地方教材送省级中小学教材审定委员会进行审定。首先由各学科教材审查委员会负责本学科教材审查，审查通过后撰写审查报告，连同教材提交审定委员会审定。通过初审和实验的国家课程教材先由教育部基础教育课程教材专家工作委员会成员个人审读，提出意见，再召开审查会议集体审议，投票表决形成审查结论。对于意识形态属性较强的教材，专家委员会审查通过后提交国家教材委员会审定，最后上报教育部审定签批。

网络时代，内容为王。对数字教科书的内容进行审查是落实立德树人根本任务的核心和保障。数字教科书专业性、针对性的内容审定标准和规范性文件还没有出台，这对数字教科书建设和发展非常不利。我国 2001 年 6 月颁发的《中小学教材编写审定管理暂行办法》难以适应数字教科书的发展状况。因此，建设数字教科书的内容审定标准，确保数字教科书的安全性与实效性是当前和未来一段时间的核心任务。

数字教科书的内容审查主要凸显政治性、专业性和技术性。政治性体现为数字教科书的价值立场和思想观念。要求数字教科书落实国家意志，凸显社会主流思想，涵盖社会主义核心价值观，满足新发展阶段的社会发展需求等基本要求。专业性关注数字教科书的教育性和教学性。要求数字教科书落实国家教育目标，满足课程标准要求，突破“固化、线性、封闭”的学科知识藩篱，实现学科内部、学科之间的知识关联整合、协同发展，突破纸质教科书的线性化局限，实现数字教科书多元发散。技术性关注数字教科书的内容选择、结构安排、虚拟学具、学习平台、服务配套等一系列支持系统建设，为数字教科书应用创造服务环境。

相比纸质教材，数字教材涉及更多领域，呈现“教学内容 + 学习平台 + 学习终端”，即内容资源与软硬件装备整合形态。数字教科书的形式交互性和内容生成性，教师和学生可以通过链接、拍照、视频上传教学素材，在网络学习空间建立论坛互动交流讨论，以及从网络资源平台下载学习资料进行共享等，对这些交互性操作产生的内容资源如何进行审定和质量检测，以保障内容的政治性、教育性和科学性是教材审定面临的难题。

“个人定制”的数字教科书审查，到底应该审查数字教科书的“个体性”还是“公共性”？如果审查数字教科书的“个体性”，作为“公共性”的数字教科书审查本身就与“个体性”存在逻辑上的对立，在对立的基础上如何保障其作为教科书的“公共性”？如果审查数字教科书的“公共性”，作为标准的“公共性”如何适应地域家庭差距显著、性格千差万别、思维各不相同的学生的“个体性”？这种基于“个体性”的“公共性”审查是否具有现实的可操作性？如果要实现“个体性”和“公共性”的统一，那么“统一”的连接点又在哪里？如何确保“个体性”和“公共性”的边界清晰而又具有内在的一致性？在数字教科书的个体伦理和公共伦理的矛盾对立中，如何通过“个体性”和“公共性”的审查实现个体伦理和公共伦理的动态平衡，始终考量数字教科书审查者的政治素养、专业素养、技术素养和道德素养。

（二）数字教科书审查的过程伦理

过程伦理是指蕴含于事物运动、变化、发展过程中的伦理道德价值。它是动态的、变化的，是形式的而非实质的，属于手段。[①] 教科

① 龚天平：《管理伦理新解》，《河北学刊》2004 年第 6 期，第 50—55 页。

书审查从开始到结束的整个活动过程体现了过程伦理的基本规范。过程伦理要求教科书审查所用的“各种手段、方法与有关道德准则、价值标准及伦理规范具有一致性和兼容性”①。从伦理道德意义上说，应该公开所有教科书审查材料，将审查过程和审查结论向社会公布并进行开诚布公地解释说明。但作为专业性、复杂性的教科书审查工作，审查过程和审查结论与社会公众并没有直接关联。同样的道理，教科书编辑也不需要向社会公开所有编辑过程中涉及的材料，只需要呈现编辑出版的教科书即可。教科书审查过程中出现的“合理性”和“伦理性”的矛盾与背离使教科书审查所用的方法处于尴尬境地，成为教育伦理关注的热点和难点。从教科书审查的过程伦理立场来看，审查者所坚守的“国家观念”或多或少地会与去中心化时代的“个体观念”产生矛盾、背离乃至冲突，从而引发过程性的伦理观念论争。

教科书审查会涉及教科书的政治性、专业性和技术性标准，这些标准还需要进一步细分为可操作的实施细则。根据实施细则进行综合性、专题性、学术性、个体性等全方位审查，形成没有“瑕疵”的教科书“标本”。事实上，与其说没有“瑕疵”，还不如说是“妥协”的产物，实现折中效果，确保政治性的前提下实现教科书专业性和技术性整合，基本满足教学需要。基于此，所有现实的教科书都能从某个方面进行专业性的伦理批判，这也是“民国老课本热”背后所折射出的现实图景，于永昌教授提出教科书存在“学术味浓，人情味淡，意识形态过多”的现实问题②，岳上铧提出“以讲故事等潜移默化的形式传递人类普遍的道德情感”的教科书原则③。这既是教科书编辑问题，更是教科书审查问题。审查需要发挥教科书的“守夜人”角色，通过专业性、综合性的教科书审查实现教科书立德树人根本任务

---

① 赵铁：《社会问题与社会研究伦理》，《广西社会科学》2004 年第 3 期，第 166—168 页。

② 陈妍妮：《民国老课本因何受热捧?》，《新华航空》2011 年第 6 期，第 54—55 页。

③ 岳上铧：《民国老课本“出版热”对语文教材编订的启示》，《出版广角》2014 年 3 月上，第 44—45 页。

落实，实现国家知识有效传播和国家观念科学建构。

陕西师范大学程世和教授曾经在网上发文，针对统编语文教材主编温儒敏提出的“初中语文教材大幅增加古诗文阅读比重，和课外延伸阅读，是用教材倒逼孩子们阅读”的观点，从学生读书少、阅读的重要性和没必要大量背诵古诗文三个维度提出了尖锐批评。三科统编教材是国家系统工程，经历了反复审查、试用、修正以后才投入使用，仍然遭受如此批评。程教授的批评针对温儒敏教授主编的语文教材，这是经过教材委员会审查通过的国家统编教材。自然，对温儒敏教授的批评也可以推而广之扩展为对教材编辑理念的反思。反思背后折射出不同伦理道德观念的冲突。这种批评只是问题的冰山一角，如果再把教科书审查的过程性材料向社会公开，说不定会引起更大更激烈的过程伦理风暴。

过程伦理始终与个体情感相依相随。伦理的情感性使道德是非标准和价值准则呈现多元性。社会成员的是非标准和伦理准则必然打上各自所代表的社会阶层、时空情境和社会文化的烙印。手段的专业性、复杂性与伦理道德的情感性相互交织，就会陷入仁者见仁智者见智、公说公有理婆说婆有理的伦理困境。

在编写审定出版发行之后，数字教科书的内容、版本不断更新，这就意味着数字教科书审查的过程伦理问题将更加显著。数字教科书政治性审查、专业性审查和数字技术性审查之间的伦理冲突如何调和？数字教科书内容更新过程中如何实现政治性审查、专业性审查和技术性审查的协同发展？数字教科书版本更新过程中如何实现政治性审查、专业性审查和技术性审查的协同发展？不同发展阶段的数字教科书，如何在审查过程中实现“国家定制”和“个人定制”之间的协同发展？事实上，对成熟的纸质教科书审查都没有解决的难题，面对持续更新的数字教科书，教科书审查实在难以让人乐观。数字教科书编辑存在的问题可以通过审查予以纠正，如果审查难当大任，那数字教科书发展乃至数字教育发展自然会大大落后于数字社会发展。这就是当下如火如荼的数字经济与固守成规的传统教育相互依存的现实写照。

（三）数字教科书审查的关系伦理

马克思指出，人的本质是一切社会关系的总和。社会性是人的本质属性，人的社会性建立在人与人之间相互关联的基础之上。人是关系的动物，人的本质是由社会关系所决定的。人之所以能够成为万物之灵，人类文明和文化发展与关系取向分不开。关系取向促进了人与人之间的联系与沟通，文化在相互联系与沟通中得以传承与发展。

教育是“人使人成人的活动”，教育的本质是促进人的全面发展。马克思指出：“一个人的发展取决于和他直接或间接进行交往的其他一切人的发展。”① 教育活动体现了人与人之间的关系伦理，通过相互关联的活动实现道德完善和全面发展。教育是合作，教师之间、学生之间和师生之间都会存在合作关系。事实上，基于教科书的关系伦理不仅仅发生在师生之间，教科书编者、审查者和教科书使用者之间也同样存在。关系伦理是指运用伦理原则、伦理规范调节不同主体以及主体与客体之间相互关系的价值观念和行为规范。教科书审查是实现国家知识和国家观念的教科书表达的核心环节，没有经过教科书的国家审查，教科书编者所编辑的教科书将一无是处，编者的劳动就是无用功。教师和学生也就无所适从，没有了教科书学校教育将不复存在。因此，基于教科书的实践活动体现了人的社会性本质，通过教科书实现国家知识传播和国家观念传承。

人与人之间难以直接赤裸裸地面对面，他人总是作为被我同一化和整体化的对象出现。如果你是战士，杀死的是“敌人”；如果你是法官，惩罚的是“罪犯”；如果你是教科书编者，服务对象是教师和学生；如果你是教科书审查者，面对的是教科书编者，更应该反思自己内心的“国家意志”以及“教师意识”和“学生意识”。他人的“他者性”被“我”缩减成“身份”或“角色”，缩减成“我”对他

① 《马克思恩格斯全集》（第3卷），人民出版社1976年版，第515页。

人的一种认知，致使“我”与他人之间进入一种无比密切的善的关系伦理范畴，但他者又始终在“我”外部，在绝对他者性之中的关系。勒维纳斯认为，真正的关注是“他者性”，“善必须始终关注着特殊性”①。上文指出教科书编者是“国家知识”的“代言人”，实际上教科书审查者才更应该是“国家知识”的“代言人”，通过二者的协同合作实现国家知识的教科书表达。通过国家知识的教科书表达实现国家知识传播和国家观念建构，为师生之间基于教科书的知识传播和文化传承建构伦理规范。所以，教科书审查不是“审查”，而是“国家知识”和“国家观念”的二次重构，基于教科书编辑基础上的“国家知识”和“国家观念”的二次重构。那么反过来也可以认为，教科书编辑也是审查，编者以国家知识“代言人”的身份不断地审视自己的编辑过程是否符合“代言人”要求，从而实现国家知识的教科书建构。

教科书是国家意志、传统文化、社会进步和科学发展的集中体现，是实现教育目标的直接载体。这是教科书的本质所在，也是教科书的独特功能。数字教科书理应承担起这种“义务”和“责任”。所有的审查都是自我审查，通过自我审查实现国家知识和国家观念的教科书建构。基于此，教师和学生使用数字教科书的过程就是在编辑数字教科书，也同样是在进行数字教科书的自我审查。从共同体立场来看，数字教科书编辑、审查和使用就形成了完整、统一、严谨、自洽的逻辑链条，都成为数字教科书国家知识传播和国家观念建构的“代言人”。理想很丰满，现实很骨感。问题是：现实中的数字教科书编辑、审查、使用真的能够形成完整、统一、严谨、自洽的逻辑链条吗？数字教科书的编者、审查者、技术员、教师和学生真的能成为国家知识传播和国家观念建构的“代言人”吗？

---

① 汪新建、王丽：《关系伦理观照下的心理治疗——心理治疗伦理问题的再思考》，《南京师大学报》（社会科学版）2008 年第 3 期，第 93—99 页。

四　数字教科书使用伦理

教科书使用过程要求教师和学生以各自的全部经验、情感、个性投入教学活动，自由、充分展现个体的丰富性。交流、对话、模仿、感染是教科书使用过程的基本方式，知识传授、智力培养、观念建构和个性塑造是教科书使用的基本内容。在教科书使用过程中，师生双方可以体悟到运用科学规律进行创造的“人的本质力量”，发展自由创造的意志和能力。在教科书使用中学生可以找到攀登智慧高峰的捷径，获得走向生活、创造生活的底蕴和勇气。

教科书是国家意志的文本表达，必须体现“权威”而内蕴“照本宣科”特质，遵照教科书的“本”实现“宣传”国家知识、建构国家观念的教育使命。因此，教科书使用才是根本，才是王道。只有全方位使用好教科书，才能通过教科书真正落实立德树人根本任务，实现培养社会主义事业建设者和接班人的时代重任。教学伦理学专家坎贝尔提出“伦理型教师”概念：“教师对象的可塑性、未完成性以及模仿性强等特征决定了我们的教学不仅仅是高效传递知识的技术性活动，而是必然包含道德意义的实践性活动。”① 与“伦理型教师”相对的是“伦理型学生”和“伦理型教学”。教科书使用过程就是伦理型的教学过程，通过教科书使用的实践活动实现学生的伦理道德发展。教科书呈现的国家知识是人类文化积淀和集体智慧结晶，是真、善、美的体现。教科书使用过程是求真、向善、趋美的过程。作为新的教科书样态，数字教科书使用过程必然体现教科书真、善、美的道德观念，体现教师和学生基于数字教科书使用的认知伦理、情感伦理和活动伦理特质。

（一）数字教科书使用的认知伦理

培根基于实用立场发出“知识就是力量”的呼唤。19 世纪教育家

① ［加拿大］伊丽莎白·坎普贝尔：《伦理型教师》，王凯等译，华东师范大学出版社 2011 年版，第 132 页。

斯宾塞回应了培根的呼唤，开启了“什么知识最有价值”的经典教育命题的探寻。答案是科学知识最有价值，教育的责任就是展示“最有价值”的科学知识，让学生在科学知识的认知过程中实现全面发展。到了20世纪，美国课程论专家阿普尔在斯宾塞的基础上提出“谁的知识最有价值”的新命题，揭示国家知识的重要性。教育的本质就是通过学生的认知过程实现国家知识传播，国家观念建构。认知过程是实现主观客观化，主观反映客观，主观表现客观的实践过程。皮亚杰的发生认识论原理揭示了同化顺应达到平衡的认知图式结构。同化是把外界知识整合到正在形成或已经形成的图式结构以丰富主体的实践能力。顺应是同化性的结构或格式受到它所同化的元素影响而发生改变，通过主体实践适应客体变化。个体通过同化和顺应适应环境达到有机体与环境平衡。如果有机体和环境之间失去平衡，就需要改变行为以重建平衡。教科书使用过程就是学生通过同化和顺应的方式改变心理结构以实现个体与社会的动态平衡。在不断的“平衡→不平衡→再平衡”过程中实现国家知识和国家观念的螺旋式上升。

传播国家知识，建构国家观念是课堂教学的宗旨。实现这一任务的关键是基于国家知识的教科书建构，通过教科书实现国家知识传播和国家观念建构，这也是国家统编语文、历史和政治三科教材的实践逻辑。教科书从形成那一刻开始就是作为封闭自足的国家知识系统而存在，教科书内蕴对儿童在自我、他人、国家和社会不同层面上的道德期待，如培养爱国主义精神、发扬民族传统美德、树立社会和家庭的责任感、培育良好的生活与行为习惯等。教师是连接学生和教科书的中介和桥梁。通过教师的中介桥梁作用让学生理解和掌握教科书的国家知识并内化于心外化于形，培养适应社会需要的必备能力、关键品质和价值观念，最终落实立德树人根本任务。

数字教科书的立体化设计拓展了纸质教科书的教学时空界限，呈现出立体化特征，师生处于分离的教学环境，从传统的“实体”转变成网络化、虚拟化存在，导致学生学习过程的全方位失控。面对网络上一个个知识超链接，在一个个节点的知识跳转中，学生因缺乏判断力而出现信息迷失，产生慌乱紧张、反应迟钝、不知所措，以至于做出错误选择。[①] 数字教科书知识的呈现样态使知识广度有余而深度不足，知识广度增强的同时势必会削弱知识深度。数字教科书的知识呈现采取小步子、简便易行、及时反馈等原则帮助学生理解和运用知识，使学生对数字化知识保持学习热情，在一定程度上简化了知识，但也消解了学生深度思考的可能。纷繁多样的网络资源推送会对学习形成干扰。当这种干扰持续性存在，学生无法将注意力转移到学习中，学生大脑难以形成强烈而广泛的神经联结，导致学生无法进行深度思考，制约学习成效。[②]

数字教科书传播方式的交互性、双向性不仅突破了纸质教科书单向知识传播模式，实现了知识的双向传播，可以自己选择和决定接收知识的内容与方式，通过知识的接收、分享和创造，实现知识重组。数字教科书教学过程的交互性体现为：师生与数字界面交互，包括登录、浏览、选择数字教科书平台；师生交互与生生交互是人人交互的具体化形式，包括在线讨论、在线答疑、作业指导、学习共同体建立等；师生与内容交互，包括阅读资料、绘制图画、观看视频、完成作业等。当教师和学生在数字化学习平台上进行人机交互学习时，知识链接在一步步操作下被无限制点击。这自然就会引起我们思考：基于数字教科书的认知边界在哪里？以何种方式才能更加有效地拓展知识边界？如何确保数字教科书的认知边界与“国家知识”保持一致？如何通过人机交互有效实现国家知识传播和国家观念建构？无限制点击的知识链接与学生学习时间的矛盾如何调和？在知识拓展过程中如何发挥教师主导性与学生主体性以避免教科书使用的混乱和无序？

---

① 张增田、陈国秀：《论数字教科书开发的未来走向》，《课程·教材·教法》2021年第2期，第37—42页。

② 王润：《论数字教科书风险的生成及其规避》，《全球教育展望》2021年第5期，第45—57页。

（二）数字教科书使用的情感伦理

情感是理解世界的特殊方式。情感具有意向性，总是处在人际关系之中，与伦理有着不可分割的联系。美国哲学家罗伯特·C. 所罗门认为，情感即判断，是我们对世界、他人以及自身处境的一系列评估性判断，“情感已然是对道德判断的一种认定，没有这种道德判断，情感就会变得无法理解”①。情感是个体生命依赖也为个体生命所依存的精神寄居之地，也是考验家庭、凝聚社会、建构国家的感人力量。情感伦理即情感关系的条理性与规约性。可以从两方面理解“情感伦理”：情感本身即是伦理，情感构成和表现方式包含具体的伦理要求；伦理根植于情感，道德伦理规范实质上是对情感及其表现方式的形式化要求。情感伦理体现人类的正义与诉求，触发同情和批判，更加深刻地认识公平与正义、道德与犯罪、人性的善恶。全球化进程快速发展变革了传统情感伦理观念，出现了人性的解放与情感的放纵。后现代主义思潮颠覆了传统的伦理理念，体现亲情、爱情、友情的情感伦理被怀疑、利用乃至消解。

我国传统立足宗法人伦，建基于自然血亲，强调亲情，看重亲情背后的义务。天地君亲师的价值观念体现了深刻的情感伦理特质，表现出儒家思想对天地的感恩、对君师的尊重、对长辈的怀念，体现仁孝观念，积极上进、尊重规律的精神信仰，是传统社会伦理道德合法性和合理性的依据。个体的自然情感与社会情感的融通，通过个人之间的情感表达来实现对他人及社会的关注。“人就自然而言是社会的一员，人的安全和享乐需要保全他的自然；他的完美在于其自然才能和性情的卓越或成熟。换句话说，在于他能够成为其所属的整体中出色的一分子。所以，无论个人意在成全自己还是其所属的群体，它对整个人类的影响是一样的：无论有何意向，他都必然会珍视对人类的热爱，将之视为其性格中最有价值的部分，这是正直的根本，正是如

---

① Robert C. Solomon, *True to Our Feelings: What Our Emotions Are really Telling Us*, New York: Oxford University Press, 2007, p. 207.

此，才使人们把这个意义上的正直，看作是最为崇高的性情或心灵的习性。”①

教育的本质是情感交流。知识不是冰冷的符号，而是充满温情的情感代码，特别是充满人性、人情和人道的文学作品更是个体人文情怀培育的温床。学生的生理与情感体验需要在学习中得到发展和完善。教师和学生之间通过面对面的情感交流实现人的全面发展的价值论基础。事实上，情感是价值认同的根本决定力量。亲其师信其道，来而不往非礼也，冷眼旁观、隔岸观火等思想观念形成的根本力量就是情感。教科书使用过程中国家知识传播和国家观念建构的实现成效最终将考量师生之间情感交流的积极性和有效性，情感交流积极性和有效性的缺乏终将会影响并伤害国家知识传播和国家观念建构。所以，教育部颁布的《中小学教师专业标准》提出了“师德为先”的基本理念，要求“关爱中小学生，尊重中小学生人格，富有爱心、责任心、耐心和细心”。教师和学生之间的教科书使用过程是充满人际交往的合作过程，也是个体从众、暗示、模仿、感染等社会心理的发展过程。即使是归属、尊重、自我实现和社会实现等较高层次的个体心理特质都不能离开共同的集体和社会的活动、评价、期望和荣誉，凡此种种都是人的情感性的具体体现。②

数字技术缩减了人与人之间的空间距离，计算机互联网的运用使人即使远在天涯也有近在咫尺之感，真正将人类带入了空间“零距离”的地球村。与之相对，空间距离缩减的代价就是人与人之间的心理距离的拉长，导致人与人之间情感的冷漠。人机之间情感交流的缺乏终将给人带来孤独与寂寞，丧失归属感、尊敬感和社会成就感。个人情感的表现最终只是为了显示特定伦理秩序的正当性，而一旦具体

---

① ［英］亚当・弗格森：《道德哲学原理》，孙飞宇等译，上海人民出版社 2005 年版，第 51 页。

② 包国庆、童培君：《“人—机”界面上的心理阻抗——电教理论基础研究之二・心理控制论》，《电化教育研究》1994 年第 2 期，第 1—5 页。

的情感与伦理规范之间互相制约的平衡关系被打破，伦理规范就有可能随着情感基础的流失而变成刻板僵硬的形式，也不可避免地潜藏着由于过度形式化而导致情感变得空洞干瘪的危险。技术是冷冰冰的，屏幕也没有温情。数字技术的虚拟感情和具有真实性的人类情感之间的失衡是诸多伦理风险的根源所在。受技术工具性制约，数字教科书难以做到对人的情感的系统深度模拟，缺乏情感体验层面的仿真功能。

（三）数字教科书使用的活动伦理

作为个体存在和发展的基本方式，活动是由行为动作主体与客观世界相互作用的过程。自然的改造、社会的发展、时代的进程、文化的繁荣都是人类活动的结果，所以马克思指出："历史什么事情也没有做……创造这一切、拥有这一切并为这一切而斗争的，不是'历史'而正是人，现实的、活生生的人。……历史不过是追求着自己目的的人的活动而已。"[①] 基于教科书使用的教学过程是教师和学生的双边实践活动。"教"的词源学解释是"上所施下所效"，"学"的词源学解释是"双手拿着典籍让房子里的小孩学习"，从小孩立场揭示了"模仿"的意蕴。经典的教师、学生和教科书的三维结构揭示了教学的活动本质，即教师拿着教科书教学生理解国家知识，建构国家观念。

亚里士多德在其《尼各马可伦理学》指出："人的每种实践与选择，都以某种善为目的。"[②] 一切事物都有其目的，各事物的目的也就是各事物的善，人类不会做没有任何目的的事，人类的一切活动都是为了某种目的而存在的，而这一切活动的目的就是善。基于教科书使用的教学过程是特殊的实践活动，总是在社会伦理道德牵引与规约下进行。教科书使用是高度理性自觉的实践活动，教师和学生在教科书使用中实现客观社会活动和主观心理活动的双重建构，在主客观活动的和谐共振中塑造自我，改造社会和创造历史，体现了活动伦理特质。

---

① 《马克思恩格斯全集》（第2卷），人民出版社1957年版，第118—119页。

② ［古希腊］亚里士多德：《尼各马可伦理学》，廖申白译，商务印书馆2003年版，第3页。

无论是物化实践活动抑或虚拟心理活动，教科书使用的活动伦理特质都体现了国家观念建构的活动化历程。皮亚杰指出，活动的内化即概念化，活动本身被概念化而成为逻辑表征的思维过程。思维发展增加了思维与其客体间的时空距离，各自发生在特定瞬间的实物活动可以实现思维表征，以同时性的整体形式把不同时空范畴内的活动或事件在头脑中显现出来。① 内化就是把外部进行的实践活动通过符号转换成大脑中进行的思维活动。在此转换中改变外部实践活动形态，简缩和概括活动程序，通过内化脱离现实的物质操作活动而获得普适性，从而实现国家观念的内化于心外化于行。

知识本身没有伦理道德，只有知识生产、使用的活动过程才会产生伦理道德。活动是由主体、主客体相互作用而产生并外化的活动及方式方法与物质手段和活动对象等客体要素相互作用的动态过程。教科书使用的活动伦理体现了师生之间基于国家知识的学习活动对促进“人—社会—自然”系统协同运行的道德责任与终极关怀。正如列宁所言：“认识是人对自界的反映。但并不是简单、直接、完全的反映，而是一系列抽象过程 ，即概念、规律等形成过程，包括三方面内容：①自然界；②人的认识 = 人脑（就是那同一个自然界的最高产物）；③自然界在人的认识中形成的概念、规律、范畴等反映形式。”② 基于教科书的教学过程是具有伦理性质的实践活动，绝不能偏离人的宗旨。教科书使用的活动伦理要把人性作为教育的根本要旨。康德有过类似的表述，“你的行动，要把人性，不管是你身上的人性，还是任何别人身上的人性，永远当作目的看待，决不仅仅当作手段使用”③。把人性作为目的来看待，意味着教科书使用必须基于人性的道德立场，促进个体自然性、社会性和精神性的自我实现与发展完善。个体的发展

① ［瑞士］皮亚杰：《发生认识论原理》，王宪钿等译，商务印书馆 1981 年版，第 28—30 页。

② ［苏］列宁：《哲学笔记》，人民出版社 1957 年版，第 167 页。

③ 北京大学哲学系外国哲学史教研室：《西方哲学原著选读》（下卷），商务印书馆 1982 年版，第 318 页。

总是从自然性开始，通过社会性发展实现个体精神升华。因此，教科书使用也应该立足个体的自然性，通过呈现一个个鲜活生动的“例子”，让学生在课堂模拟的生活场景中体验和反思“例子”背后的知识系统、观念结构、情感过程和道德品质。数字教科书的本质是教科书，依然要以国家知识传播和国家观念建构为根本指导思想，技术只是实现国家知识传承和国家观念建构的有效手段。数字技术增加了人与机器之间的道德关联，俨然成为重要的生产工具，推动人与机器的交互作用。

数字教科书使用的教学活动作为师生共同的道德生活，活动伦理关注教师与学生基于数字教科书的双边互动。数字教科书一旦进入课堂，那么技术必将成为教学过程的“控制者”，控制教学过程推进的方向、进程和结果。基于数字教科书的人机交互导致人与人、人与社会、人与自然交往过程的虚拟性，致使数字教科书使用与生活相距甚远，技术僭越人性，产生人成为机器的“奴隶”的隐忧。学生是未成年人，思维不完善，情感不成熟，一切需要外界引领，容易被外界控制。技术是有门槛的，需要优先掌握技术才能使用教科书。那么，在数字教科书使用的活动过程中，到底是学生在学习技术还是在学习“国家知识”？学生学习技术的过程会不会影响“国家知识”的学习？如何通过技术赋能，使技术成为实现学生学习国家知识，建构国家观念的推动力量？是不是可以进一步审问：到底是学生“操弄”技术还是技术在“操纵”学生？

五　展望：面向未来的数字教科书

数字教科书的编辑、审查和使用三个层面的伦理问题是相互影响，相互制约的。有的问题已经出现并正在着手解决，有的问题已经初露端倪，有的问题即将崭露头角，有的问题还在孕育之中，当然有的问题也可能是无中生有，杞人忧天，故弄玄虚。但无论怎样，新生事物的出现，必然会给人带来方方面面的挑战。居安思危，思则有备，有备无患。为了防患于未然，我们尽可能多思考，多实践，从不同层面对可能存在的问题进行全方位思考总没有错。

2019 年 2 月，中共中央、国务院印发《中国教育现代化 2035》，提出未来一段时期内我国教育发展的指导思想、总体目标和战略任务。站在新的历史起点，聚焦新时代人才培养新需求，数字教科书被赋予了新的历史使命。数字教科书不仅是信息时代发展的必然产物，更是信息技术与教育教学深度融合的关键因素，是信息时代促进教育公平，深化课程与教学改革，实现育人方式变革的关键环节，是推进教育现代化的重要抓手。

推进数字教科书创新发展需要形成明确的目的意识、清晰的标准意识和严格的边界意识。目的意识要求落实数字化教科书的育人使命，明确数字教科书建设的价值取向，为数字教科书发展明确行动方向。标准意识要求数字教科书发展始终遵循国家的课程标准和技术标准，强化数字教科书建设的基本规范，为数字教科书发展提出根本要求。边界意识要求自觉遵守教科书标准，将其作为数字教科书开发界限的规限意识，控制数字教科书建设的底线，保障数字教科书安全。

面向未来的数字教科书需要深入贯彻以人为本、内容为王、教学为先、技术为要的指导思想。坚持数字教科书的学生立场，在数字技术赋能下有效传播国家知识，建构国家观念，实现教学内容创新发展，通过数字教科书的教学性落实促进学生全面发展的教育宗旨。随着信息技术的突飞猛进，将来一定会有更多的前沿技术应用到中小学数字教科书建设，特别是可视化技术（如立体显示和全息显示）、人工智能技术、区块链技术、虚拟现实与增强现实技术[①]，将促进数字教科书与其他系统与平台的兼容，进一步挖掘数字教科书的潜力，强化数字教科书的优势功能。

面向未来的数字技术应该在工具性、人格化和主动性上实现数字

---

① 沙沙、余宏亮：《我国中小学数字教材的发展历程与技术演进》，《中小学数字化教学》2019 年第 12 期，第 5—8 页。

教科书的全方位突破。工具性要求数字技术完成数字教科书的程序性任务和系统强化功能，人格化是数字教科书的短板，需要突破数字技术“情商”和“情感”，能够通过数字教科书实现个体的情感交流。数字教科书是面向个体学习的教科书，具有个性化特征。主动性要求数字教科书能够感知人的需求，无须指令就能主动去“询问”“关怀”和“交流”，并能独立处理“人为”事件。

教育的本质是交流，是人与人之间的情感交流和德性养成。雅斯贝尔斯说：“教育是一棵树摇动一棵树，一朵云推动另一朵云，一个灵魂唤醒另一个灵魂。”第斯多惠也说：“教育的本质不在传授知识，而是激励、鼓励、唤醒。”未来的教育需要实现“人工智能 + 人类智慧”。但教育的本质是情感而不是科技，人和人之间情感的交流、爱的传递、灵魂和灵魂的交流，这些都不是技术能够替代的。用数字技术更好地传递情感，唤醒心灵，唤醒人性中那神的、高贵的、自由的、向上高升的部分，这才是数字教科书未来的发展方向。

未来已来！面向未来，我们有理由相信，数字教科书终将会改变我们的生活，为教育带来更加灿烂的明天！

结　语

我们正经历着与数字教科书风险赛跑的时代。数字教科书头顶的那把“达摩克利斯之剑”何时落下？谁也不知道。20 世纪 80 年代以来，从电化教材到如今的富媒体交互式数字教科书，数字教科书的发展进入了崭新的时代（或可称为数字教科书的 4.0 版本）。VR 技术、云技术（“云服务”“云互动”“云协同”）等新技术运用到数字教科书领域，依托台式电脑、平板电脑、电子白板等新设备，进入课堂，融入教学，让师生们应接不暇，课堂也变得异常热闹。可以肯定的是，在国家有关部门大力推进教育信息化的今天，数字教科书的发展将是大势所趋，不可阻挡。然而，我们也有必要冷静下来，认真思考其可能导致的风险，做好必要的准备，防患于未然。

通过对数字教科书的基本属性分析，数字教科书的潜在风险可以从“教科书”“数字”两大层面进行剖析。“教科书”层面存在“教什么”的风险和“怎么教”的风险，“教什么”的风险集中表现在“内容风险”上，“怎么教”的风险集中表现在“教学风险”上；而“数字”层面主要是潜在的“技术风险”。由此，构建数字教科书风险的分析框架（即“内容风险”“教学风险”“技术风险”三大维度）。通过对三大维度的缜密分析，针对性地提出了数字教科书的风险防控思路，既在总体上对数字教科书风险进行防控，提出了基本的防控原则与步骤，也对每一方面潜在的风险提供了防控策略，以防止危险来临时束手无策。

数字教科书的风险研究在全国尚处于起步阶段，系统的研究成果寥寥无几，人们对数字教科书的研发却热情高涨。国内专门的研发团队主要集中在出版部门，尤其是实力雄厚的大出版社。这种局面容易导致一些问题，需要更多的研究者关注数字教科书这一领域。尤其应该时刻警惕数字教科书可能引发的系列问题，这方面的问题已经表露出来，有些可能在不久的将来就会“坐大”，须防控避险，将其消灭于萌芽之中。本书正是对防控数字教科书潜在风险这一热门领域进行了全方位深入的冷思考，希望能起到抛砖引玉的效果，这也是笔者今后继续努力深挖的研究方向。

参考文献

一 著作类

［美］阿兰·柯林斯、理查德·哈尔弗森：《技术时代重新思考教育：数字革命与美国的学校教育》，陈家刚、程佳铭译，华东师范大学出版社 2013 年版。

［美］阿斯沃思·达莫达兰：《驾驭风险》，时启亮、孙相云、杨广鹏译，中国人民大学出版社 2010 年版。

［英］保罗·霍普金：《风险管理：理解、评估和实施有效的风险管理》（第二版），蔡荣右译，中国铁道出版社 2014 年版。

［美］保罗·G. 哈伍德、维克多·阿萨尔：《数字第一代与网络时代的教育》贾磊译，山东人民出版社 2010 年版，第 1—2 页。

［美］保罗·赛特勒：《美国教育技术的演变》，科罗拉多州 Englewood，libraries 无限公司 1990 年版，第 98 页。

［英］迪伦·埃文斯：《风险思维：如何应对不确定的未来》，石晓燕译，中信出版社 2013 年版。

［法］弗雷德里里克·巴比耶：《书籍的历史》，刘阳等译，广西师范大学出版社 2005 年版，第 381 页。

［美］H. W. 刘易斯：《技术与风险》，中国对外翻译出版公司 1994 年版，第 254 页。

［德］京特·安德斯：《过时的人：论第二次工业革命时期人的灵魂》

（第一卷），范捷平译，上海译文出版社 2010 年版。
［美］柯蒂斯·J. 邦克：《世界是开放的：网络技术如何变革教育》，焦建利译，华东师范大学出版社 2011 年版。
［加拿大］克里斯·罗文：《“被”虚拟化的儿童》，李银玲译，华东师范大学出版社 2013 年版。
［美］尼古拉斯·卡尔：《浅薄：互联网如何毒化了我们的大脑》，刘纯毅译，中信出版社 2010 年版。
［瑞典］托克尔·克林贝里：《超负荷的大脑：信息过载与工作记忆的极限》，周建国、周东译，上海科技教育出版社 2011 年版。
［德］乌尔里希·贝克：《风险社会》，何博闻译，译林出版社 2004 年版，第 3 页。
［美］约翰·杜威：《民主主义与教育》，王承绪译，人民教育出版社 1990 年版。
［日］筑波大学教育学研究会：《现代教育学基础》，钟启泉译，上海教育出版社 1986 年版。
陈桄、黄荣怀：《中国基础教育电子教材发展战略研究报告》，北京师范大学出版社 2013 年版。
陈向明：《教师如何做质的研究》，教育科学出版社 2001 年版。
陈英和：《认知发展心理学》，浙江人民出版社 1996 年版。
丛立新：《课程论问题》，教育科学出版社 2000 年版。
冯军：《技术负效应及其控制整合的探究》，东北大学出版社 2013 年版。
高凌飚：《基础教育教材评价：理论与工具》，人民教育出版社 2002 年版。
郭晓明：《课程结构论：一种原理性探寻》，湖南师范大学出版社 2002 年版。
郭晓明：《课程知识与个体精神自由：课程知识问题的哲学审思》，教育科学出版社 2005 年版。

郝德永:《课程研制方法论》，教育科学出版社 2000 年版。

郝振省:《2011—2012 中国数字出版产业年度报告》，中国书籍出版社 2012 年版。

胡定荣:《课程改革的文化研究》，教育科学出版社 2005 年版。

华国栋:《教育研究方法》，南京大学出版社 2005 年版。

黄光雄、蔡清田:《课程设计：理论与实践》，五南图书出版股份有限公司 1991 年版。

黄显华、霍秉坤:《寻找课程论和教科书设计的理论基础》，人民教育出版社 2002 年版。

黄政杰:《课程评鉴》，师大书苑有限公司 1987 年版。

江山野主编译:《简明国际教育百科全书・课程》，教育科学出版社 1991 年版。

靳玉乐等:《编新教材将会给教师带来些什么》，北京大学出版社 2001 年版。

蓝顺德:《教科书政策与制度》，五南图书出版股份有限公司 2006 年版。

李秉德:《教学论》，人民教育出版社 1991 年版。

李定仁、徐继存:《教学论研究二十年（1979—1999）》，人民教育出版社 2001 年版。

李定仁、徐继存:《课程论研究二十年》，人民教育出版社 2004 年版。

李方:《现代教育研究方法》，广东高等教育出版社 2007 年版。

李晓林:《风险管理》，中国财政经济出版社 2001 年版。

廖哲勋:《课程学》，华中师范大学出版社 1991 年版。

林崇德:《发展心理学》，人民教育出版社 1995 年版。

林向阳:《普通高校体育教材设计与编写的理论探索》，北京体育大学出版社 2008 年版。

刘钧:《风险管理概论》（第二版），清华大学出版社 2008 年版。

鲁洁:《教育社会学》，人民教育出版社 1990 年版。

欧用生：《课程典范再建构》，丽文文化事业股份有限公司 2003 年版。
裴娣娜：《教育研究方法导论》，安徽教育出版社 1995 年版。
皮连生：《学与教的心理学》，华东师范大学出版社 1997 年版。
瞿葆奎：《教育学文集・课程与教材》（下），人民教育出版社 1993 年版。
冉新义、刘冰：《现代教育技术》，厦门大学出版社 2012 年版。
施良方：《课程理论：课程的基础、原理与问题》，教育科学出版社 1996 年版。
石中英：《知识转型与教育改革》，教育科学出版社 2001 年版。
宋明哲：《现代风险管理》，中国纺织出版社 2003 年版。
王本陆：《课程与教学论》，高等教育出版社 2017 年版。
王策三：《教学论稿》，人民教育出版社 1995 年版。
王晋东：《信息系统安全风险评估与防御决策》，国防工业出版社 2017 年版。
王周伟：《风险管理》（第 2 版），机械工业出版社 2017 年版。
吴康宁：《课堂教学社会学》，南京师范大学出版社 1999 年版。
曾天山：《教材论》，江西教育出版社 1997 年版。
张治库：《风险社会与人的发展》，人民出版社 2015 年版。
钟启泉：《现代课程论》，上海教育出版社 1989 年版。

二 期刊论文

毕海滨、王安琳：《数字教材的特征分析及其功能设计》，《科技与出版》2012 年第 7 期。
陈达章：《中小学音像电子教材建设中的思考》，《中国电化教育》2000 年第 12 期。
陈林彬：《高校教育信息技术的风险评估和管理》，《继续教育研究》2010 年第 7 期。
崔磊：《数字教材的创新路径分析》，《出版广角》2017 年第 20 期。

邓嗣源：《书本·讲授·电化教材》，《电化教育研究》1981 年第 2 期。
董军、程昊：《大数据技术的伦理风险及其控制——基于国内大数据伦理问题研究的分析》，《自然辩证法研究》2017 年第 11 期。
杜尚荣、李森：《论教学的技术风险及其防控策略》，《当代教育科学》2017 年第 6 期。
樊改霞：《我国道德教育的现代性转型及其伦理风险》，《华东师范大学学报》（教育科学版）2016 年第 1 期。
范建伟：《普通高等学校体育教学风险管理研究》，《体育科技文献通报》2017 年第 5 期。
范勇、田汉族：《基础教育集团化办学热的冷思考——基于成本与风险视角》，《教育科学研究》2017 年第 6 期。
高路：《我国第一代电子教材——人教电子教科书问世》，《课程·教材·教法》2002 年第 5 期。
龚长宇：《陌生人社会的伦理风险及其化解机制》，《哲学动态》2014 年第 7 期。
龚朝花、陈桄：《电子教材：产生、发展及其研究的关键问题》，《中国电化教育》2012 年第 9 期。
龚朝花、陈桄、黄荣怀：《电子教材在中小学应用的可行性调查研究》，《电化教育研究》2012 年第 1 期。
何继业、张小飞：《科技理性与价值理性的分离及伦理风险》，《西南民族大学学报》（人文社会科学版）2007 年第 3 期。
贺勋：《浅谈普通高中英语课堂的教学风险管理》，《中小学心理健康教育》2017 年第 28 期。
胡弼成、邓杰：《大数据时代的教育变革：挑战、趋势及风险规避》，《教育科学研究》2015 年第 6 期。
胡畔、柳泉波：《“教育云服务 + 云终端”模式下的数字教材研究》，《现代教育技术》2018 年第 3 期。
胡畔、王冬青、许骏：《数字教材的形态特征与功能模型》，《现代远程教育研究》2014 年第 2 期。
黄柳倩：《高校体育教师对体育教学风险的识别及规避对策研究》，《教育与职业》2012 年第 9 期。
黄小莲：《“师范生免费教育”政策的利益与风险》，《全球教育展望》2009 年第 10 期。
蒋立兵：《现代教学技术应用的伦理诉求及理性回归》，《中国教育学刊》2016 年第 10 期。
蒋艳艳：《“泛在网时代”的伦理风险》，《东北大学学报》（社会科学版）2018 年第 3 期。
金贞淑：《韩国数字教科书计划及其实施情况》，《世界教育信息》2015 年第 15 期。
康合太、沙沙：《数字教材的理论探索与实践——以第二代“人教数字教材”为例》，《课程·教材·教法》2014 年第 11 期。
乐志强：《我国农村家庭高等教育投资风险的分类及其成因》，《高等农业教育》2014 年第 10 期。
李宝庆、刘方林、李海红：《教育决策风险沟通机制的建构》，《教育发展研究》2013 年第 12 期。
李达：《论数字教材的影响》，《出版科学》2014 年第 4 期。
李芒、蒋科蔚：《教育信息化与“现代化风险”》，《现代远程教育研究》2012 年第 2 期。
李雅筝、周荣庭、何同亮：《交互式数字教材——新媒体时代的教材编辑及应用研究》，《科技与出版》2016 年第 1 期。
梁德友：《物联网社会伦理风险及其消解》，《学术论坛》2014 年第 12 期。
林君芬等：《交互式数字教材：数字化教学资源的新形式》，《教育信息技术》2013 年第 6 期。
刘海滨、杨颖秀：《我国教育政策风险评估问题及消解策略》，《现代教育管理》2011 年第 12 期。

罗九同、李恒平、孙梦：《整合、实践与创新——突破国内数字教材建设瓶颈》，《教育探索》2016 年第 2 期。

罗蓉、邵瑜：《电子教材的设计与开发》，《中国电化教育》2006 年第 2 期。

马盛明：《电子教材的作用、类型和选题原则》，《大学出版》1994 年第 3 期。

马晓强、丁小浩：《我国城镇居民个人教育投资风险的实证研究》，《教育研究》2005 年第 4 期。

马运朋：《教育信息化之技术使用风险的理性思考——基于技术哲学的视角》，《江苏高教》2017 年第 3 期。

牛瑞雪：《基于教学适用性的数字教科书编制》，《课程·教材·教法》2016 年第 8 期。

牛瑞雪：《我国数字教科书的研究现状、不足与展望》，《课程·教材·教法》2014 年第 8 期。

潘建红、韩鹏煜：《应然与实然：现代技术伦理风险的文化治理能力提升》，《自然辩证法研究》2015 年第 11 期。

彭克勇：《美国数字教材租赁平台 Packback 的运营策略》，《现代出版》2017 年第 1 期。

戚常林、马慧彬、于占龙：《基于 WEB 的电子教材建设研究》，《信息技术》2002 年第 9 期。

钱冬明、罗安妮、王娟、徐显龙：《教育信息化项目风险评估指标体系的构建》，《中国电化教育》2017 年第 12 期。

曲中林、胡海建：《教学技术是有效教学的“利器”——与叶波博士商榷》，《中国教育学刊》2015 年第 2 期。

沙沙：《我国基础教育数字教材中插图的演进》，《科技与出版》2013 年第 12 期。

沙沙：《中小学数字教材标准化建设的思考》，《科技与出版》2017 年第 7 期。

邵泽斌：《教育改革的专家风险》，《教育发展研究》2011 年第 8 期。
沈水法：《我国高等教育大众化进程中的潜在风险探析》，《黑龙江高教研究》2003 年第 3 期。
施勇勤、尹冰：《试析数字教科书类型与功能特点》，《中国报业》2015 年第 2 期。
石鸥、廖巍：《教科书内容的确立与有效教学的风险》，《湖南师范大学教育科学学报》2015 年第 2 期。
石鸥、石玉：《论教科书的基本特征》，《教育研究》2012 年第 4 期。
孙众、骆力明：《数字教材关键要素的定位与实现》，《开放教育研究》2013 年第 4 期。
孙众、骆力明、綦欣：《数字教材中个性化学习资源的推送策略与技术实现》，《电化教育研究》2014 年第 9 期。
万明高：《简论电化教材的理论基础》，《电化教育研究》1986 年第 1 期。
王杰文：《中小学教育技术人的困境与超越》，《中国教育学刊》2015 年第 5 期。
王丽平：《数字教材产品的三种形态》，《出版广角》2013 年第 22 期。
王连照：《数字教科书知识的基本特征和认识向度》，《课程·教材·教法》2017 年第 1 期。
王润、张增田：《数字教科书的问题诊断与防治路径》，《课程·教材·教法》2018 年第 9 期。
王顺双：《试论大学生思想政治教育网络风险及其规避》，《学校党建与思想教育》2014 年第 14 期。
王永奉：《中小学教材数字化的实践探索——以中小学“安全教育数字教材”为例》，《科技与出版》2016 年第 9 期。
魏昕：《国外数字教科书研究：回顾、进展及启示》，《课程·教材·教法》2015 年第 9 期。
伍宸：《高等教育全面深化改革风险分析及控制》，《现代教育管理》

2015 年第 4 期。
夏冰：《技术创新管理的伦理风险函数研究》，《东南大学学报》（哲学社会科学版）2013 年第 2 期。
夏之翠：《我国数字化教材未来发展浅析》，《出版广角》2010 年第 12 期。
谢俊贵：《当代社会风险源：特征辨识与类型分析》，《西南石油大学学报》（社会科学版）2009 年第 4 期。
谢林见：《教育内容数字化、工具通用化以及教材平台化——数字教材发展的定位及问题探讨》，《教育理论与实践》2017 年第 32 期。
谢同祥、祝智庭：《风险管理：教育信息化的新课题》，《现代教育技术》2009 年第 6 期。
胥炜、徐学福：《基于数字教材的探究教学之可能与路径》，《教学与管理》（理论版）2016 年第 27 期。
徐长生：《电化教材的二次开发利用》，《上海体育学院学报》1993 年第 S1 期。
徐显龙、苏小兵、吴永和：《面向电子书包应用的课堂教学行为模式分析》，《现代远程教育研究》2013 年第 2 期。
闫旭蕾：《教育价值选择及其伦理风险》，《教育研究与实验》2017 年第 5 期。
杨立国、王雅贤：《电化教材的编制》，《哲里木畜牧学院学报》1995 年第 S1 期。
杨璐、刘毅：《高等教育国际化进程中的主要风险及其规避策略》，《高等农业教育》2014 年第 12 期。
杨薇：《约纳斯责任伦理风险观内涵研究》，《科技管理研究》2014 年第 5 期。
杨跃：《教师专业化教育改革的风险及其防范》，《课程·教材·教法》2011 年第 6 期。
余胜泉：《数字教材的立体化出版》，《现代远程教育研究》2008 年第

3 期。

张成岗：《现代性与风险社会》，《科学文化评论》2006 年第 6 期。

张进、孙昭君：《试述完善的教育决策风险沟通体系的构建》，《内蒙古师范大学学报》（教育科学版）2014 年第 8 期。

张俊、张超慧：《体育教学风险的另类思考》，《四川体育科学》2004 年第 3 期。

张俊霞：《教师对有限教育责任的承担——兼论教学风险》，《浙江树人大学学报》2007 年第 3 期。

张明、忻瑞婵、周华、俞时权：《教育信息化项目建设的风险管理研究》，《中国教育信息化》2007 年第 1 期。

张勤坚：《对中小学音像电子教材建设的几点看法》，《中国电化教育》2001 年第 2 期。

张瑞静、王卉：《移动交互式数字教材的发展趋势与设计模式》，《中国编辑》2017 年第 6 期。

张瑞静、王卉：《移动交互式数字教材的发展趋势与设计模式》，《中国编辑》2017 年第 6 期。

张桐、杨孝堂、杜若：《远程教育全媒体数字教材发展与创新》，《中国电化教育》2017 年第 3 期。

张小飞：《科技成果应用中的价值偏离及伦理风险：兼谈其对构建和谐社会的威胁》，《学术界》2005 年第 2 期。

张雅君、付强：《我国数字教科书的发展现状及其对策》，《课程·教材·教法》2016 年第 8 期。

张育勤：《教育风险的类型及其防范》，《教育评论》2000 年第 3 期。

张增田、侯前伟：《论教科书评价的基本内涵》，《教育研究》2017 年第 12 期。

张增田、彭寿清：《主体需要：教科书评价的出发点和基本依据》，《教育研究》2018 年第 9 期。

赵德宝：《高校体育教学风险评估》，《当代体育科技》2015 年第 4 期。

赵宏斌、赖德胜：《个体教育投资风险与教育资产组合选择》，《教育研究》2006年第8期。

赵素锦：《高科技时代的伦理风险及规避》，《求实》2011年第4期。

赵志明：《重新定义教科书：数字教科书的形态特点与发展》，《课程·教材·教法》2014年第3期。

周翠萍：《我国政府购买教育服务的风险分析》，《教育科学》2010年第5期。

周荣庭、武伟、梁琰：《信息化教学模式下科学数字教材智能化创新与实践探索——以美丽化学为例》，《科技与出版》2017年第11期。

朱丽、赵汉华：《风险管理：教育改革成功的前提》，《教育发展研究》2015年第2期。

朱明晖：《为电子白板量身定做"交互式数字教材"》，《中国现代教育装备》2011年第16期。

祝智庭：《电子书包标准与应用对接"人人通"》，《中国现代教育装备》2014年第13期。

祝智庭、郁晓华：《电子书包系统及其功能建模》，《电化教育研究》2011年第4期。

三 学位论文

白永怀：《初中生物校本电子教材〈鄂托克旗珍稀植物〉的研究与开发》，硕士学位论文，内蒙古师范大学，2011年。

毕君：《〈C语言程序设计〉电子教材开发与功能评估》，硕士学位论文，东北师范大学，2008年。

洪骞：《云端华文数字教材的学习工具分析——以新加坡〈小学华文〉数字教材为例》，硕士学位论文，暨南大学，2016年。

刘利：《基于行为评价的小学英语电子教材的设计研究》，硕士学位论文，河北师范大学，2015年。

罗航：《基于Readium的Android电子教材阅读系统的设计与开发》，

硕士学位论文，华中师范大学，2017 年。
宋雪雪：《电子教材在高校中的推广研究》，硕士学位论文，河南大学，2013 年。
王健康：《教学风险管理研究》，博士学位论文，湖南师范大学，2012 年。
王晶晶：《面向 1：1 数字化学习的电子教材设计与开发研究——以小学〈科学〉为例》，西北师范大学，2015 年。
王曼卿：《基于 iPad 互动式电子教材的设计开发研究》，硕士学位论文，云南大学，2016 年。
吴丹：《富媒体数字教材的特性及应用研究》，硕士学位论文，北京印刷学院，2015 年。
吴倩：《基于平板电脑的华文电子教材的需求调查研究》，硕士学位论文，暨南大学，2014 年。
赵明宝：《多媒体教学与计算机先备知识对边疆教师数字教材制作效果的影响研究》，硕士学位论文，辽宁师范大学，2015 年。
赵志明：《重新定义教科书——数字教科书研究》，博士学位论文，湖南师范大学，2014 年。

四 英文文献

Alavi M., Leidner D. E. Knowledge Management Systems: Issues, Challenges, and Benefits [J]. Communications of the Association for Information Systems, 1999, 1 (Article 7).
Ark T. V. Getting Smart : How Digital Learning is Changing the World [J]. Jossey – Bass, An Imprint of Wiley, 2011: 256.
Baek E. O., Monaghan J. Journey to Textbook Affordability: An Investigation of Students' Use of eTextbooks at Multiple Campuses. [J]. International Review of Research in Open & Distance Learning, 2013, 14 (3): 1 – 26.

Bennett S., Maton K., Kervin L. K., et al. The "Digital Natives" debate: A Critical Review of the Evidence [J]. British Journal of Educational Technology, 2008, 39 (5): 775 - 786.

Chabert G., Marty J. C., Caron B., et al. The Electronic Schoolbag: a CSCW Workspace. Presentation and Evaluation [J]. Ai & Society, 2006, 20 (3): 403 - 419.

Chen G., Gong C., Yang J., et al. The Concept of eTextbooks in K - 12 Classes From the Perspective of Its Stakeholders [M] // Human - Computer Interaction and Knowledge Discoveryin Complex, Unstructured, Big Data. 2013.

Cohen M. J. Risk Society and Ecological Modernization [J]. Futures, 1997, 29 (2): 105, 119.

Dam, A. V. and D. E. Rice. Computers and Publishing: Writing, Editing, and Printing [J]. Advances in Computers, 1970, (10): 145 - 174.

Dennis A. R., Mcnamara K. O., Morrone A. S., et al. Improving Learning with E - Textbooks [C] // Hawaii International Conference on System Sciences. IEEE, 2015.

Fadel C., Trilling B., Charles Fadel B. T. 21st Century Skills: Learning for Life in Our Times [J]. Jossey - Bass, 2009.

Gee J. P. The Anti - Education Era [J]. Macmillan, 2013, 138 (5): 114 - 115.

Golshani F. Digital Textbooks [J]. IEEE Multimedia, 2008, 15 (2): c2 - c2.

Meeting E. O. A., ELI, ETextbooks, et al. Does the Medium Matter? The Impact of Digital Textbooks on Student Learning Outcomes [J]. United States, 2012.

Miller, K. D. A Framework for Integrated Risk Management in International Business [J]. Journal of International Business Studies, 1992 (23):

311 –333.

M. H. Agar. The Professional Stranger：An Informal Introduction to Ethnog – raphy [M]. New York：Academic Press. 1980：23.

Nicholas A. J. , Lewis J. K. The Net Generation and E – Textbooks [J]. International Journal of Cyber Ethics in Education, 2011, 1 (3)：70 – 77.

Ranganathan A. , Campbell R. H. An Infrastructure for Context – awareness Based on First Order Logic [J]. Ubiquitous Computing, 2003, 7 (6)：353 –364.

Rao S. S. Electronic Books：A Review and Evaluation [J]. Library Hi Tech, 2003, 21 (1)：85 –93.

Strother E. A. , Brunet D. P. , Bates M. L. , et al. Dental Students' Attitudes towards Digital Textbooks [J]. Journal of Dental Education, 2009, 73 (12)：1361 –1365.

Tan, Seng Chee | Hung, David. Beyond Information Pumping：Creating a Constructivist E – Learning Environment [J]. Educational Technology, 2002, 42：48 –54.

Wei S. The Design and Implementation of a Mobile Learning Platform Based on Android [C] // International Conference on Information Science & Cloud Computing Companion. 2014.

Weisberg M. Student Attitudes and Behaviors Towards Digital Textbooks [J]. Publishing Research Quarterly, 2015, 27 (2)：188 –96.

后　记

随着资讯时代的来临，拥有资讯被认为是获得出色学习成效的重要因素。许多先进国家先后推动资讯与科技进一步融入教学，希望通过学生学会使用资讯科技、运用资讯进行学习，以达到优良的学习成效。同时，教师的教学内容和方式也被要求更加多元化，教师能够使用各种资讯设备与内容融入教学，并搭配更多的教学媒体与资讯科技产品，才能被认为是好老师。然而，太多资讯充斥日常生活，容易造成人们倾向于接收过于简化及有趣的讯息，结果反而失去了学习所重视的资讯完整性与不断进行试探的可能性。而且人们似乎会爱上剥夺他们思考能力的科技，而迷失在资讯中。所以我们在推动资讯融入教学的过程中，不能忽略反思推动资讯融入教学造成的风险，尤其是数字教科书的风险及其规避问题。

将教学科技的推广与科技伦理的考量结合起来，这是在博士生导师石鸥教授的点拨下开始的探索之旅。作为国内教材研究的首席专家，石鸥教授对教科书理论建设卓有贡献。石教授对于学生的数字教科书既欢迎又包容，同时还保持了应有的冷静与谨慎，这促使我在对数字教科书的有用性与便利性进行教育学与心理学的学理性分析的同时，洞察到其对教学带来的隐性冲击和风险。在我开启了数字教科书风险探索之旅后，每当我有疑问，石老师总会放下手头的工作，不厌其烦地指点我；每当我彷徨无措的时候，也是石老师在旁边鼓励支持我。研究经历了诸多挫折，甚至一度难以进行，但是每当我气馁甚至想放弃的时候，多亏有老师的支持与及时指导，才能够克服重重困难，最终得以完成研究任务。在初稿完成之后，石老师在百忙之中抽空对书稿进行了认真的批改，提出许多中肯的指导意见，特别指出对潜在风险的防控领域要“抓得准”，使我在研究和写作过程中不致迷失方向。石老师严谨的治学精神将影响和激励我的一生，我将永远铭记他对我的关心和教诲，他为人为学的高尚品格值得我终身学习。借此机会，我谨向石老师致以深深的谢意！

作为一名理工科出身的教育科研工作者，在关注数字教科书时首先认识到的是其带来的便利性与满意性，这种教学媒介对学生来说增添了学习的乐趣，可将抽象的概念透过数字影像而更加具象化，提高学习的效率和学习层次，以更直观的方式内化学习，从而消减学习上的抽象思考障碍，同时提供吸引学生的趣味性方案，使学习平添兴趣。然而，数字化教学媒体将庞大的电子资源，通过易复制、易获得和易使用的特性，使得教师教学的角色有可能从专业知识的教导者转变为不需要专业知识的贩卖者，而且包裹化的数字教科书所创造的教学流程与内容，使得某些时候不需要教师也能教授这些知识。某些情况下，数字教科书过于强调创意、活化教学、趣味教学，不能达到教学目标。再加上数字教科书所提供的声光效果，虽可使学生了解教材内容，但在有限的教学时间下，限制了学生进行高层次思考，也剥夺了师生讨论互动的时间，反而带来教学进度的压力。而过度使用数字教科书使得学生学习时接触实物的机会相对减少，形成虚拟经验，而且教师组织课程也让位给了数字教科书，造成教师专业地位下降。

当教师们认为只要坐在电脑前操控键盘就可以轻松教学，因而容易产生过度依赖数字教科书的倾向。虽然数字教科书的使用可以减少教师备课的时间，但也减少了教师主动去构思教学内容与流程，反而降低了教师的教学能力，因而教师的专业性可能会被数字教科书取代，如果教师不能灵活运用各种教学法融入其中，可能会缺少存在的价值。我们可试着追问，教师在操作数字教科书时，当鼠标移动到关键字词就会跳出动画，会讲故事，会出题请学生回答，众多功能令人眼花缭乱，师生未必需要这些功能，如此上课是否也会造成对教与学的干扰呢？此外，当学生习惯数字教科书的使用，对它的好奇心便会日渐降低，而且这种以游戏、声光效果、机智问答等方式吸引学生的做法，将会出现外在动机的酬赏刺激物需求不断地增加，终致无法强化的地步。实际上，提升学生学习的内在动机更加重要，当学生对学习内容能主动学习，特别是在没有外在奖励的情况下，持续参与学习活动，从投入学习活动中获得乐趣与快乐，资讯如此才能培养学习的兴趣与习惯。

在资讯科技时代，荼毒人性的不再是面目可憎的资讯，反而是那种面带微笑的资讯，正如尼尔·波兹曼所言的“娱乐至死”，当整个民族变成一群观众，公共事务则变成了表演，这样民族就要陷入危机了。资讯融入教学不能只是有趣，更要有内涵。多媒体能产生多感官、刺激性的令人印象深刻的视听效果的教学方式，可以增进记忆，它能吸引一些对学习缺乏兴趣的学生，提供另一种学习方式的可能。但过多的多媒体呈现会导致学生被过度娱乐，不利于学习本身兴趣的培养。数字教科书的问题不在于其本身为我们展示的内容是否生动、有趣，而在于教师将其照单全收，并以娱乐的方式呈现出来。对于教师而言，数字教科书只是一种教学辅助手段，如果将其视为知识传授的主要方式，那么它会降低人们的思维能力和知识水平。教师需要善用且慎用数字教科书，通过强化课程安排能力，并能够重视学生的个别差异，以差异化教学、学习共同体等模式有效因材施教，重回教学自主权，不被过剩的资讯所取代。

石鸥教授在首都师范大学筹建了“教科书博物馆”，馆藏中国近现代教科书 5 万余册，其中还有一些甚至是孤本。每一本教材都孕育和记录了一段历史。这些珍贵的教科书具有重要的历史意义与研究价值。十余年来，石鸥教授领衔的教科书研究团队致力于整理、收藏、归类、研究教科书，从普通教科书到民族教科书，从纸质教科书到数字教科书，在保护教科书文物的基础上强化了教科书研究的权威性和准确性。作为团队的一员，我倍感荣幸能为教科书理论的研究贡献自己的浅薄力量；同时也感谢恩师指引我开启这段意义非凡的研究旅程，未来我将继续致力于数字教科书的研发、使用及评价研究。

本书的付梓非常感谢中国社会科学出版社的编审。同时，感谢在此书研究和编写过程中帮助我的家人、同门、同学和朋友。

陈文新

2021 年 5 月 1 日